中国近代私立大学教育经费问题研究

ZHONG GUO JIN DAI SI LI DA XUE

JIAO YU JING FEI WEN TI YAN JIU

王彦才 ◎ 著

中国文史出版社

图书在版编目（ＣＩＰ）数据

中国近代私立大学教育经费问题研究／王彦才著.
－－ 北京：中国文史出版社, 2023.12

ISBN 978-7-5205-4428-3

Ⅰ. ①中… Ⅱ. ①王… Ⅲ. ①私立大学－教育经费－
研究－中国－近代 Ⅳ. ①G648.7

中国国家版本馆CIP数据核字（2023）第210811号

责任编辑：刘　夏
封面设计：欧阳春晓

出版发行：中国文史出版社

网　　址： www.wenshipress.com

社　　址： 北京市海淀区西八里庄路69号　　**邮编：** 100036

电　　话： 010-81136606　81136602　81136603（发行部）

传　　真： 010-81136655

印　　装： 廊坊市海涛印刷有限公司

经　　销： 全国新华书店

开　　本： 1/16

印　　张： 20　　　**字　数：** 249千字

版　　次： 2024年6月北京第1版

印　　次： 2024年6月第1次印刷

定　　价： 56.00元

目录 *contents*

导　论

一、选题缘由和意义

1. 选题的缘由。之所以选择"中国近代私立大学教育经费问题研究"这一课题进行研究，一方面是因为这是一个亟待系统梳理和需要给予新解的课题，另一方面也是对现在民办高校办学的关注所致，是现今民办高校所处的困境所引发。

通过研究发现，历史似乎正在重演：20 世纪 80 年代以来不断发生的民办高校因经费问题而被兼并或倒闭的现象，与近代发生的私立大学因经费短缺而被兼并、被迫改为公立或消亡的现象有着惊人的相似。

20 世纪 80 年代，随着商品经济的发展和市场经济体制的逐步确立和完善，分配结构、消费结构以及人们的教育观念发生了深刻的变化，公立学校一统天下和国家包办教育的局面逐渐被打破，出现了各级各类社会力量创办的学校。80 年代末 90 年代初，民办高等教育获得了很大发展，民办高校如雨后春笋般地出现。有人以"社会办学火爆，一天一所学校"来形容民办高校的发展。截至 2005 年 5 月，我国有国家承认学历的民办大学 239 所。仅就数量而言，民办高校的发展可谓迅猛。但数量背后却隐藏着各种各样的问题：每年都有大批民办高校被兼并或停办。我们看一下部分省市民办高校倒闭或濒临倒闭的大致情况：陕西自从 1984 年以来，共成立民办高校 180 余所，到 2005 年仅存 51 所，淘汰率达 70% 左右，平均寿命 9.1 年。① 北京在 20 世纪 90 年代创办的 13 所民办高校，到 2004 年底存活的只有 2 家，在所登记的 120 余所民办高校中，有实际

---

① 李维民. 民办高校：今后生存发展靠的是实力. 载《中国教育报》，2005 - 6 - 20。

招生能力的只有35所左右。① 河南民办高校数量从2000年的118所降至2004年的10所。② 2005年江西承担非学历教育的民办高等教育机构办学规模急剧萎缩,有6所学校没有学生,9所学校不到100人,7所学校不到300人,这22所民办高等教育机构正面临被淘汰的境地。③ 近年来,广东省40多所具有独立颁发文凭资格的民办高校、专修学院等民办高等教育机构,大约有1/3处于招生困难、入不敷出的困境,其中11所已倒闭,60家专修学院,只剩下6家在苦撑苦熬。④ 黑龙江省2001年19所民办高校因不合格被停办。⑤ 此外,山西、湖南、江苏、四川、海南、浙江、河北、上海、辽宁等省市也都有大量民办高校倒闭。

据悉,在这些倒闭的民办高校中,经费短缺是一个重要原因。

我们再来看一下近代中国私立大学的兴衰情况。中华民国刚刚建立,政府就彻底放开了私人兴办大学的权力。民国期间,政府颁布了一系列有关私立大学的法律法规。私立大学得到了快速发展,曾出现多次兴办私立大学的热潮,仅1912—1913年间,就建立了武昌中华大学、大同大学等10所左右的私立大学。此外,还新设立了为数众多的私立法政专门学校。据统计,1915年时,仅在政府立案或备案的私立法政专门学校就有21所,此外,还有许多没在政府立案的学校。⑥ 据1916—1917年全国专门学校统计,全国每个省区至少各有一所法政专门学校,有的省甚至多达七八所。如1924—1925年,南京私立法政学校就有7所。1937年在政

---

① 游戏不公平:民办高校何时走出"冬季"[EB/OL]. http://edu. rednet. com. cn/Html/2004/12/01/EDUHTML20041201112445 – 1. html。
② 彭泓源. 河南民办高校能否冲出围城.《大河报》,2004 – 12 – 12。
③ 刘建林. 江西22所民办高校将出局[EB/OL]. 人民网,2005 – 05 – 01。
④ 民办高校:奔走在和谐的大道上[EB/OL]. http://informationtimes. dayoo. com/gb/content/2005 – 09/01/content_2203928. htm.。
⑤ 郭萍. 黑龙江规范民办高校管理.《中国教育报》,2001 – 08 – 02。
⑥ 第二次中国教育年鉴 第二编 教育行政 第六章 私立学校之设立. 第119页,台北宗青出版社,1991年。

府立案的私立大学有 47 所,占公私立大学总数的 51.6% ,1946 年在政府立案的私立大学有 64 所,占公私立大学总数的 34.6% 。(上述私立大学的统计数字包括教会大学)[1]此外,还有许多未在政府立案的私立大学。

在一些私立大学不断出现的同时,另一些私立大学则因种种原因而被迫并入其他院校、停办或改为公立。仅 1913 年教育部就在江苏停办了 13 所私立法政大学、专门学校。[2] 其中多数是由于经费无法保障而被停办。在近代中国的各个时期,都有因教育经费短缺而夭折的私立大学。如东亚体育专科学校、雷士德工学院、持志学院、两江女子体育专科学校等都因经费竭蹶而被迫停办。同时,一些办学较好的私立大学也因教育经费的原因而被迫改为公立大学,如同济大学、厦门大学、复旦大学、南开大学等相继改为公立大学。

毫无疑问,教育经费无论对于中国近代私立大学,还是当前的民办高校,都是至关重要的。近代私立大学因经费短缺而陷入困境,如今又在民办高校中重演,这是历史的必然,还是巧合? 两者之间有何相同与不同之处? 能否从中国近代私立大学筹集和使用教育经费的问题中总结和吸取经验教训? ……一连串的疑问促使我逐渐将注意力集中到了"中国近代私立大学教育经费问题研究"这一课题上。

2.选题的意义。中国近代私立大学是中国近代高等教育的重要组成部分,在经费筹集和使用方面既有教训,也积累了丰富的经验,形成了自己独特的办学特色,涌现了像南开大学、复旦大学、厦门大学等为国内外所称道的出类拔萃的大学,这些大学在近代中国都曾经是名噪中华的私立大学。中国近代的私立大学历尽坎坷,与公立大学、教会大学一道构成

---

[1]第二次中国教育年鉴　第二编　教育行政　第六章　私立学校之设立.第 120 页,台北宗青出版社,1991 年。
[2]吴霓,胡艳.中国古代私学与近代私立学校研究.第 346 页,山东教育出版社,1997 年。

了当时中国高等教育三足鼎立的格局,成为近代中国高等教育一道亮丽的风景线,为中华民族的振兴培养和输送了大量人才。中国近代私立大学在当时那样动荡不安的社会环境下是如何筹集经费的?又是如何使用经费的?私立大学在经费筹集和使用方面的经验和教训,值得我们去深入探究,对当前民办大学的发展具有重要的现实意义。

二、研究对象及时间跨度

1. 关于中国近代"私立大学"。"私立大学"是相对于"官立大学"或"公立大学"而言的。根据清廷颁布的《奏定中学堂章程》的规定,当时的学堂分为三种:由官府设立的名为官立;由地方绅士捐集款项或集自公款的名为公立;由一人出资的名为私立。参照中学堂的划分标准,清末的大学可分为官立大学、公立大学和私立大学三种。

中华民国成立后,大学大致分为公立大学(下面介绍)和私立大学两种。公立大学以外的大学为私立大学,包括外国人创办的大学(教会大学)和中国人创办的大学。因此,当前学者们普遍认为中国近代私立大学"从其创办人及经费来源而言大致可分为教会大学和国人自办的私立大学两类"。本人对这种划分不能苟同。原因是有些外国人(或外国法人)创办的私立大学或中外合办的私立大学既不属于教会大学也不属于国人自办的私立大学。例如私立焦作工学院(现在中国矿业大学和河南焦作工学院的前身)是由英国福公司(Peking Syndicate Limited)投资兴办的、在我国建立的最早的近代矿业高等学府。这所学校虽为外国投资,但不属于教会大学,原因是:(1)英国福公司投资办学是在夺取中国更大经济利益的前提下进行的,是"羊毛出在羊身上",而且是经过中方多次交涉才完成的,完全是被迫无奈。(2)私立焦作工学院的创办是为路矿培养人才,其目的不是传教。

鉴于此,本论文所指的"私立大学"是指公立大学和教会大学以外的私立大学,并非仅指国人自办的私立大学。包括大学、独立学院、专科学校和专门学校等。本论文的"私立大学"不包括近代港、澳、台、革命根据地的私立大学。以此为研究对象基于以下考虑:

第一,目前学术界对中国近代教会大学的研究及成果较多,对教会大学以外的私立大学缺乏系统深入的研究。

第二,鉴于论文篇幅及资料方面的原因,近代港、澳、台、革命根据地的私立大学不在本论文研究之列。

2. 关于中国近代"公立大学"。民国时期的公立大学,从举办对象来说大致可分为国立大学、省立大学和市立大学;从办学层次上来说大致可分为大学和专科学校两种。本文将国立大学、省立大学、市立大学、国立专科学校、省立专科学校统称为"公立大学",不作进一步的细分。

3. 本论文研究的时间跨度。本论文的研究自 1905 年到 1949 年。我国近代意义上的第一所私立大学是复旦公学(复旦大学的前身),创办于1905 年。清末建立的复旦公学是公立大学还是私立大学? 这个问题目前尚存在争议。一些学者认为当时的复旦公学属于公立大学。理由是:参照清廷颁布的《奏定中学堂章程》的规定,由一人出资建立的大学才称为私立大学。而由地方绅士捐集款项或集自公款的为公立大学。据此,复旦公学完全符合公立的规定。因此,在 1908 年所订《复旦公学章程》、1910 年填报的《江苏省宝山县公立学堂一览表》中,复旦公学都自称为"公立学堂"。① 复旦大学校史编写组也认为当时的复旦公学属于"公立

---

①复旦大学校史编写组.复旦大学志第一卷(1905—1949).第 58 页,复旦大学出版社,1985 年。

大学"。① 笔者不同意上述观点。因为学术研究不应受政府有关规定的影响,且不说当时清廷对学堂的划分有失恰当,就是从当今划分公、私立学校的角度来看,当时的复旦公学应该属于私立大学。故本论文将上限设定为1905年。

1949年中华人民共和国成立后,逐渐将所有的私立大学改为公立大学,从此私立大学暂时退出了中国大陆的历史舞台,因此,本论文将研究下限确定为1949年。

三、研究现状

1. 中国近代私立大学总体研究现状。新中国成立后,私立大学暂时退出了中国大陆的历史舞台,公立大学一统天下。当时人们对教育史的研究无法摆脱政治氛围的影响,相当一段时期内人们"谈私色变",这一时期,中国近代私立大学及其经费问题的研究及成果可谓凤毛麟角。改革开放以后,随着国内学术思想的日趋解放和实事求是学风的逐步确立,加之民办大学的纷纷出现,人们希望从中国近代私立大学的发展中寻找经验教训,让这一领域的研究呈现出复苏和发展的新局面。目前,对中国近代私立大学的研究虽已不再是一片未开垦的处女地,但是,研究中国近代私立大学的学者及成果与繁荣的教育科学的研究现状形成了鲜明的反差,有些教育领域的研究成果可谓铺天盖地,浩如烟海。相比之下,中国近代私立大学的研究成果少得可怜,此领域的研究尚处于起步阶段。

可以毫不讳言地说,虽然中国近代私立大学作为中国近代教育史的一个重要组成部分,值得认真梳理研究,但是,长期以来,学术界对中国近

①复旦大学校史编写组.复旦大学志第一卷(1905—1949).第107页,复旦大学出版社,1985年。

代私立大学在教育史上的重要地位认识不够,对这个领域的研究非常薄弱。王炳照先生在《中国私学·私立学校·民办教育研究》(山东教育出版社 2002 年 12 月版)一书的第一页前言第一段话中说:"在中国悠久的教育发展史上,古代私学和近代私立学校占有重要的地位,发挥了巨大的作用,理应成为中国教育史研究的重要内容。然而,长期以来,多数中国教育史研究者和大部分教育史教材和著述,多以研究官学为主,建立中国教育史特别是教育制度史的基本体系,而古代私学和近代私立学校,内容十分单薄,体系极不完善,研究很不充分和深入。"王炳照先生的话道出了中国近代私立大学的研究现状。后来通过查阅资料验证了王炳照先生的话是正确的,中国近代私立大学的确是一个几乎被遗忘的角落。相当多的教育史著作(包括教育史教材)中,对中国近代私立大学的介绍只是只言片语,有的甚至根本不提。公开发表的有关中国近代私立大学的论文也很少。

目前介绍中国近代私立大学的著作可分为五种,第一种是将近代中国私立大学与各级各类私立学校同时介绍,如张志义主编的《私立、民办学校的理论与实践》(中国工人出版社 1994 年 11 月版)、王炳照先生主编的《中国私学·私立学校·民办教育研究》(山东教育出版社 2002 年 12 月版)、于述胜著的《中国教育制度通史》第七卷(山东教育出版社 2000 年 7 月版)、全国人大教科文卫委员会教育室·香港大学中国教育研究中心编的《民办教育研究与立法探索》(广东高等教育出版社 2001 年 1 月版)等;第二种是将近代私立大学与教会大学同时介绍,如魏贻通主编的《民办高等教育研究》(厦门大学出版社 1991 年 11 月版)、金忠明等主编的《中国民办教育史》(中国社会科学出版社 2003 年 5 月版);第三种是将近代中国私立大学单独作为一部分(或一章)加以介绍,如郑登云主编的《中国高等教育史》上(华东师范大学出版社 1994 年 4 月版)、何国华主编的《民国时期的教育》(广东人民出版社 1996 年 12 月版)、金以林著的《近代中国大学研究》(中央文献出版社 2000 年 2 月版);第四种是整个著作专门研究近代中国私立大学(专著),目前只有一本这样的专著,即宋秋蓉的《近代中国私立大学研究》(天津人民出版社 2003 年 6 月版);第五种是近代中国私立大学个案研究(专著),如杨昂的博士论文(2005 年)《学风、世风与民国法学:朝阳大学研究(1912—1946)》等。

2. 中国近代私立大学教育经费研究现状。中国近代私立大学总体研究尚且如此薄弱,对其经费问题的研究就可想而知了。目前,笔者没有看到一本(或一篇)深入系统的专门以中国近代私立大学经费问题为研究对象的著作(或文章)。

在介绍中国近代私立大学经费问题时,基本上是与其他各级各类私立学校的经费同时介绍。如王炳照先生主编的《中国私学·私立学校·民办教育研究》一书介绍了各级各类私立学校的经费来源及使用情况,"私立学校经费的来源主要有捐款、学费、学校财产收入和政府补助等渠道"。"私立学校经费主要用于两方面。一是学校筹建时的开办费,另一是学校的常年经费。"①近代中国私立大学经费来源在不同时期不尽相同。"在清末,少有的几个国人自办的学校收费比较少。民国以后随着私立高等学校的增多,学费成为学校一项重要收入,一些专科学校主要靠学费来维持……而随着 30 年代全球性的经济危机的到来……学生缴费逐步提高……在南京政府时期及其以后,政府补贴也成为学校经费的一项重要来源。"②还有的学者研究认为"据《第一次中国教育年鉴》所列 21 所立案的国人自办的私立大学及独立学院统计(1931 年),其经费来源主要

①王炳照.中国私学·私立学校·民办教育研究.第 306、314、320、420、433—434 页,山东教育出版社,2002 年。
②成运花.近现代私立高等学校的经费.海淀走读大学学报,1999,(3):19。

是学费、租息、捐助款、杂项收入，另有少量国库、省库补助费（当时国家未有专项用于补助私立学校）"。①

四、研究思路、方法及论文框架

1.研究思路。为了对中国近代私立大学总体情况有大致的了解，本文首先对其发展历程进行了梳理。然后分四部分对其教育经费问题展开研究。鉴于中国近代私立大学教育经费主要靠办学者自筹，因此，本研究从中国近代私立大学经费的筹集入手，对私立大学负责经费筹集的两个主要主体——董事会和校长进行了剖析，进而对中国近代私立大学经费筹集的策略进行了分析总结。在此基础上对私立大学经费的来源和使用展开系统深入的研究。

通过研究发现，教育经费对于私立大学来说至关重要，它与私立大学的发展息息相关。因此，作为本研究的深入和拓展，论文最后部分对教育经费与中国近代私立大学办学质量、教师队伍建设及其命运进行了探讨。

2.研究方法。论文运用了文献法、比较法、图表统计法、归纳法等研究方法。

文献研究法是历史研究的基本方法，对于教育史的研究来说，文献史料的梳理、发现、研究是至关重要的。论文的写作尽量获取第一手资料，在收集、查阅大量历史文献的基础上，坚持"论从史出"的原则，力图恢复历史的本来面目。

论文以中国近代私立大学教育经费问题为主要研究对象，考虑到有

①全国人大教科文卫委员会教育室·香港大学中国教育研究中心编.民办教育研究与立法探索.广东高等教育出版社,2001年。

比较才有鉴别,为了更准确和深入地分析中国近代私立大学教育经费问题,文章采取了与中国近代公立大学、教会大学进行比较的方法。

此外,图表统计法、归纳法等也是本论文运用的研究方法。

3.论文框架。导论部分,阐述了本论文选题的缘由和意义,界定了论文研究的对象,考察了本论文先期研究状况,说明了论文写作的思路和方法。

第一章　中国近代私立大学的发展历程

第一节　清末的私立大学

第二节　民初和北洋政府时期的私立大学(1912—1927)

第三节　南京国民政府时期的私立大学(1927—1949)

第二章　中国近代私立大学教育经费的筹集

第一节　中国近代私立大学教育经费筹集的主体

第二节　中国近代私立大学教育经费筹集的策略

第三章　中国近代私立大学教育经费的来源

第一节　社会捐款

第二节　学费

第三节　政府补助

第四节　教育经费的其他来源

第四章　中国近代私立大学教育经费的管理

第一节　中国近代私立大学教育经费管理体制

第二节　中国近代私立大学教育经费的使用

第三节　中国近代私立大学教育经费使用的特点

第五章　教育经费与中国近代私立大学发展的关系

第一节　教育经费与中国近代私立大学教师队伍建设

第二节　教育经费与中国近代私立大学的办学质量

第三节　教育经费与中国近代私立大学的命运

第一章
中国近代私立大学的发展历程

　　我国自古以来就有私人办学的传统,很早以前就有"大学"的称谓。而近代意义上的私立大学产生于清末,其发展贯穿于民国年间,通过撤、并、转等方式被公立大学所取代。由于中国近代私立大学受政府政策的影响很大,故其发展历程可分为三个阶段:清末的私立大学、民初和北洋政府时期的私立大学(1912—1927)、南京国民政府时期的私立大学(1927—1949)。下面就这三个时期私立大学的发展情况做一介绍。

第一节　清末的私立大学

　　清末,西方列强的入侵,打破了中国旧的政治经济秩序,国人开始觉醒。1860 年第二次鸦片战争后,清政府从维护自身统治的需要出发,掀起了"洋务运动"。洋务运动在教育方面采取的主要措施是建立新式学堂。从 19 世纪 60 年代至 90 年代,洋务派创办的洋务学堂约 30 所,大致分为外国语(方言)学堂、军事(武备)学堂和技术实业学堂三类。与此同时,民间也创办了大量的私立学堂。在创办新式学堂过程中,具有新思想的乡绅士商之热情和努力不减于洋务官员。他们创办了很多私立学堂,如 1878 年开办的上海正蒙书院,就是由邑绅张焕纶与当地绅士共同创办的。浙江绅士孙诒让于 1896 年在家乡瑞安创办学计馆后,又创办方言馆、瑞平化学馆、瑞安普通学堂、蒙学堂、高等小学堂等。

　　甲午战争使清王朝陷入内外交困的境地。在这种形势下,清政府想以兴学挽救危局,开始鼓励私人办学。光绪二十四年(1898)五月二十二日,光绪皇帝发布上谕,提倡和奖励私人办学。接着总理各国事务衙门进一步重申政府鼓励民间捐资兴学的重要性。[①] 1900 年八国联军攻入北京后,清政府面临空前的生存危机,侵略者的炮火再一次强烈震撼了清廷朝野。在严酷的现实面前,1901 年 1 月 29 日,慈禧太后以光绪帝的名义在西安颁布了"预约变法"的上谕,承认"世有万古不易之常经,无一成不变之治法",指令"军机大臣、大学士、六部九卿、出使各国大臣、各省督抚,各就现在情形参酌中西政要,举凡朝章国故、吏治民生、学校科举、军政财

---

①朱寿朋. 光绪朝东华录(四). 第 4126 页,中华书局,1958 年。

政,当因当革,当省当并,或取诸人,或求诸己,……各举所知,各抒所见,通限两个月内详悉条议以闻"。① 揭开了清末新政的序幕。拟行新政以后,各地官绅纷纷响应清廷的兴学号召,设立了不少新式学堂,这时的新式学堂大多是中小学堂,其中包括一些私立中小学堂。

为了培养新式的高级人才,一些官员和士绅开始着手创办新式大学堂。1896 年 6 月,刑部侍郎李端棻在《请推广学校折》中首次向朝廷正式提出设立京师大学堂的建议。此后,康有为、王鹏运等也多次奏请开办京师大学堂。1898 年 6 月 11 日,光绪帝在《明定国是诏》中特别提出:"京师大学堂为各行省之倡,尤应首先举办。"随后,总理衙门委托梁启超草拟《京师大学堂章程》于 7 月 3 日上报,光绪帝当即批准。京师大学堂于1898 年 11 月正式开学。京师大学堂是中国近代第一所由中央政府创办的大学,此后又于 1902 年、1903 年分别创办了山西大学堂和北洋大学堂。加上各省的公立高等学堂,清末共有不到 30 所公立大学堂和高等学堂。由于这些公立大学堂无法满足社会对人才的需求,于是,私立大学应运而生。

当时,清政府对私立大学采取默许的态度,清政府颁布的《学务纲要》中指出:"此后京外官绅兴办各种学堂,无论官设公设私设,俱应按照现定各项学堂章程课目切实奉行,不得私改课程,自为风气。"②此处的"各种学堂"当然包括私立大学堂。这一时期的私立大学主要有 1905 年创办的复旦公学、1906 年创办的中国公学、1907 年创办的德文医学堂、1908 年创办的广东私立光华医学堂、1909 年创办的焦作路矿学堂等。此外,辛亥革命前夕还创办了一些私立法政学堂,如福建法政学堂、浙江宁

---

① 《光绪政要》卷二十六。转引自孙培青. 中国教育史. 第 343 页,华东师范大学出版社,2000 年。
② 舒新城. 中国近代教育史资料(上册). 第 200 页,人民教育出版社,1961 年。

波法政学堂、集湖法政学堂、四川岷江法政学堂等都是这一时期创办的。

清末私立大学的产生既有复杂的政治经济文化等宏观背景,也有以下几方面的直接原因。

第一,反帝爱国。反帝爱国是复旦公学、中国公学、广东光华医学堂等私立大学产生的直接原因。复旦公学广大爱国学生为反对法国天主教会操纵学校、实施宗教教育,愤而从震旦学院(震旦大学的前身)集体退学后重新组建的。震旦学院是爱国天主教徒马相伯借助天主教的资助于1903年3月1日创建的,将学校取名曰"震旦学院","震旦"二字原是古印度梵文书籍对中国的称谓,也包含着东方光明、前途无量的意思。马相伯任校长并为震旦学院订了三条规矩:崇尚科学,注重文艺,不谈教理。①马相伯明确提出:"不能把震旦学院办成宣扬宗教的学校,一切宗教教义的宣传均应退出学校的领域。"提出其办学宗旨是爱国救国:"而为革命救国之准备者,请归我。"②马相伯不但不准在校内宣传教理,还在校内从事政治革新活动,经常对学生进行爱国主义教育,此举遭到天主教传教士的反对、排挤和打击。1905年阴历二月,天主教耶稣会强令马相伯入院"养病",并调外籍神甫南从周担任震旦学院总教习,南从周趁马相伯"养病"期间,肆无忌惮地改变学校规章制度,意使震旦学院变成法国教会掌控的工具。对此,震旦学院师生大为愤怒,抗不从命,遂掀起罢学风潮。南从周势不相让,于是学生大哗,誓不与传教士共朝夕,全校132名学生有130人签名退学,③他们搬走全部教具、图书而愤然离校。马相伯也宣布辞职,毅然随学生退出震旦学院。马相伯、严复等率领全体师生另立学

①复旦大学校史编写组.复旦大学志第一卷(1905—1949).第43页,复旦大学出版社,1985年。
②于右任.为国家民族祝马先生寿.载《复旦同学会会刊》,1939年3月。
③周川,黄旭.百年之功——中国近代大学校长的教育家精神.第3页,福建教育出版社,1994年。

校,取名"复旦公学"(即复旦大学的前身),"复旦"二字即"复我震旦"之意,又含有"复兴中华"之意,而且还与《尚书大传》所载《卿云歌》中的"日月光华,旦复旦兮"词语相合,真是妙语天成!①

复旦公学创办之初非常艰难,既无经费,也无校舍。马相伯只好请旧交两江总督周馥助一臂之力,周馥暂借提督行辕为临时校舍,后又拨给吴淞营地70亩为校址,发给开办费大洋一万元。② 在周馥的帮助下,学校得以开办。与此同时,学校积极向社会进行募捐。1905年7月18日,复旦公学在《时报》上刊登招生广告,24日在爱文义路22号招考新生,由马相伯和严复亲自主考,考生十分踊跃。③ 学校于1905年9月4日(是日中秋节)正式开学。该校"系考取中学校较深之学生,以英文教授高等普通学,使能直入欧洲专门大学为宗旨"④。师生公推马相伯为监督(校长),请李登辉主持教务。至此,出于反帝爱国而建立起来的复旦公学正式诞生了。

与复旦公学相似,中国公学是留日学生为抗议日本帝国主义的侮辱而创办起来的。日本政府为了镇压中国留日学生的爱国运动,于1905年11月2日,由日本文部省发布了侮辱中国留学生的《取缔中国留学生规则》⑤,激起了中国留日学生的极大愤慨。12月8日,中国留日学生千余

---

①宗有恒,夏林根.马相伯与复旦大学,第29页,山西教育出版社,1996年。
②宗有恒,夏林根.马相伯与复旦大学,第29页,山西教育出版社,1996年。
③宗有恒,夏林根.马相伯与复旦大学,第29页,山西教育出版社,1996年。
④李登辉.复旦公学校史.载《复旦公学章程》,1915年7月刊。
⑤"取缔规则"的第一条规定:"公立及私立学校,在许可清国人入学之时,于其入学申请书中必须附加清国驻本邦公使馆之介绍书。"这样的规定使清政府的驻日公使馆得以控制中国留学生,而且是取得了合法权的。第九条规定:令清国人宿泊之宿舍或由学校监管之公寓,须受校外之取缔。就是说,留日的中国学生,必须按日本政府指定的地点居住,一条就要被取缔,从而完全剥夺了中国留日学生居住自由的权利。更不能容忍的是,这是一条侮辱性的规则,因为"取缔规则"把中国留日学生等同于娼妓看待。按日本的惯例,只有娼妓才可以"勒令于指定的居所"。按"取缔规则"的规定,中国留日学生随时都可以被扣上"性行不良"的罪名而被开除。对留日的中国学生进行取缔,这在世界上是没有先例的,从未闻欧美各国政府有取缔留学生的规定,从"取缔规则"的内容来看,是任何一个主权国家公民所难以忍受的。

人举行总罢课,二百余名留日学生罢课回国,1906 年 1 月,十三省的留日学生代表在上海开会,决定自办学校。开始时租借民房作为校舍,取名"中国公学"。学校之所以取名"中国公学",是"因为这学校含有对外的意义,归国学生又有十三省人之多,故名为'中国公学'"。① 中国公学的创办"隐然有二大涵义,一曰中国长此派遣学生出洋留学而不自办学校,终非久计。二曰创办与国外大学同等程度之学校,必集全国才智而为之,不可操自政府。前者为自树高深知识之源泉,不复仰给外邦;后者为委教育事业于社会,初不依赖国家"②。

学校在筹办之时,捐款者很少,学校的组织者之一、干事姚宏业为唤起社会人士的关注,投江自尽。社会震惊之余,纷纷解囊相助。两江总督端方于 1906 年二月开始每年拨银一万二千两予以补助。③ 于是,中国公学于 1906 年二月初六正式开学上课。此后,中国公学发展成为我国近代一所著名的私立大学,培养了一大批包括革命党人在内的优秀人才。

此外,广东光华医学堂的创办也是反帝爱国的产物。这所学校是爱国人士为争回医务主权而创立的。1907 年,在外国人经营的往来于香港和广东的轮船上,发生了外国人无故踢死中国人的命案,由于清政府的无能使外国人获得了通过武力攫取的治外法权,中国医生根本没有过问的权利,致使命案不了了之。光华医社为了维护民族尊严,挽回行医权利,在物质条件十分艰难的情况下,自力更生创办了广东光华医学堂,学堂秉承"纯粹华人自主之精神,兴神农之坠绪,光我华夏"的办学宗旨,命名为

---

① 学府纪闻:私立中国公学. 第 5 页,台北南京出版有限公司,1982 年。
② 中国社会科学院近代史研究所. 中国公学史料拾零. 第 126—127 页,载《近代史资料》总六十九号,中国社会科学出版社,1988 年。
③ 学府纪闻:私立中国公学. 第 7 页,台北南京出版有限公司,1982 年。

"光华"医学堂,以示光耀中华之意。① 学校开办之初,正在博济医学堂学习的陈垣等 10 多人,因不满博济医学堂一切权力都操纵在外国人手中,掀起学潮,组织同学转学到光华医学堂,称为"助学生",以示对光华医学堂的支持。

第二,帝国主义的入侵。创办于 1909 年的焦作路矿学堂(私立焦作工学院,现中国矿业大学的前身)就是帝国主义入侵中国的产物。这是一所最初由英国福公司(Peking Syndicate Limited)投资创办、在我国建立最早的近代矿业高等学府。

1894 年中日甲午战争的失败和 1895 年中日《马关条约》的签订,充分暴露了清政府的软弱无能,引发了列强瓜分中国的强烈欲望。西方列强开始大量向中国输出资本,攫取在华投资设厂、修筑铁路、开采矿产的特权。在英国成立于 1897 年 3 月 17 日的福公司通过收买中国官员,获取了在河南开矿的权利。1898 年 6 月 21 日,豫丰公司(既无资金又无厂址的虚公司)与福公司签订了《河南开矿制铁以及转运各色矿产章程》,即《河南矿务章程》。按照这个章程,英国福公司攫取了"专办怀庆左右、黄河以北诸山各矿"60 年的权利,开矿权名义上是豫丰公司,但实权掌握在英国福公司手里。作为交换条件,英国福公司同意就近开设路矿学堂。《河南矿务章程》第十三条规定:"福公司于各矿开办之始,即于矿山就近开设矿务、铁路学堂,由地方官绅选取青年颖悟学生二三十名,延请洋师教授,以备路矿因材选用。此项经费由福公司筹备。"但是,福公司并未真正履行这一条款。经过河南省政府与英国福公司反复交涉和谈判,1909 年 2 月 25 日,河南代表和英国福公司代表签订了《河南交涉洋务局与福

---

① 中国人民政治协商会议广东省广州市委员会文史资料研究委员会. 广州近百年教育史料. 第154—155 页,广东人民出版社,1983 年。

公司见煤后办事专条》。协议签订后,福公司在哲美森厂附近创办了焦作路矿学堂。河南交涉局委派田程出任校长,总理其事。1909 年 3 月 1 日,焦作路矿学堂举行了开学典礼,首批招收 20 人,聘请英国人李恒礼等 4 人和华人陈筱波等为教习。[1] 它属于外国公司提供经费在我国创办的私立高等学府。

第三,中外交流。从 19 世纪后期到 20 世纪初,随着中、德两国不断加强交往,孕育诞生了德文医学堂(同济大学的前身)。

德文医学堂是德国医学博士埃里希·宝隆于 1907 年在上海创办的。宝隆原是德国海军军医,1891 年随军来到上海。当时上海流行霍乱、伤寒等疾病,而医生很少,药品又缺乏。他决定离开海军,回国进修医学。两年后他再次来到上海时已是医术精湛的外科医生。刚开始时,他在上海开设了一家医院,后来他考虑在医院内设立一所德文医学堂,招收中国学生,培养施诊医生,这一想法得到了德国驻沪总领事及德国高等教育司司长等人的支持。因为德国政府为宣扬其文化,推销其商品,扩大在中国的势力,就意味着在文化教育上迎合中国的要求,设法在中国办学。1906 年设立了一个支持医学堂开办的基金会,筹集了价值 8 万马克的一批医科书刊、新式外科手术电动器械等物品和一些大专院校和企业捐赠的挂图、标本、显微镜、各种器械及医学专业书籍。基金会将全部募捐的财物交给了德文医学堂首届董事会管理。经过筹备,医学堂于 1907 年 10 月 1 日举行开学典礼。[2] 德文医学堂建成后,受到了清政府的赞赏。清廷先后派员到学校参观,并予以表彰:"以卜利在沪年久,于办理交涉及学堂事件格外和衷着有劳勋,拟请照章酌加一级……赏给德国驻沪总领事卜利

---

① 邹放鸣.中国矿大九十年.第 10 页,中国矿业大学出版社,1999 年。
② 翁智远.同济大学史第一卷.第 1—3 页,同济大学出版社,1987 年。

二等第二宝星。"①同年 3 月,张人骏也提请清廷对捐助药品及医疗器械的 8 名德国工人"赏给五等宝星,以示奖励"。②

第四,社会需要。社会需要也是清末私立大学产生的原因之一。1910 年前后,我国私立大学的发展出现了一个新的现象,即各省纷纷创办私立法政学堂。其原因是当时法政人才十分缺乏。1909 年,各省立宪派代表联合请求缩短预备宪派年限并请准设立私立法政学堂,理由是"立宪时代需要通晓法政人才尤多,不能专恃各省官立法政学堂为养成之所"。1910 年,浙江省翰林院编修陈敬第等呈请浙江巡抚代奏准予设立浙江私立法政学堂,终于获得学部批准。一时间,各省纷纷设立私立法政学堂。

清末,中国近代私立大学处于初创期,各方面的发展很不成熟,中华民国的建立,使中国近代私立大学的发展进入了新的阶段。

第二节　民初和北洋政府时期的私立大学(1912—1927)

辛亥革命推翻了清王朝及在中国延续了数千年的封建专制政体,建立了资产阶级民主共和国。在中国历史上具有划时代的意义。陈旭麓先生曾精辟地指出了中华民国建立的重大意义:"'民国'之取代自秦始皇以来两千多年的'帝国',是近代中国社会内在矛盾发展的结果,是一种前无古人的变化。它打破了历代王朝的更迭机制,否定了整个皇权体制,

---

① 中国第一历史档案馆清朝档案:外务部中德关系类交聘往来项,第 1344 号卷。
② 中国第一历史档案馆清朝档案:外务部中德关系类慈善赈济项,第 1530 号卷。

因而也触动了传统社会的各条神经,是政治制度和社会思想的一大跃进,在新旧递嬗的历史进程里留下了自己不可磨灭的影响。"①

中华民国建立伊始,政府颁布了一系列有关私立大学的法律法规。1912 年 10 月 22 日教育部公布的《专门学校令》规定:"凡私人或私法人筹集经费,依本令之规定设立专门学校,为私立专门学校。"②1912 年 10 月 24 日教育部公布的《大学令》规定:"私人或私法人亦得设立大学。"③同年 11 月 2 日又公布了《公立私立专门学校规程》;1913 年 1 月公布了《私立大学规程》,这是近代中国私立大学的第一个成文法规。至此,政府彻底放开了私人兴办大学的权力。究其原因,主要有以下几方面:第一,政府财力有限,教育经费紧张,兴建私立大学能够减轻政府的财政负担。1914 年 12 月教育部公布的《整理教育方案草案》中指出:"变通从前官治的教育,注重自治的教育。……今后方针注重自治的教育者,国家根本在于人民,唤起人民的责任心,而后学务能起色也","大学为全国最高学府,其目的在培成最富有理想之人物,以于世界之学术相适应。以今日北京大学言之,学科设备诸未完全,欲言扩张,又多限于财力;以全国之大,无完善之大学为可也,大学不能多设尤不可也。变通之道,在于减设科目……国家择其需要较巨之科力求设备完善,如文科法科等则听民间之私立而严格监督之"。④ 第二,中华民国建立以后,民主、共和的观念深入人心,民主政体为近代私立大学的发展提供了理论上的合理性,私立大学的发展遇到了前所未有的宽松环境。当时有人指出:"私立大学的命运

①陈旭麓.近代中国社会的新陈代谢.第 311 页,上海人民出版社,1992 年。
②中国第二历史档案馆.中华民国史档案资料汇编 第三辑 教育.第 107 页,江苏古籍出版社,1991 年。
③中国第二历史档案馆.中华民国史档案资料汇编 第三辑 教育.第 110 页,江苏古籍出版社,1991 年。
④《教育公报》第八册,1915 年 1 月。

与民本政治密切相关……大抵民主主义最发达的国家亦是私立大学最多而最有地位的国家。"①第三,有识之士的倡导。如 1912 年 5 月 13 日,蔡元培在《向参议院宣布政见之演说》中强调:"私立学校,务提倡而维持之。"

从 1912 年至 1927 年,曾出现两次兴办私立大学的热潮,第一次出现于 1912—1913 年间,第二次出现于 1917 年,至 1925 年达到高潮。两次热潮兴起的原因、基础各异。

第一次兴办私立大学的热潮出现的主要原因是:

1. 经过清末近 10 年的办学,全国有一大批中学生将陆续毕业,希望接受高等教育的学生数大大增加,而公立大学无法满足社会对人才的需求。民初的国立大学只有三所:北洋大学、北京大学和山西大学。三所学校的招生数量有限,北洋大学 1912 年春季入学的本科生共计 34 名,1913 年春季入学的本科生 39 名、预科生 67 名,共计 106 名。② 北京大学第一批预科学生毕业后,即开始筹办分科大学,1910 年 3 月共招生 400 多人,③民初的招生数量也没有太大增加。山西大学的招生人数与上两所学校大体相当。这三所国立大学的招生人数只有 1000 人左右。而 1912 年、1913 年公私立中学毕业生分别为 6510 人、4969 人。④ 可见,缓解中学毕业生的升学压力是民初私立大学产生的一个重要原因。

2. 民国初建,百废待兴,社会急需一批高级专门人才。时任广州大学校长的陈炳权道出了当时对人才的急迫需求:"民国成立后,工商界、机关及社会之事业单位,百废待兴,需才孔急。新的事业更要新人才以经营,

---

① 邱椿.我国私立大学之前途.载《中华教育界》,1936 年第 24 卷,第 6 期。
② 北洋大学—天津大学校史编辑室.北洋大学—天津大学校史(第一卷).第 458—520 页,天津大学出版社,1990 年。
③ 吴惠龄.北京高等教育史料(第一辑).第 4 页,北京师范大学出版社,1992 年。
④ 第一次中国教育年鉴　丙编　教育概况　学校教育概况.第 195 页,台北宗青出版社,1991 年。

无论科学工程及工商组织,不只有才难之叹,简直无人可用。尤其是中小学校,师资缺乏,当时有些地方,急欲推广国民义务教育,但无从聘请适当之教师,或简直无人可以担充教师之职。虽欲勉强聘请,滥竽充数,亦不可得也。全国工商业,各机关团体,各级学校,对于人才之供给及需求,相差甚远,非急设法以培养专才不可。"①可见,当时各行各业的人才非常缺乏。

3.《壬子癸丑学制》取消了清末《癸卯学制》中的"高等学堂"段,在大学本科下设大学预科,规定预科不得单独设置,于是,清末时匆匆设立的各省高等学堂多被降格而改为省立中学,全国高等教育机构因此而骤然减少;在这种情况下,各地私立大学纷纷出现,学校数量急剧增加。民初创办的私立大学主要有1912年1月由何绍杰、王揖唐创办的私立法政大学,1912年3月由立达学社和胡敦复、朱香晚创办的大同学院,1912年5月由陈宣恺、陈时父子创办的武昌中华大学,1912年由黄兴、宋教仁创办的国民大学,1912年由林兆禧创办的南洋路矿学堂,1912年11月由刘海粟创办的上海图画美术院,1913年11月由广州律师公会创办的私立广州法学院,1913年由汪有龄、江庸创办的北京私立民国大学,1913年由黄兴、胡元倓创办的明德大学等。②

除以上学校以外,1912—1917年,还新设立了为数众多的私立法政专门学校。据统计,1915年时,仅在政府立案或备案的私立法政专门学校就有21所,此外,还有许多没在政府立案的学校。③ 当时设立的法政

---

①陈炳权.大学教育五十年——陈炳权回忆录.第103页,香港南天书业公司,1970年。
②周川、黄旭.百年之功——中国近代大学校长的教育家精神.第58—63页,福建教育出版社,1994年;吴惠龄.北京高等教育史料(第一辑).第123、153、266页,北京师范大学出版社,1992年;第一次中国教育年鉴 丙编 教育概况 第一章 学校教育概况.第87—180页,台北宗青出版社,1991年。
③第二次中国教育年鉴 第二编 教育行政 第六章 私立学校之设立.第119页,台北宗青出版社,1991年。

专门学校有北京化石桥法政专门学校、北京中央法政专门学校、浙江法政专门学校、福建法政专门学校、广州法政专门学校、直隶法政专门学校、江西法政专门学校、豫章法政专门学校、湖南达材法政专门学校、湖南群治法政专门学校、湖北法政专门学校、四川志城法政专门学校、四川益都法政专门学校、四川岷江法政专门学校、贵州法政专门学校、湖南法政专门学校、江汉法政专门学校、湖南会通法政专门学校、湖南爱国法政专门学校、湖湘法政专门学校、神州法政专门学校等。①

当时私立法政专门学校竞相建立的原因是:第一,传统观念的影响。因为当时在很多人头脑中"读书做官"的传统观念依然根深蒂固,法政学校毕业后当官就"顺理成章";第二,当时中国的贫穷落后被人们归结为中国政治制度不改革的结果。要救国就必须改制,要改制就必须研究法政。"民初国人喜谈政治,组政党,风尚所及,遂使私立学校多趋于法政"。第三,为满足社会之需要。民国初年,政权的更迭急需大量法政人才。

当时的私立法政专门学校程度参差不齐,大多数学校师资、教学设备等办学条件较差,1913 年教育部的布告中指出了当时私立大学的情形:"原以私立大学得辅助国立大学教育高等人才,以为国家社会之栋干,故特宽予期限,俾得遵照部章逐渐改良,以副国家兴学育才之至意。乃自布告颁行以来,京外各私立大学未另行报部者仍复不少;其中即有一二报部之学校,抽阅其表册,或仅设预科、别科,或仅设专门部;其余如学生资格非常冒滥,学校基金毫无的款,种种敷衍不可胜言⋯⋯"②"为各处具呈报

---

① 教育部公布全国大学概况,载中国第二历史档案馆.中华民国史档案资料汇编 第三辑 教育.第 187—190 页,江苏古籍出版社,1991 年。
② 中国近代学制史料第三辑下册.第 19 页,华东师范大学出版社,1992 年。

部之私立大学,其附设专门部者甚多,核与部章原属不合。"①对此,当时的教育部十分体谅,1913 年 6 月 10 日,教育部颁布的布告指出:"本部体察目前情形,为私人办学力图便利起见,应即量予变通,准其附设专门部。"②

这期间建立的私立大学有相当一些是以牟利为目的的"学店""野鸡大学"。因此,总体质量不高,发展还很不成熟,名为大学,但真正本科很少。究其原因主要是私立大学的经费紧张,有的仅靠收取学费维持日常开支,这些学校刚建立时只能搞"短平快",以较短的学习周期来吸引学生。针对当时一些私立大学办学质量不高的情况,教育部采取了以下措施:一是规定凡设立私立大学,必须办理立案手续。1913 年 1 月 23 日,教育部颁布了《私立大学立案办法布告》,要求以前准予暂行立案的私立大学,重新到教育部立案。1915 年 7 月 20 日,教育部又出台了《私立专门以上学校认可条例》,进一步加强了对私立大学的监督和管理。二是派员到各私立大学视察,分别优劣,决定去存。以上措施反映了政府对发展私立高等教育的重视,也体现了政府管理、调控此类学校的决心。经过此次整顿,私立大学盲目发展和办学混乱的状况得到了好转。因此,1913—1916 年,私立大学度过了几年平稳发展期。

第二次兴办私立大学的热潮始于 1917 年,至 1925 年达到高潮。这一时期私立大学的大量兴办主要有以下几个原因。

1. 这一时期我国民族资本主义经济的发展为私立大学的产生和发展奠定了基础。第一次世界大战爆发后,侵华的各帝国主义国家纷纷忙于备战、相互厮杀而无暇东顾,暂时放松了对中国民族资本主义的压迫,使

---

①中国近代学制史料第三辑下册. 第 19 页,华东师范大学出版社,1992 年。
②中国近代学制史料第三辑下册. 第 19 页,华东师范大学出版社,1992 年。

得我国民族工商企业获得了自由发展的良机。为借助私人捐款而生存与发展的私立大学开辟了广泛的经费来源。同时形成了社会对文化科学知识的进一步追求和企业对高层次人才的大量需求。从而刺激了私立大学的产生和发展。

2. 这一时期公立大学经费紧张,为私立大学的产生和发展提供了空间。在整个北洋政府时期,军阀连年混战,财政异常紧张。加之教育经费经常被挪用作为军费,导致教育经费经常短缺。出现了大面积拖欠公立大学教育经费的现象。如1925年2月,东南大学反映:"及江浙战事开始,①苏省收入全充军饷,学校方面益感困难,计民国十三年(1924)五月,经费尚未领全,至六、七、八、九、十、十一、十二以至十四年(1925)一月止,总共积欠经费计二十八万之巨。"②由于拖欠教育经费,北京国立大学的教师在政治上、生活上都很不安定,学校的经费没有保障,欠薪十分严重,有时仅能拿到月薪的十分之一二。③ 1926年5月,北大校评议会致电蔡元培称:"本校经费积欠已达十五月之久,最近数月经费之枯竭,尤为历来所无,所以,本校目前最大困难,仍是经费问题。现时本校同仁之恐慌,亦即在此。"这一年由于经费困难,北大一些教员相率引去,其他教员也停课索薪。④ 与教育经费基本依赖政府拨款的公立大学相比,私立大学并未因此受到大的影响,反而趁公立大学发展困难时,私立大学有了较快发展。

3. 政府的政策也促进了第二次兴办私立大学的热潮。1917年9月

----

①江浙战事为1924年9月至10月,浙江督军卢永祥与江苏督军齐燮元激战一月,最后以江苏督军齐燮元胜利而告终。
②补白——江苏各省县学生及经费概数表(二).载《教育杂志》第17卷,第2号,1925年2月20日。
③南开大学校史编写组.南开大学校史.第122页,南开大学出版社,1989年。
④南开大学校史编写组.南开大学校史.第122页,南开大学出版社,1989年。

27 日教育部颁布的《修正大学令》规定:"设二科以上者,得称为大学;其单设一科者,称为某科大学。"即凡设一科者,亦可称大学。① 1922 年的《新学制》和 1924 年的《国立大学校条例》也都坚持这一点,这无形中放宽了设立大学的条件,导致当时专门学校升格成风,如"农业专门改农大,工业专门改工大,法政专门改法政大学,医学专门改医大"②,进一步推动了私立大学的兴办。据《第二次中国教育年鉴》统计,1917 年全国仅有 7 所私立大学,1922 年新学制颁布后增加至 13 所(不包括教会大学),当时国立大学有 5 所(北京大学、交通大学、北洋大学、东南大学、上海商科大学),省立大学有 2 所(山西大学、湖北鄂州大学);1925 年私立大学增加到 27 所(不包括教会大学),8 年中增长近 4 倍。其中经教育部批准立案的有 13 所,经教育部同意试办的有 14 所,未经批准而自办的为数更多。难怪时人惊呼大学已到了滥设的地步。其中尤以法科大学之设立为最滥,盖因法政学院之设立既不必广购设备,亦不必担心生源。旧时上海俗称"野鸡大学"或"学店"者,不少即为这一时期成立的。当年东吴大学法学院院长 Rankin 律师早已意识到上海法学院过多,难以为上海有限的律师职业市场所容纳,故劝教会大学 ST. John 慎立法学专业。③

　　这一时期设立的私立大学主要有 1918 年由史蕴璞创办的亚东医学专门学校,1918 年由庞醒跃创办的东亚体育专科学校,1918 年由中华德医学会创办的同德医学专门学校,1919 年 9 月由严修、张伯苓创办的南开大学,1920 年由张謇创办的南通农科大学,1920 年由施肇曾、唐文治创办的无锡国学专修馆,1920 年由留法勤工俭学会创办的中法大学,1921

---

①中国第二历史档案馆.中华民国史档案资料汇编　第三辑　教育.第 168 页,江苏古籍出版社,1991 年。
②霍益萍.近代中国的高等教育.第 199 页,华东师范大学出版社,1999 年。
③Rankin 关于在圣约翰大学设立法学院之信,转引自杨昂博士论文(2005):学风、世风与民国法学,第 75 页。

年由陈嘉庚创办的厦门大学,1921 年由汪大燮、张仲仁创办的平民大学,1922 年由蔡元培创办的华北大学,1922 年由陆礼华创办的两江女子体育专科学校,1922 年由罗唾庵创办的群治大学,1923 年由孙武创办的北京中央大学,1923 年由陈焕章创办的孔教大学,1923 年由余天休创办的东方大学,1923 年由苏州书画会创办的苏州美术专门学校,1924 年由关赓麟、唐绍仪创办的畿辅大学,1924 年由江亢虎创办的文化大学,1924 年由何世桢创办的持志大学,1924 年由厦门大学离校师生创办的大夏大学,1924 年由童诗闻和沈立人创办的上海会计专科学校,1924 年由徐谦和沈仪彬创办的上海法政大学,1925 年由张寿镛和圣约翰大学离校师生创办的光华大学,1925 年由张景耀和卢颂芳创办的广东国民大学,1926 年由郭琦元创办的东南医科大学,1926 年由上海法政大学离校学生创办的上海法学院,1926 年由上海美专离校师生创办的新华艺术学院等。[1]

这一时期私立大学的发展有以下特点。

第一,发展具有一定的盲目性:数量增长较快,但质量得不到保证。时人曾评论:北洋政府时期的私立大学"数量虽增,而内容则愈趋愈下,甚至借办学以敛钱,以开办大学为营业者有之",其结果是"流品之杂,程度之低,自不待言"。[2] 其间徒有虚名、滥竽充数者甚多,有的学生资格非常冒滥;有的学校毫无基金;有的干脆不向有关部门注册立案,自行挂牌招生,几同"学店"。特别是为数众多的私立法政专门学校,总体质量更是低劣。当时有人称该时期为"大学热时期"。[3] "一时大学之发达,有如经

①第一次中国教育年鉴 丙编 教育概况 第一章 学校教育概况.第 88—180 页,台北宗青图书公司,1991 年;吴惠龄.北京高等教育史料(第一辑).第 123—266 页,北京师范大学出版社,1992 年。
②第一次中国教育年鉴 丙编 教育概况 第一章 学校教育概况.第 17 页,台北宗青图书公司,1991 年。
③国联教育考察团.中国教育之改进.第 159 页,台北文星印刷社,1932 年。

济兴旺时期之股份公司,对于需要及应付需要之最良方法,少有顾及。"该时期学校数量固然增长较快,据 1916—1917 年全国专门学校统计,全国每个省区至少各有一所法政专门学校,有的省甚至多达七八所。如1924—1925 年,南京私立法政学校就有 7 所。但教学质量却无多大提高。全国教育联合会于 1924 年专门通过议案,指出:"近年以来,公私立大学之创设,不下数十余所,其中名与实符者固属不少,而设备简陋,宗旨乖异者为数实多。若不切实限制,严格考核,妨碍教育前途,贻害青年学子,实非浅鲜。"①该会特函请教育部严定大学设立标准,主要包括办学基金、教学设备、教师资格、收生标准四项。

第二,这一时期也涌现了办学较好的私立大学。尽管当时私立大学总体办学质量不高,但也有一些办学认真的私立大学在此时脱颖而出,政府的监管力度不够固然为一些低劣的私立大学提供了生存空间,同时为一些办学较好的私立大学提供了自由成长的土壤,使这些私立大学能够办出特色。其中不少私立大学有较好的办学基础,如南开大学是在南开中学、复旦大学是在复旦公学的基础上发展起来的;陈嘉庚的厦门大学和张謇的南通大学,也是在由他们亲手创办的原来学校基础上发展起来的;另外大夏大学、光华大学等是从其他大学中分离出来的,它们在创办之始就有相对完备的校舍、设备、图书资料和师资等,学生文化程度也较高。为日后发展成为知名学校奠定了基础。另外,武昌中华大学、中法大学、广东国民大学等学校都在此时开始了初步的发展。

---

①教育界消息——全国教育会联合会第十届年会概略. 第 1 页,载《教育杂志》第 16 卷,第 12 号,1924 年 12 月 20 日。

第三节　南京国民政府时期的
私立大学(1927—1949)

南京国民政府成立后,私立大学进入了一个新的发展阶段。1922 年新学制曾规定设一科者也可称为大学,导致了一些私立专科学校盲目升格的状况,为了整顿私立大学盲目设校、质量欠佳的状况,1927 年 12 月国民政府公布了《私立大学及专门学校立案条例》,要求私立大学重新立案,明确规定"私立大学及专门学校须经中华民国大学院立案"。"凡未立案之私立大学或专门学校,其肄业生及毕业生不得于已立案之私立大学及专门学校学生受同等待遇。"①对不符合规定者不予立案,立案后成绩不良或发展无望者,立即撤销立案或令其逐年结束办学。次年 2 月政府又公布了《私立大学条例》《私立大学董事会条例》,进一步加强了对私立大学的管理和规范。

政府整顿和规范私立大学是有社会背景的:早在北洋政府时期,由于连年不断的军阀混战,导致国弱民穷,全国各项事业均处于无序状态,教育事业也不例外。因此,南京国民政府决心改变以前对教育的放任态度,代之以严格管理。1929 年 4 月,国民党第三次全国代表大会公布了《中华民国教育宗旨及其实施方针》。5 月,教育部长马叙伦进一步指出了当时教育的混乱状况,重申严格管理教育制度的必要性。马叙伦指出:"从前中国的教育政策,差不多可以说是取放任主义,因为取放任主义,诚如

---

① [日]多贺秋五郎.近代中国教育史资料.民国编(中册).第 425—426 页,台北文海出版社,1976 年。

三全大会政治决议案里面说:由此放任,遂生六滥:一学校滥,二办学之人滥,三师资滥,四教材滥,五招生滥,六升学滥。由此六滥更生四恶:学校往往成为个人制造势力之工具,一恶也;教员与学生虽有天才,亦遭其戕贼,二恶也;不能养成一般青年之学问品格与技能,只反增青年放浪之精神与物质之欲望,三恶也;为社会增加分利失业之徒,为国家断丧民族托命之根,四恶也。总此四恶,即成三害:一曰害个人,二曰害社会,三曰害国家。以后我们鉴于过去的失败,应当极力纠正,将放任主义,一变而为严格主义,要取严格主义。"①

为了严格规范私立大学的设置标准,1929 年颁布的《大学组织法》规定具备三院以上者方可称大学,不及三院者为独立学院,还规定了大学各学院、各独立学院各科最低的开办费和经常费。由此,那时的许多私立大学纷纷降格为独立学院。如中国大学、朝阳大学、南通大学等就是在这时改为独立学院的。尽管教育部三令五申要求私立大学进行立案,但仍有一些私立大学未在教育部立案。1930 年 3 月,教育部颁布《改进高等教育计划》再次重申:未立案之私立大学应克期立案,否则停办或封闭之;已立案者则随时派员视察;办理优良者将予以经费补助。② 1931 年 8 月,教育部又发布措辞强硬的训令:"盖私立学校之立案,在教育行政机关,为划一公私立学校程度及便于监督起见,固不得视为具文,不加督促,即就学校本身而言,欲得于公立学校同等之地位与待遇,更不应意存观望,长此迁延。"对"限满仍不呈请立案者",则"饬令停止招生或勒令停闭"。③

经过规范和整顿,私立大学办学质量有所提高,盲目办学的现象得到

---

①教育部次长马叙伦播讲教育宗旨稿(1929 年 5 月).载中国第二历史档案馆.中华民国史档案资料汇编 第五辑 教育.第4—7 页,江苏古籍出版社,1994 年。
②改进高等教育计划.载《教育部公报》第 2 卷,第 13 期,第 76—77 页,1930 年 3 月 29 日。
③《教育部公报》第 3 卷,第 31 期,第 21 页,1931 年 8 月 15 日。

了控制。根据第一次中国教育年鉴的有关统计,1931 年政府承认的私立大学有 10 所,占全国大学总数的 25%,在校生 5568 人,占全国大学在校生总数的 20.5%;私立独立学院 12 所,占全国独立学院总数的 35.3%,在校生 9178 人,占全国独立学院在校生总数的 38.4%;私立专科学校 9 所,占全国专科学校总数的 57.6%。1931 年全国私立高校共计 31 所,占全国高校总数的 30%,在校生共计 17924 人,占全国在校生总数的 39.6%。[1](以上数据不包括教会大学)

这一时期私立大学的设备和图书等资产也有所增加。据统计,1931 年私立大学的设备价值为 812866 元,占全国大学设备总价值的 12.7%,校均设备价值 26222 元。此时公立大学的设备价值为 4104837 元,占全国大学设备总价值的 64.3%,校均设备价值 70773 元。教会大学的设备价值为 1471998 元,占全国大学设备总价值的 23%,校均设备价值 91999.9 元。1931 年私立大学的图书共计 753953 册,占全国大学图书总数的 20.7%,校均图书 24321 册。此时公立大学的图书共计 1791725 册,占全国大学图书总数的 49.3%,校均图书 30891 册。教会大学的图书共计 1088249 册,占全国大学图书总数的 29.9%,校均图书 68051.5 册。[2]

从 1927 年到抗日战争全面爆发的这段时间内,是中国近代战争较少的时期,政局相对稳定,经过规范和整顿,这一时期的私立大学仍获得了较大的发展。当时建立的私立大学有 1927 年冯庸创办的冯庸大学、1927 年金曾澄和陈炳权创办的广州大学、1928 年顾执中创办的民治新闻专科学校、1928 年王西神创办的正风文科大学、1929 年新药业同业会创办的

---

① 第一次中国教育年鉴 丁编 教育统计 第一章 学校教育统计.第 34—39 页,台北宗青图书公司,1991 年。
② 第一次中国教育年鉴 丁编 教育统计 第一章 学校教育统计.第 34—39 页,台北宗青图书公司,1991 年。

中法大学药学专修科、1930 年焦菊隐创办的北平戏曲专科学校、1934 年雷士德创办的雷士德工学院、1935 年朱小南创办的新中国医学院、1937 年潘序伦创办的立信会计专科学校、1937 年上海教授作家协会创办的新中国大学。

这一时期全国私立大学继续稳步发展,私立大学的发展速度超过了公立大学的发展速度。在继续发展的同时,通过政府的整顿和规范,本阶段私立大学的整体质量得到了提高,进入了相对规范的平稳发展轨道。但由于存在政府执法不严等种种原因,此时仍不可避免地存在着一些办学质量低劣的私立大学。

1937 年七七事变后,抗日战争全面爆发,中国再一次进入战火纷飞的年代,稍有发展的高等教育事业在战争中遭受极大破坏。战争使原本就比较困难的私立大学更是雪上加霜,这时的很多私立大学处境艰难。对私立大学所处的困境,国民政府给予了力所能及的帮助,除了将南开大学、焦作工学院、南通学院等迁往内地之外,对其他私立大学的内迁也给予了极大的支持。对私立大学的师生也提供了很大的帮助,先后颁布了《省私立专科以上学校战区学生贷金暂行规则》《非常时期国立中等以上学校及省立私立专科以上学校规定公费生办法》,对私立大学的大多数学生给予补助,同时对私立大学的教职员工进行救济。这一时期的私立大学虽然处境艰难,但总的来说仍处于不断发展之中。

这一时期又新增了一些私立大学。主要有 1938 年 10 月钟鲁斋、曾友豪创办的南华学院,1939 年袁贤能、黄邦桢创办的达仁商学院,1940 年薛道五创办的西北药学专科学校,1940 年诚孚信托公司创办的诚孚纺织专科学校,1943 年黄炎培创办的中华工商专科学校,1944 年广东财政学会部分会员创办的南方商业专科学校,1944 年吕凤子创办的江苏正则艺术专科学校,1944 年金祖懋创办的重辉商业专科学校,1945 年张继、陈高佣创办的中国新闻专科学校,1945 年陈昆山创办的知行农业专科学校,1945 年光华大学创办的成华大学,1945 年程兆熊创办的信江农业专科学校,1946 年中国地政学会创办的建国法商学院,1947 年荣德生创办的江南大学,1947 年陈济棠创办的珠海大学,1947 年卢锡荣创办的新中国法商学院,1947 年申新纺织公司创办的中国纺织染专科学校,1948 年梁漱溟创办的勉仁文学院,1949 年廖兢存创办的西南法商学院等。其中私立独立学院及私立专科学校发展较快,其原因是局部地区民族工商业的稳定和发展及私有经济的发展。

这一时期,适应民族工商业发展的需要,一些私立大学设置了当时社会急需的一些学科。1940 年荣氏家族的企业申新九厂在上海创办了中国纺织工学院。为申新纺织企业及全国各地的纺织企业培养和输送了大批纺织专门人才;还有诚孚纺织专科学校、上海纺织工业专科学校也都是这一时期创办起来的,它们同样为民族资本主义纺织工业培养了大批人才。创建于 1947 年的江南大学不仅注重理论研究,而且注重专业设置的特色,学校定位于为国家工农业培养专门人才,学校设立了"三院九系,即:文学院,下设中文系、外文系、史地系、经济系;理工学院,下设数理系、化工系、机电系;农学院,下设农艺系、农产制造系,都是四年制本科。1948 年又增设面粉专修科,此科是我国高校中最早开办的粮食加工专业,当时在世界上也比较先进。1949 年,为了适应社会及荣氏企业内部管理的要求,江南大学又把经济系改办成工业管理系,成为全国最早设立此系的三个高校之一。至 1952 年院系调整时被撤并,江南大学办学虽然仅延续 5 年,但其许多系后来均发展成为国内许多著名高校中富有特色的专业"。[1]

---

[1]周萍.私立江南大学的办学特色.载《高等工程教育研究》,第70—71 页,2004,1。

这一时期私立大学处境艰难。一些私立大学在战火的摧残下被迫停办。平民大学于1937年停办;两江女子体育专科学校由于日军侵华,学校被迫停办;办学条件较好的雷士德工学院在全面抗战爆发后被迫停办;北京美术学院抗战期间停办;持志大学、北平戏曲专科学校也于1939年、1940年相继停办。另外,还有很多专科学校及未在政府立案的私立大学也在这一时期被迫停办。继续存在的一些私立大学也是步履维艰。如抗战时的中华大学,借古庙育人才,历尽艰辛。1941年抗战进入极其艰苦的阶段,国家各项经费都处于紧张状态。而中华大学学生增多,校舍不敷应用,经费更加困难,几百教职员的生活、吃饭都成问题。① 再如,全面抗战爆发后,光华大学一迁再迁,为了避免日寇的控制与压迫,校方决定将留在上海的学校表面上停办,实际将学校分成"诚正文学社""格致理商学社""壬午补习社"几部分继续办学,使在沪的光华大学得以延续下来。② 此外,留在战区的大同大学在学校设施损失极大的情况下,被迫屡次搬迁,学校师生受尽了寄人篱下、颠沛流离之苦。

很多以前办学较好的私立大学经过抗日战争的摧残,其整体办学实力有所下降。抗战结束后著名的北京铁路学院和东亚体育专科学校的办学水平较以前有较大下降。有些学校虽然办学规模有所扩大,但教学质量却呈下降趋势,如中华大学刚复原回武昌,办学条件很差:校舍已遭日军破坏,大学部已经空屋,破烂不堪;小学部已拆毁,留下断垣碎瓦,惨不忍睹。最困难的是几百套学生桌椅板凳和床铺,暂不能凑齐。临时将成、德、达、材四斋的地板撬起,放在砖上,当作桌椅。1947年师生人数虽然超过战前,但此时教学松散,学校在币值急剧下降、物价天天上涨、师生生

---

① 王秋来等.中华大学.第22页,华中师范大学出版社,1993年。
② 光华的足迹——光华大学建校七十周年纪念集.第38页,华东师范大学出版社,1995年。

活困难、社会秩序紊乱的情况下,教与学几乎停顿,只好在 12 月份提前放寒假。①

随着一些著名私立大学的公立化及一些私立大学的消亡,大大改变了当时公私立大学的力量对比,使原本就处于弱势的私立大学进一步呈萎缩之势。

中华人民共和国成立后,在全国范围内展开了有计划、有重点的院系调整,在此过程中,所有私立高校通过并、转等方式全部被公立高校所取代。至此,在近代中国存在了近半个世纪的私立大学暂时退出了中国大陆高等教育的舞台。

---

①王秋来等.中华大学.第28—30 页,华中师范大学出版社,1993 年。

第二章
中国近代私立大学教育经费的筹集

与公立大学的经费主要靠政府拨款不同,私立大学的经费主要靠办学者自筹。特别是在多事之秋的近代中国,私人办学可谓步履维艰,办学者经常遇到校舍无着、经费短缺等困难。充分发挥集体力量——建立董事会,来解决学校经费遇到的困难,不失为明智之举;同时,私立大学的校长也担负着筹集经费的职责。实践证明,私立大学的教育经费主要靠董事会和校长筹集。因此,本章将对私立大学经费筹集的主体——董事会和校长做一介绍。同时,对他们筹集经费的策略进行分析。

第一节　中国近代私立大学教育经费
筹集的主体

一、私立大学的董事会

清末,政府颁布的有关法律法规中都没有关于私立大学董事会的规定。实践中各个私立大学董事会设立时间、人员组成等各不相同。有的私立大学成立时就设立了董事会。如 1907 年 10 月 1 日正式开学的德文医学堂(同济大学的前身),学校成立之始即设立董事会。有的学校成立一段时间以后才设立董事会。如中国公学成立之初未设董事会,学校也不设校长,只有公选的干事,分任斋务、教务、庶务各事。1908 年春学校才开始设立董事会。复旦公学创办之始也未设立董事会,当时得到了很多社会知名人士的赞助,其中著名的有严复、熊希龄、曾涛、袁希涛、狄保贤等人。这些人虽然行使着董事会的职责,但当时学校没有正式设立董事会这个机构。直到 1912 年 4 月,学校才开始设立董事会作为学校的最高权力机构,1913 年 2 月推选王宠惠为董事长。此外,中外合资创办的焦作路矿学堂,建校之初也未设立董事会,直到 1915 年学校才设立理事会(后改称董事会)。

民国成立后,法律法规有关于私立大学董事会的规定,在实践中政府也要求私立大学都要设立董事会,否则就不予立案。不过,当时在政府中立案的私立大学虽然都设立了董事会,但其中相当一些私立大学的董事会"名不副实",只是私立大学为了应付教育行政部门检查,或为了在政府中立案而设立的"虚拟"董事会。而且未在政府立案的很多私立大学都没有设立董事会。由于很多私立大学的董事会在学校经费筹集、有关学校发展等重大事项等方面发挥了重大作用,有些人提出应在公立大学中也设立董事会这一机构。当时的北洋政府教育部采纳了一些人的建议,1924 年 2 月 23 日,北洋政府教育部公布的《国立大学校条例》(以下称《条例》)要求国立大学也要设立董事会。规定"大学设董事会,审议学校计划、预算、决算及其他重要事项。董事会由例任董事(校长)、部派董事(由教育总长从部员中指派)和聘任董事(由董事会推荐,呈请教育总长聘请)组成,董事会由校长召集"。[①] 此《条例》颁布后立即遭到一些国立大学的反对。如北京大学教授函请教育部取消在国立大学中设立董事会的制度,要求速将新订立的《条例》明令撤销,否则不足以保大学之秩序。1925 年 2 月,北大教授再请取消此《条例》,认为该《条例》是"摧残大学教授制之萌芽,而以校外之官僚财阀组织董事会或理事会,以处理学校之大政;以研究学术者,听命于非研究学术者,而受其盲目的支配,于理为不可通,于情为不堪受"。因此,这个《条例》中有关在国立大学中设立董事会的规定并未得到贯彻落实。

为了不断完善和规范私立学校董事会这一机构,1926 年 10 月 18 日,广东国民政府公布的《私立学校规程》及 1928 年南京国民政府公布的《私立学校董事会条例》都规定:"私立学校须由设立者推举校董,组织校董会,负学校经营之全责。"1926 年 10 月 18 日公布的《私立学校董事会设立规程》规定:"私立学校以校董会为其设立者之代表,负经营学校之全责。"1929 年南京国民政府颁布的《私立学校规程》及 1933 年、1943

---

①中国第二历史档案馆.中华民国史档案资料汇编　第三辑　教育.第173页,江苏古籍出版社,1991 年。

年、1947 年修正过的《私立学校规程》都明确规定了私立专科以上学校设立董事会的有关事宜。

政府之所以要求私立大学必须设立董事会这一机构，主要是出于筹集经费的考虑。因为筹集经费是私立大学董事会最重要的职责。为了更好地理解私立大学董事会筹集经费的职责，先对私立大学董事会总体情况做一介绍。由于法律法规没有关于私立大学董事会的统一规定，因此，各私立大学董事会的组成、董事会会议形式、职权与作用的规定等各不相同。

（一）董事会的组成

1. 董事会组成人员的资格。董事会为学校的最高权力机构，在学校发展中起重要作用。因此，其组成人员必须具备一定的资格才能担任。绝大多数私立大学把向学校捐助一定数额的经费作为担任校董的重要资格之一。如 1916 年北京民国大学的常务董事会章程规定：常务董事"有下列资格之一者由董事推举之：一、捐助本大学巨额经费或以其他之方法赞助本大学者；二、在教育界积有名望或富有经验者；三、曾为本大学教职员成绩卓著者"。① 1921 年公布的《厦门大学大纲》规定："捐助本大学款项达五万元以上，或对本大学有殊勋者，得由本大学董事会推为名誉董事"，"本大学以创办人为永久董事，捐助本大学款项达百万元以上者，亦得由本大学董事会推为永久董事"，"本大学校长为当然董事"，"本大学董事由董事会推选之，以有学识经验者为主，其捐助本大学巨款亦得由本大学董事会推选为董事"。② 同济大学在 1922 年 3 月 6 日修订过的董事

---

① 《北京民国大学创办简章》(1916 年)，载吴惠龄. 北京高等教育史料(第一集). 第 277 页，北京师范大学出版社，1992 年。

② 《厦门大学大纲》(1921 年)，载厦门大学校史编委会. 厦门大学校史资料第一辑. 第 21 页，厦门大学出版社，1987 年。

会章程中规定,担任学校董事的条件是"声望卓著热心教育者、以学术经验或经费赞助本校者"。① 复旦大学规定"凡热心教育,捐助本校万元以上。或曾尽相当义务于本校者,得由本会推为名誉校董"。② 私立朝阳学院 1933 年的组织大纲规定:"有下列各款资格之一者得由校董会推举为本学院校董:一、尽力于本学院之建设发展,有特别之成绩者;二、在政法商学界有声誉者;三、捐助经费在一万元以上者;四、代募捐款在二万元以上者。"③

从以上各学校规定的董事会成员的任职资格可以看出,各私立大学只规定了担任董事会成员的积极资格,即具备什么条件可以成为学校的董事会成员。而没有规定董事会成员的消极资格,即哪些人不能担任董事会成员。实际上,对当时很多私立大学来说,只要向学校捐助了一定数额的经费,就可以成为学校的董事会成员。而对捐助者的政治信仰、人品、社会声誉、所受教育程度等均无要求。这样一来,一些对教育一窍不通的政客、社会贤达,甚至声誉不佳、臭名昭著的军阀、流氓等都可能成为私立大学的校董。如大夏大学曾聘请声誉不好的杜月笙为校董,南开大学曾聘请臭名昭著的卖国贼曹汝霖和杨以德为校董,对学校的发展极为不利。针对当时一些私立大学滥设校董等问题,1933 年修正过的《私立学校规程》规定,私立学校至少要有四分之一的校董曾经研究与办理教育;现任主管教育行政机关和上级教育行政机关人员不得兼任校董。其目的是防止私立学校滥设校董,提高私立学校的办学水平,以保证私立学校依法运行。

---

① 翁智远.同济大学史第一卷.第 16 页,同济大学出版社,1987 年。
② 《复旦大学校董会章程》(1933 年 2 月 24 日重订),载复旦大学历史档案第 1896 号。
③ 《北平私立朝阳学院组织大纲》(1933 年),载吴惠龄.北京高等教育史料(第一集).第 156 页,北京师范大学出版社,1992 年。

关于是否应该聘请声誉不佳的人担任校董,赞成者有之,反对者也不少。私立大学聘请这些人做校董确有"饥不择食"之嫌。但由于当时私立大学处境艰难,筹集经费相当困难,聘请一些"不适当"的人做校董也反映了私立大学的无奈。对此,大夏大学教授王祉伟不无感慨地写下了"透顶悲观求董事,支持大夏靠流氓"的诗句。

2. 董事会的人数。董事会既然称为"会",理论上必然是"合议体",既然是合议体则其人数应该在 3 人以上。董事会人数多少为最适宜,实践中很难衡量和把握。董事会人数太少,容易形成独裁,对学校发展不利,有时甚至会酿成学潮或灾难。董事会人数太多,则机构臃肿庞杂,职责不清,人浮于事,难以就某些问题达成协议或形成决议,降低办事效率。实践中各私立大学董事会的人数各不相同,即使同一学校在不同时期董事会的人数也不相同。如德文医学堂首届董事会由 18 人组成,1922 年 3 月 6 日,学校重新修订董事会章程,校董事会名额扩增了 17 人。① 中国公学自清末成立校董以来,经过多次变迁,校董随时增加,未有定额,直到国民政府大学院颁布私立学校校董会规程后,学校才规定校董名额为 15 名。② 焦作路矿学堂 1915 年设立的理事会(后改称董事会)设理事长一人,副理事长三人,理事若干人,具体名额未定。学校更名为福中矿务大学后,学校的董事会由 16 人组成。③ 复旦公学董事会设立之始名额未定,人数较少。1917 年以后董事会大为扩充,董事分为名誉、评议、顾问三种。当时名誉董事 14 人,评议董事 11 人,顾问董事 10 人,总数达 35 人之多。1927 年以后,校董人数又有所变动,这时的校董 10 人,名誉校董 9 人,1933 年重新修订校董会规程,规定校董由 15 人组成,校长为当然

---

① 翁智远.同济大学史第一卷.第 16 页,同济大学出版社,1987 年。
② 学府纪闻:私立中国公学.第 12—13 页,台北南京出版有限公司,1982 年。
③ 邹放鸣.中国矿大九十年.第 18 页,中国矿业大学出版社,1999 年。

董事。翌年,修订为 21 人,同学校董和其他校董各 10 人。① 私立南开大学董事会最初称董事部,成立于 1919 年初,由严修、范源濂等人组成,1920 年 3 月组成新的董事部,1921 年改为董事会,由 9 人组成。1929 年又根据教育部的统一规定更名为校董会,仍由 9 人组成,任期 3 年,每年改选校董的三分之一,可以连任。与其他学校不同的是,南开大学除学校董事会外,矿科、商学院及经济学院还聘有各自的董事。② 此外,广东国民大学成立时聘请孙科等 10 人组成董事会。③ 光华大学在成立时由 10 人组成正式校董,又聘请 10 人为名誉校董。④

当时一些私立大学为了多筹集经费,尽量多地聘请校董,导致学校董事会人数过多,影响了董事会的办事效率。为了解决一些私立大学董事会人数过多的问题,1933 年修正过的《私立学校规程》规定,私立学校校董名额不得超过 15 人。因此,1933 年以后,大多数私立大学董事会的人数未超过 15 人,但有些私立大学董事会的设立并没有严格按照以上的规定执行,如复旦大学 1934 年的校董为 21 人:除校长为当然校董事外,还有同学校董 10 人,其他校董 10 人;⑤再如,私立华北文法学院 1936 年的《校董会章程》规定"本会校董无定额"。⑥ 可见,私立大学在董事会人数方面有较大的自由度,同时也反映了当时教育部存在着"有法不依""执法不严"的问题。

3. 董事会的人员组成。由于私立大学董事会的一个重要任务是筹集

①复旦大学校史编写组.复旦大学志第一卷(1905—1949).第 207—208 页,复旦大学出版社,1985 年。
②南开大学校史编写组.南开大学校史.第 102 页,南开大学出版社,1989 年。
③《广东国民大学十周年纪念册》.第 6 页,1935 年。
④《光华大学建校七十周年纪念刊》.1995 年。
⑤《修正校董会规程案》.载复旦大学历史档案第 1898 号。
⑥《私立华北文法学院校董会章程》(1936 年),载吴惠龄.北京高等教育史料(第一集).第 168 页,北京师范大学出版社,1992 年。

经费,所以董事会成员应该是关心学校发展并对学校发展有所帮助(特别是资金上的帮助)的人士。以南开大学为例,南开大学历届校董会人选大多是南开的"财东",大致包括三部分人:一是官僚政客,如颜惠庆、周自齐等。颜惠庆历任北京政府外交总长、国务总理、内务总长及天津大陆银行董事长等职务;周自齐历任交通总长、农商总长、中国银行总裁、币制局总裁、财政总长等职。他们在政界、财界有一定影响,可以协调南开与政府的关系,争取政府财政、政策等的支持。二是民族工商业资本家,如李组绅、范旭东、卞俶成等。李组绅是河南六河沟煤矿董事长;范旭东是天津久大盐业公司、永利制碱公司创办人;卞俶成是天津"八大家"之一。他们可以在经费或办学条件上给学校提供帮助。三是学者、名流,如范源濂、丁文江、胡适、蒋梦麟、孙子文、李琴湘、严慈约等。范源濂曾任教育总长、北京师范大学校长、中华教育文化基金委员会董事长等职;丁文江曾任中国地质调查所所长、中央研究院总干事等职;胡适曾任北大教务长、文学院院长、中央研究院评议员等职;蒋梦麟曾任浙江大学校长、教育部长、北大校长等职。这些人在教育界交际广泛,有教育管理经验,对南开大学办学有很大帮助。[1]

私立大学董事会的人员组成与董事会人数一样处在不断变化中。如德文医学堂首届董事会主要成员由德医公会的三个元老、德医公会主席、三名德国商人、中国绅商等人员组成,这时候的董事会以德国人为主。1917 年以后由华人组成的董事会成为学校最高领导机构,1922 年 3 月 6日,学校重新修订董事会章程,校董分当然校董和选聘校董两类。当然校董有两名,一名是教育部代表,另一名是校长。选聘校董 15 人,选聘校董任期五年,连选连任。但第一任校董任期一年、二年、三年、四年、五年者

---

①南开大学校史编写组. 南开大学校史. 第 103—104 页,南开大学出版社,1989 年。

各三人,以抽签决定之。①

(二)董事会会议

私立大学董事会会议是董事会行使职权的主要方式。鉴于其集体领导的特点,董事会的议事方式主要采取合议制。作为学校的决策机构,董事会如果以通讯方式形成决议,其权威和效力就大打折扣。因此,董事会成员主要是通过亲自参加董事会会议并以形成决议的形式来行使权力的。

1.董事会会议的种类及开会时间。各学校董事会会议的种类及开会时间各不相同。1921年厦门大学大纲规定:"本大学董事会会议分为定期及临时两种:(一)定期会议每年一次,在春季举行;(二)临时会议遇必要时经董事5人以上提议,临时举行。"②私立平民大学1923年董事会章程规定:"本会会议分为常会、临时会及职员会三种,本会常会于每年六月开会,由董事长定期后于七日以前发函通知。本会临时会依董事长认为必要,或董事十人以上之公请或本大学校长之要求得召集开会。"③中国大学1932年的董事会章程规定:"本会会议分常会、临时会和常务董事会三种";"本会常会于每年六月开会,由总董定期后于七日前发函通知"。"本会临时会依总董认为必要或常务董事之公请或本大学校长要求得召集开会";"常务董事会每月开会一次,由主任召集之,本大学之职员均得列席。"④中法大学1934年的董事会章程规定:"本会每年开常会一次,遇

---

① 翁智远.同济大学史第一卷.第16页,同济大学出版社,1987年。
② 《厦门大学大纲》(1921年),载厦门大学校史编委会.厦门大学校史资料第一辑.第22页,厦门大学出版社,1987年。
③ 《平民大学董事会章程》(1923年),载吴惠龄.北京高等教育史料(第一集).第291—292页,北京师范大学出版社,1992年。
④ 《中国大学董事会章程》(1932年),载吴惠龄.北京高等教育史料(第一集).第128—129页,北京师范大学出版社,1992年。

必要时得开临时会。校董因事不能出席得派代表或函照添述意见。"①私立朝阳大学1933年的董事会章程规定:"校董会于每学年开始前开大会一次,由院长召集之。""有下列各款情形之一者得由董事长、校董五分之一以上或院长召集临时会。(一)院长改选;(二)发生其他大事故与学校基础发生影响者。"②私立华北文法学院1936年的董事会章程规定:"本会分常会及临时会。均由董事长召集之","本会于每年七月内开常会一次。如董事长认为必要,或由本学院院长请求,或经校董七人以上之提请,得召集临时会议。""常务校董会会议,分下列两种(一)常会每学期开学前一星期开会一次,由本会主席召集之;(二)临时会必要时由本会主席召集之","常务校董会全体校董之三分之二,认为院长、教务长、总务长办事不力时,应报告董事长,召集大会处理之。"③私立民国大学1916年常务校董会章程规定:"本会会议分为常会、临时会及职员会三种,本会常会于每年六月开会,由总董定期后于七日以前发函通知。本会临时会由总董认为必要,或常务董事七人以上之公请或本大学校长之要求得召集开会。"④

2. 董事会会议的法定人数。很多私立大学的董事会都规定了开会时的法定有效人数。因为各学校董事会的人数经常变动,因此,董事会会议法定人数都以占董事会成员的比例来规定。1921年厦门大学大纲规定:"本大学董事会议须有董事半数以上之列席方得开会,其董事不在会议所

①《中法大学董事会章程》(1934年),载吴惠龄.北京高等教育史料(第一集).第151页,北京师范大学出版社,1992年。
②《朝阳学院组织大纲》(1933年),载吴惠龄.北京高等教育史料(第一集).第157页,北京师范大学出版社,1992年。
③《私立华北文法学院校董会章程》(1936年)、《私立华北文法学院常务校董会章程》(1936年),载吴惠龄.北京高等教育史料(第一集).第168—170页,北京师范大学出版社,1992年。
④《私立民国大学常务校董会章程》(1916年),载吴惠龄.北京高等教育史料(第一集).第278页,北京师范大学出版社,1992年。

在地者得随时陈述意见于董事会,并得托其他董事代表意见,但每人只得代表一人。"①私立平民大学 1923 年董事会章程规定:"本会会议须有在京董事三分之一以上之列席方能开会。本会议事以列席者过半数之同意决之,可否同数取决于主席。职员会每月一次,须有三分之二以上之出席方能开议,总务长、教务长均得列席。"②中国大学 1932 年的董事会章程规定:"本会会议须有在平(北平)董事三分之一以上之出席方能开议;本会议事以出席董事过半数之同意决之可否,同数时取决于主席。"③私立朝阳学院 1933 年的董事会章程规定:"校董会非有三分之二以上出席不得开议。"④私立华北文法学院 1936 年的董事会章程规定:"常会及临时会议议案,以出席校董过半数之同意为有效,可否同数时,决于主席,但不在开会地点各校董,得以书面委托代表出席。"⑤私立民国大学 1916 年常务校董会章程规定:"本会议董事以列席者过半数之同意决之,可否同数取决于主席。职员会每月一次,本大学职员均得列席陈述意见,但不得加入表决。"⑥

　　3. 董事会会议的决议及会议记录。董事会会议的决议是董事会对某项或某些事情作出决定的具体表现形式,它是董事会对学校重大事项如何办理所表现的"物化"形式。通过作出决议,董事会在学校中的地位才

---

① 《厦门大学大纲》(1921 年),载厦门大学校史编委会. 厦门大学校史资料第一辑. 第 22 页,厦门大学出版社,1987 年。
② 《平民大学董事会章程》(1923 年),载吴惠龄. 北京高等教育史料(第一集). 第 292 页,北京师范大学出版社,1992 年。
③ 《中国大学董事会章程》(1932 年),载吴惠龄. 北京高等教育史料(第一集). 第 129 页,北京师范大学出版社,1992 年。
④ 《朝阳学院组织大纲》(1933 年),载吴惠龄. 北京高等教育史料(第一集). 第 157 页,北京师范大学出版社,1992 年。
⑤ 《私立华北文法学院董事会章程》(1936 年),载吴惠龄. 北京高等教育史料(第一集). 第 170 页,北京师范大学出版社,1992 年。
⑥ 《私立民国大学常务校董会章程》(1916 年),载吴惠龄. 北京高等教育史料(第一集). 第 278 页,北京师范大学出版社,1992 年。

能得到充分体现。一般来说,董事会会议通过的决议,学校管理者(校长)应该贯彻执行。为了表示董事会会议的正规性和严肃性,董事会会议应指定专人做书面记录。董事会会议记录有很重要的作用,它可以作为决议已通过的证明和贯彻执行决议的依据。一般来说,董事会会议都应该有会议记录。

(三)董事会的重要职责——筹措经费

董事会是由董事会成员——董事(或称校董)组成的,董事会筹集教育经费的活动实际上主要通过校董们来完成。因此,本文所指董事会筹集教育经费的行为,既指董事会作为一个组织的行为,也指各校董的个体行为。董事会是私立大学的一个重要机构,其成员大多由社会知名人士组成,他们确实能对学校的发展起到促进作用。董事会作为学校的决策机构,它决定着学校的大政方针,经费筹措,经费预、决算等事项。从表面上看这是授予了董事会包括财政大权在内的很大的权力。但实际上,与其说是一种权力,还不如说是一种责任。因为行使这种权力的前提是"筹集经费",只有在筹集到一定数量的经费的情况下,董事会才可能行使"经费预、决算"的权力。关于董事会的职权,凡设立董事会的私立大学都有关于其职权的规定。尽管各学校对董事会职权的规定不尽相同,但都把筹集经费作为董事会的重要职权之一。如德文医学堂首届董事会的职权主要是掌管财政、对外联络、筹集款项、延聘教师等。1922 年 3 月 6 日,学校重新修订的董事会章程规定董事会的职权是:(1)议决本大学之进行计划;(2)议决本大学之预算决算;并且每学年董事会应推定常务校董一人,依据议决事项随时与校长商榷进行。① 厦门大学 1921 年《厦门大学大纲》规定董事会之义务及权限为:(1)筹划本大学经费;(2)保管本

---

①翁智远.同济大学史第一卷.第 3、16 页,同济大学出版社,1987 年。

大学基金;(3)聘请本大学校长;(4)审定本大学预算;(5)审查本大学决算。私立焦作工学院 30 年代制定的《私立焦作工学院校董会章程》规定校董事会的职权包括:(1)选聘校长;(2)筹集经费;(3)核定预算决算;(4)管理财产;(5)筹划财务事项。① 复旦大学 1933 年校董会规程规定董事会的主要职权是:(1)计划及扶助本校之进行;(2)筹划经费;(3)保管财产;(4)监察财产;(5)审核预算及决算;(6)聘任本校校长;(7)决议本校校务会议所不能解决之各种事项。② 南开大学章程规定校董事的职权是:(1)聘任校长;(2)筹备本校经费;(3)议决预算及审查决算;(4)对于本校章程之制定变更或撤废予以同意。③

　　针对各学校对董事会职权规定不一的情况,1933 年 10 月 19 日修正公布的《私立学校规程》对私立大学董事会的职权作出了规定。《规程》指出:"校董会之职权以下列各项为原则,但因特别情形经主管教育行政机关核准者,不在此限。一、关于学校财务,校董会应负之责任如下:(1)经费之筹划;(2)预算及决算之审核;(3)财务之保管;(4)财务之监察;(5)其他财务事项。二、关于学校行政,由校董会选任校长或院长完全负责,校董会不得直接参预。所选校长或院长应得主管教育行政机关之认可,如校长或院长失职,校董会得随时改选之。主管教育行政机关如认为校董会所选任之校长或院长为不称职时,亦得令校董会另选之,另选仍不称职,得由主管教育行政机关暂行遴任,校董会发生纠纷以致停顿时,得由主管教育行政机关限期改组。遇必要时,得经由主管教育行政机关改组之。"

　　从以上规定可以看出,筹集经费是私立大学董事会的主要职权之一。

---

① 邹放鸣. 中国矿大九十年. 第 28 页,中国矿业大学出版社,1999 年。
② 《复旦大学校董会规程》(1933 年 2 月 24 日),载复旦大学历史档案第 1896 号。
③ 《私立南开大学章程》(1932 年),载《天津南开大学一览》,1932 年。

对于绝大多数私立大学来说,经费是学校开办和得以正常运转的头等大事,也是学校的最大困难。因此,筹集经费几乎是所有私立大学校董会的重要职责。这也是董事会大都由知名人士组成的重要原因。董事们筹集经费的方式大致有两种:第一种是校董本人对学校进行捐助;第二种是校董利用自身的社会关系、社会影响来帮助学校筹集经费。很多私立大学的校董都为学校经费的筹集做出过贡献。

复旦公学的创立是复旦各校董共同努力的结果。震旦学院的学生离校后,马相伯在"沪学会"召集学生商议复校办法。学生公推马相伯为会长,并选叶仲裕、于右任、邵力子、王侃叔、沈步洲、张轶欧、叶藻庭等 7 人为干事,协助复校事宜。复校活动得到上海知名人士严复、熊希龄、袁希涛、曾少卿等人的支持。当时复旦校董会虽然没有正式成立,但这些人实际上履行着校董的职责。后来这些人都曾担任复旦校董。他们不但自己捐款捐物,还联名发表《复旦公学集捐公启》,积极向社会募捐。

辛亥革命爆发后,复旦学生多数参加革命军,加上经费停发,学校一度停办。民国成立后,学校仍因经费困难,束手无策。复旦毕业生于右任(后为校董)时任临时政府交通部次长,将复旦公学情况向临时大总统孙中山汇报。孙中山以为复旦为富有反抗外国压迫精神的学校,且为提倡高等教育,极为关注,在经济十分拮据的情况下,当即拨发一万元。

复旦复学后不久,学校面临的最大问题是经费困难。由于经费短缺,学生一度罢课。罢课后,学校校董开会研究,认为学校经费无着的一个主要原因是校董会没有正式成立,于是正式组织学校校董会,聘请孙中山、陈其美、于右任、王宠惠等人为校董。董事长王宠惠召集各校董开会,决定以后学校经费不足之处,由各校董共同负责筹措。

中华大学的校董们也为学校筹集经费做出了很大贡献。学校为了更多地筹措经费,成立了董事会。学校曾聘请了湖北省和武汉市政界、工商界、教育界等知名人士担任校董。利用他们的影响为学校募集资金。前汉口市总商会主席黄贤彬、贺衡夫、周以灿曾分别被中华大学聘为第2至6届校董事会主席。他们不但积极向社会募捐,还多次向学校捐助。如1926年,贺衡夫、周以灿等校董一次性向中华大学捐款8000元;校董徐荣廷捐款1000元。其他校董零星捐款约3000元。又如,1942年3月,校董事会经过3个月的募捐,共募捐到22万元。[①]

特别是在学校困难时期,校董为学校做出了突出贡献。1941年抗日战争进入极其艰苦的阶段,国家各项经费都处于紧张状态,中华大学经费更加困难,几百师生的生活、吃饭都成问题,幸得校董们的支持,才使学校渡过难关。

大夏大学的校董也由很多知名人士组成,学校曾聘请国民党政要、交通部部长王伯群担任校董会的董事长,学校在创办伊始得到了王伯群的银币二千元资助,学校才得以开办。后来大夏大学在30年代建设中山北路校舍时,当时的校董王伯群担任南京国民政府委员兼交通部部长,他当即向第一期工程捐款10万元。[②]

大夏大学开办后的最初几年中,为了获得银行贷款的方便,学校聘请了当时上海的浙江银行董事长徐寄庼、总经理徐新六,新华银行总经理王志莘,四行储蓄会主任、交通银行董事长钱新之、总经理胡孟嘉,中国银行行长张公权,信诚银行董事长王一亭,以及上海《时事新报》、《申时电讯社》、《大晚报》、英文《大陆报》等四家报社总经理为校董。担任过大夏校董的还有何应钦、吴稚晖、汪兆铭、叶楚伧、马君武、邵仲辉、虞洽卿、杜月

---

①汪文汉.华中师范大学校史.第35页,华中师范大学出版社,1993年。
②王守文.抗战时期的大夏大学.载政协西南地区文史资料协作会议.抗战时期内迁西南的高等院校.第145—147页,贵州民族出版社,1988年。

笙、孙科、居正、孔祥熙、王正廷、吴铁成、杨永泰等。①

　　由于大夏大学的校董中有上海、浙江、新华、交通、中国及信诚等银行的董事长或总经理。这样一来,每当学校遇到经费困难,便可以得到他们的贷款支援。② 正是以上这些知名人士担任校董,才使大夏大学经常能够"逢凶化吉"。1936 年 5 月,大夏大学财政吃紧,为了使学校渡过难关,学校请王伯群、孙科、杜月笙、吴铁成、王志莘(新华银行总经理)5 位校董担保,代表校董事会发行建设债券,以应付开支。③

　　广州大学、海南大学、立信会计专科学校等学校的校董们也都为学校经费的筹集煞费苦心。广州大学迁校复员后,在名誉董事长孔祥熙的帮助下,得到了国民政府行政院、侨委会及振济会共计 25 万元的补助费。④海南大学校董陈策当时担任中央委员、国大代表、海军司令、广州市市长,在他的帮助下,海南大学获得了 500 亩椰子园土地及部分建筑设施。在学校开办过程中,由于陈策的特殊身份,他登高一呼,就能得到热烈支持。⑤ 立信会计专科学校的董事会中,有中国银行总经理宋汉章、交通银行董事长钱新之、全国工业协会理事长吴蕴初、申新纺织公司总经理荣鸿元、中国标准铅笔厂总经理吴羹梅等上海著名资本家。他们为学校的发展都曾经做出贡献。如校董会副董事长王云五,为了学校的发展而慷慨向学校捐赠了二万册左右的图书,董事长潘序伦也曾向学校捐赠了二千多册图书,1942 年学校迁往重庆及抗战胜利复员回沪以后,潘序伦以会计师的大部分收入捐助建筑基金。⑥

---

①学府纪闻:私立大夏大学.第 12 页,台北南京出版有限公司,1982 年。
②王守文.抗战时期的大夏大学.载政协西南地区文史资料协作会议.抗战时期内迁西南的高等院校.第 147 页,贵州民族出版社,1988 年。
③《上海文史资料选辑》第 59 辑,第 151 页,上海人民出版社,1988 年。
④陈炳权.大学教育五十年——陈炳权回忆录.第 129 页,香港南天书业公司,1970 年。
⑤苏云峰.私立海南大学(1947—1950).第 15,41 页,台北"中央研究院"近代史研究所,1990 年。
⑥钟叔河,朱纯.过去的学校.第 408 页,湖南教育出版社,1982 年。

(四)董事会存在的问题

毫无疑问,很多私立大学董事会能充分发挥集体的力量,群策群力,共谋学校发展大计。这些私立大学的董事会在学校发展中起了重要作用。但并不是所有私立大学的董事会在学校发展中都起到了应有的作用,一些私立大学的董事会还存在一些问题,归纳起来主要有以下几方面。

1. 从董事会的人员组成来看,绝大多数董事会成员由"社会人士"组成,这些人往往拥有丰富的社会资源,对学校的发展有所帮助。但私立大学的董事会是个决策机构,而不是一个顾问委员会。它要求校董们对学校的重大事务行使决策权。而相当一些校董将董事作为一种"荣誉",难以尽到其应尽的义务,削弱了董事会作为决策机构的职能。此外,1933年修正公布的《私立学校规程》规定,私立学校至少要有四分之一的校董曾经研究与办理教育。这一规定在一定程度上保证了董事会决策的科学性和正确性。但也带来另外一个问题,即董事会的主要职责在于学校的财政方面,而学校的教学、行政管理等由校长负责。董事会成员中的"曾经研究与办理教育"人士在决策时,有可能产生干预校长独立行使其管理职权的现象。

2. 董事会人数太多,或董事会成员为临时拼凑,有名无实。学校董事会本应由热心、关心教育并能切实履行其职责的人组成。可实践中有些私立大学将校董一职当作"商品"贩卖,满足了那些"沽名钓誉"人士的心理,客观上造成了滥设校董的现象。作为一个决策机构,董事会人数不宜太多,否则会影响其工作效率。针对有些私立大学董事会人数过多的问题,1933年颁布的《私立学校规程》规定,学校董事会人数不得超过15人。但这一规定并未得到切实的贯彻执行,一些私立大学的董事会成员仍然太多。加之很多校董都在外地,使董事会无法正常行使职权。还有一些私立大学董事会有名无实,形同虚设,所谓的董事会成员均系"挂名"。这些学校之所以设立董事会,完全是为了应付政府部门,使学校能够立案。例如,中华大学的董事会就存在这个问题。

3. 一些学校董事会"家长制"作风太浓,容易形成独裁专制。长期以来中国传统的"家长制"作风使很多组织都是"一把手"说了算。这种作风也影响到了一些私立大学的董事会。这些学校的董事长似乎高于董事会,董事长在董事会闭会期间仍然代表董事会作出决定、行使职权。如厦门大学的董事会实际成员长期由陈嘉庚、林文庆和陈嘉庚之弟陈敬贤三人担任,学校的事务缺乏民主管理,很多事情是陈嘉庚和林文庆两人说了算。当时,有人一针见血地指出了厦门大学董事会存在的弊端:

> 厦大组织上之缺点。陈嘉庚之捐资兴学,国人同钦。惜陈氏为一纯粹的中国格式商人,不知学校组织法,致各种祸根全伏于此。查陈氏之捐资兴学,出于一种自动的义务性质,非如经营橡皮公司;则陈氏之对厦大,只能为一"财团法人",等于各资本家捐资某种机关,彼只有捐资之义务,而无干涉内部或独裁专断之可能性也。厦大,系高等公众教育机关,非陈氏私人营业可比,故其组织应有比较健全之董事会负责,不能如今日厦大有名无实之畸形董事会。因有健全董事会,则学生与学校有一仲裁机关,不致无上诉之苦,当然可免各走极端之事。今日厦大之所谓董事,其组织系陈嘉庚氏为永久董事,林文庆以校长资格而为当然董事,因单数关系,再配一向不问事之陈敬贤君,"嘉庚胞弟"为董事。实则所谓董事会者,陈嘉庚与林文庆二人耳。此种组织,太觉滑稽。盖林氏为学校当局,陈则名为永久董事,实则等于集美之"校主"。林陈同意,万事可为,学生与学校毫无中介与仲裁机关。一旦发生冲突,非至"鼠入牛耳"不止。而学

生与各方,以其组织歧异,又不愿十分清澈至成"投鼠忌器"之状。因之每次发生风潮,均不能为彻底的革新,致酝酿愈久愈不可收拾。[①]

以上指出的厦门大学董事会存在的问题,很多私立大学董事会都不同程度地存在。如果一所学校事务仅凭一两个人说了算,势必会出现专断独裁的局面,往往会给学校工作造成损失。厦门大学创办初期两次学潮的发生就与学校这种校董事会的制度有直接关系。如何处理董事会民主与集中的关系,也是当前民办大学董事会面临的问题。

4.私立大学董事会的另一个弊端是某些制度不健全。如中国公学董事会章程中原来曾规定"现任校董不得兼任学校职员",但当时中国公学校董但懋辛兼任总务长,丁殹音兼任秘书长。学校当时又不便不让他们担任校董,考虑到这种实际情况,后来蔡元培就把"现任校董不得兼任学校职员"这一条规定删除了。这样一来,校长就不能很好地约束职员,职员就可以反对校长了。导致后来马君武担任校长以后,与校董兼任秘书长丁殹音发生冲突。成为学校风潮迭起的一个原因之一。

二、中国近代公立大学与私立大学校长之比较

大学校长对大学的影响作用非常大,难怪有人说"一个好的大学校长,就是一所好大学"。诚然,影响大学发展的因素很多,诸如政治环境、经济条件等,但大学校长的作用绝不可忽视,有时一位大学校长会影响一个大学的发展方向甚至决定其命运。对于私立大学来说,校长的作用尤其重要。如果说一名优秀公立大学的校长是一位坚持原则、忠于职守、廉

---

①教育界消息——厦门大学第二次学潮之爆发.第3—4页,载《教育杂志》第19卷,第2号,1927年2月20日。

洁奉公、精通学校管理的政府官员,那么,一名优秀私立大学的校长除此之外,还应具有较强的筹集经费、社会交际、善于斡旋和调节各方面关系、根据不断变化的情况灵活调整办学策略的能力。只有这样才能应付各种突发事件。由于机构设置、运行机制、经费来源等的不同,私立大学与公立大学校长有很多不同点。

(一)私立大学校长的任用方式不同于公立大学

由于校长对一所学校影响很大,因此,无论公立大学还是私立大学,在校长的选用上都很慎重。公、私立大学校长的选任方式完全不同,公立大学校长由政府任命。1929 年 7 月 26 日,国民政府颁布的《大学组织法》第九条规定:"大学设校长一人,综理校务。国立大学校长由国民政府任命之;省立市立大学校长,由省市政府分别呈请国民政府任命之。"①与公立大学校长由政府任命不同,私立大学校长的选任有多种方式。虽然当时有关法规规定,私立大学校长由董事会聘任,但在实践中私立大学校长除由董事会聘任外,还有办学者聘任、师生公推、办学者自任校长、政府委派等。

1. 办学者或校董事会的聘任。遴选一位优秀的校长来经营管理校务,是私立大学董事会的重要职责之一。也是法律规定的选任校长的重要方式。实践中校长主要由办学者或董事会聘任。前者主要是在学校开办之初,学校还未成立董事会,或学校虽然成立了董事会,但董事会主要由办学者说了算。如厦门大学的两任校长实际上是办学者陈嘉庚聘请的。私立大学董事会成立后,其校长即由董事会聘任。在校长更迭的情况下,也由董事会来推荐和聘任校长。如 1913 年复旦校长马相伯退休

---

① 中国第二历史档案馆.中华民国史档案资料汇编　第五辑　教育.第 171—173 页,江苏古籍出版社,1994 年。

后,校董会董事长孙中山推荐李登辉继任。1928 年 3 月中国公学发生学潮,引起校长辞职,受校董的推荐,胡适于 1928 年 4 月 3 日就任中国公学的校长。校长由董事会聘任,是私立大学最重要和最普遍的校长任用方式。

2. 办学者自任校长。私立大学办学者自任校长的情况在当时也很普遍。校长既是学校创办人,也是决策者和管理者。如中华大学的创始人陈宣恺、陈时父子分别于 1912 年 5 月和 1917 年 11 月自任校长。立信会计专科学校的创始人潘序伦和私立上海美术专科学校的创办人刘海粟也都是自任校长。当时,刘海粟为了逃避父亲的包办婚姻,只身来到上海,计划东渡日本。父亲追到上海劝阻,父子最后达成协议:刘海粟不去日本,但要在上海办一个美术学校,父亲同意每月汇 50 块钱作为其办学经费,就这样,中国第一所私立美术学校“上海图画美术院”于 1912 年 11 月23 日诞生了。刘海粟从 1912 年建校到 1952 年一直担任该校校长。

此外,当时很多以营利为目的创办的“学店”或野鸡大学,根本没有设立董事会,这些私立大学基本上是办学者自任校长。

3. 师生公推。与前两种校长任用方式相比,校长由师生公推的私立大学数量较少。如复旦公学第一任校长(后改称监督)由全体师生公推马相伯担任,1907 年马相伯东渡日本,1910 年师生又公请归国的马相伯复任校长。光华大学校长张寿镛先生对帝国主义列强侵略中国无比愤怒,1925 年 6 月,张寿镛先生应圣约翰大学离校师生的之请,筹办光华大学并出任校长。1924 年 4 月,厦门大学 300 多名师生因对学校当局不满而集体离校到上海,请求原厦大教授欧元怀等 9 人筹建新校,师生公推马君武为校长。

4. 政府委派。个别私立大学在个别时期,其校长由政府派员担任。政府派员担任校长的私立大学一般是学校卷入了政治风潮,政府为了控制学校而采取了强制委派校长的措施。如复旦大学师生历来有爱国救亡的传统,当局早就有控制复旦的意图。国民党最高当局在对复旦武力镇压失败后,曾经考虑封闭复旦大学,但因复旦是一所有革命传统的大学,并为孙中山先生所关注,当局不得不有所顾虑,于是就采取软的一手,阴谋将支持学生爱国运动的李登辉校长免职。1936年夏,国民党最高当局派复旦前教授、立法院副院长兼国民党中央执行委员会秘书长叶楚伧来沪,商讨学校改组,解决复旦问题。李登辉校长被迫离职,由吴南轩主持学校工作。

再如,素以抗日救亡运动著称的朝阳学院,也是国民党的心腹之患。1939年初,蒋介石在全国范围内掀起第一次反共摩擦,教育部长陈立夫即在全国大专院校强化其所谓的"党化教育"。朝阳学院首当其冲。1940年上学期开学时,陈立夫撤换了院长张知本,解聘了一些爱国进步教授,强令校董事会另推江庸来当院长。

(二)私立大学校长受教育经费等因素影响较小,相对稳定

一般来说,公立大学校长受教育经费等因素影响较大,更换较频繁。近代中国政治腐化,教育经费持续紧张,大学学潮迭起,很多大学校长每感难安于位,真可谓如坐针毡。由于教育经费紧张导致校长辞职事件屡见不鲜。1920年9月,河南各校校长因当局拖欠教育经费,全体提出辞职;1921年4月,北京八所学校校长(北京大学代理校长蒋梦麟、北京高等师范学校校长邓萃英、北京女子高等师范学校校长熊崇煦、北京法政专门学校校长王家驹、北京医学专门学校校长张黻卿、北京农业专门学校校长吴宗栻、北京工业专门学校校长俞同奎、北京美术学校校长郑锦)由于政府拖欠教育经费而集体辞职。故在20世纪30年代有人说:"经费最困难的学校,如北平的师大,如南京的中大,校长一席几乎无人敢就。师大与中大近来的校长问题,其实背后都是一个经费问题(师大徐炳昶先生辞

职由于经费领不到；中大任鸿隽先生不就因为经费无办法；青大杨振声先生月前辞职，也由于经费问题）。"①

　　由于经费紧张，一些大学校长叫苦不迭。1931 年 1 月，时任中山大学校长的戴季陶向国民政府描述了当时中山大学的情形："大学负债三十余万，财厅拨款欠至三月，现在每日摊拨一千三百四十元耳，无办法便成破产"，"回忆过去五年之间，当北伐之时，一切军费皆由广东负担，而大学经费丝毫不欠，（褚）民谊任内每月实支至十三万元，现在虽云困难，未若十六、七年之甚，而大学反将沦于破产，将何以自解耶？"②曾经担任北平大学校长的李书华因教育经费的困扰而辞职，他在辞职信中写道："北平国立各校原为国家最高学府，亦即社会文化中心，国军克复平津后，一般舆论对于北平一致以建设文化的都市相期许……而北平学府因经费无着，势同停闭，致数千学生彷徨道路，数百教职员无法维持。函电纷来，百般呼吁，每一念及，寝馈难安。书华曾追随李校长百般设法，以冀有所补救，乃屡与财政当局接洽，迄未得具体办法。北平学府前当军阀窥据，犹得照常进行，今革命成功，反任其停顿，情势如此，亦实难接办。"③

　　1930 年下半年，因经费短缺，当时的北京师范大学代理校长李蒸辞职，继任校长徐炳昶也因经费短缺于当年十一月愤而辞职。由此一度引发学潮。④ 1932 年 6 月，中央大学师生发起"教育经费独立运动"，并于29 日与校长段锡朋发生冲突，有的学生还扭打了段，砸毁了他的小汽车，蒋介石闻讯大为震怒，即刻下令解散中央大学，7 月 4 日，教育部接收中大，经过一个暑假的"整顿"，国民政府于 8 月 25 日任命罗家伦为新校长

①谢长法.借鉴与融合——留美学生抗战前教育活动研究.第 147 页,河北教育出版社,2001 年。
②大学学潮案.载《近代中国》第 90 期,第 126 页,1986 年。
③大专院校教职员任免案——北京大学.载《近代中国》第 97 期,第 125 页,1993 年。
④《北京师范大学校史》.第 86 页,北京师范大学出版社,1982 年。

后,学校才恢复开学。下面的史料记载了当时中央大学校长频繁更迭的
情况:

> 号称首都最高学府之中央大学……自去年江苏教育经费各
> 管理处每月减拨五万后,经费开支已感困难,最近半年内,管理
> 处以省库奇绌,停止发给,而国库空虚,亦无切实弥补之法。迨
> "一·二八"事变发生,教育经费,尤感竭蹶,该校员生以经费无
> 着,呈杌陧不安之状态,而教授索薪,迎拒校长各问题,亦因以风
> 起云涌。兼之半年以来,自朱家骅而刘光华,而桂崇基、任洪隽
> (1931年12月,中央大学校长朱家骅第三次请辞获准后,国民
> 政府于1932年1月8日任命桂崇基为校长,然而却遭到学生的
> 抗拒,当月下旬,桂崇基即辞职。1月26日,国民政府又任命此
> 前师生强烈呼吁执校的任洪隽为中央大学校长,然而由于时任
> 中华教育文化基金董事会干事长的任洪隽正致力发展中国科
> 学,坚持不就,行政院乃命法学院院长刘光华于4月起代理校
> 务,然而两个月后,刘光华又请辞,获准——引者注),校长更易
> 不定,学校经济更入于复杂之状态……①

当时号称首都最高学府的中央大学校长尚且因经费紧张更换频繁,
其他大学就可想而知了。当时由胡适等人主编的《独立评论》发表了一
篇《论学潮》的文章指出:"师大与中大近来的校长问题,其实背后都是经
费问题",而"政府如有诚意收拾学潮,整顿学风,第一件任务应该作到不
拖欠教育经费。"②1932年7月行政院发布的《整顿教育令》也承认:"推
原学潮发生之因,固有多种关系,迭年以来,政府方面因种种窒碍,致学款

---

① 《时事新报》.1932年7月9日。
② 臧晖.论学潮.载《独立评论》第9号,第7页,1932年7月17日。

常有稽延,各级教育机关对于办学人员及教师之选择亦每欠审慎……两项情形互为因果……政府有鉴于此,爰议定以最大之决心厉行整顿,对于经费决予宽筹,务期不致延欠,并于可能范围内,逐渐独立保障之实现。"[①]

私立大学的教育经费比公立大学更加紧张。而公立大学校长常因教育经费紧张而辞职,从一个侧面说明了公立大学校长筹措教育经费的精神比不上私立大学的校长。

由于受经费短缺这一因素影响,当时的大学可谓学潮迭起。由于国民政府专制,极力压制学潮,所以,政府任命校长时,常把压制学潮作为选聘校长的重要条件,于是,一些对教育一知半解甚至不学无术的官僚政客被任命为校长。此举更加引起师生的反对,学生对这些校长或"拒绝"或"驱逐",对此起彼伏的学潮起到了推波助澜的反作用。正如程其保所言:"国立大学校长,位置尊严,政府对于人选,自应周密审慎,然而证之事实,学行两长堪以胜任者,恒坐视不问,而极尽钻营之能事者,反常当选。夫善事钻营,已失其校长之资格,政府亦明知其不足以当大任,而必用之而不忌,以引起无谓之纷争。"[②]据常道直对1922年度全国大专院校发生的24起学潮进行分析,依次列举的12种原因中以"反对校长,拒绝新校长"高居第一。[③] 1924年至1925年,东南大学、北京女子师范大学、北京师范大学、北京工业大学、武昌师范大学、暨南大学、北洋大学等都发生了攻击、挽留或驱赶校长事件。

相比之下,由于私立大学由私人出资兴办,其校长多由办学者或董事

---

①整顿教育令.载《国民政府公报》洛字第49号,第8页,1932年11月2日。
②程其保.论大学校长.载《时代公论》第7号,1932年5月。
③常道直.民国十一年度学校风潮之具体的研究.载《教育杂志》第15卷,第4号,第8页,1923年4月20日。

会聘任,或由办学者自任校长,其任职相对稳定。另外,中国近代私立大学校长很多是"教育救国"理念的信奉者,他们中很多人认为拯救中国的唯一途径是教育,这种观念虽然不正确,但客观上却导致了他们能安心于教育工作而对政治采取冷漠的态度,从而少受政治的影响。他们中很多人长期担任校长职务,有的长达几十年。少问政治虽然脱离了中国近代社会革命的主旋律,但有利于提高学校的办学质量,维护正常的教学秩序。20 世纪 20 年代,胡适提出了"多研究些问题,少谈些主义"的实用主义主张。当时涌现了很多矢志兴学、无心仕途的私立大学校长。如南开大学校长张伯苓以终身从事教育为己任,拒绝涉足官场。1926 年,颜惠庆博士约请他出任教育总长,他以有约"终生办教育,不做官"而婉言谢绝,同年,张学良又约他担任天津市市长,他同样予以谢绝,当时有人评论道:张伯苓"不是革命家,而是一位教育家"。① 为了让同学们安心学习,张伯苓不赞成他们过多参与政治、闹学潮,他认为学生的爱国之心和爱国热情值得赞扬,但学生的主要任务是学习,学到本领后才能救国。他说:"南开学校系受外界刺激而产生,故教育目的,旨在雪耻图存;训练方法,重在读书救国。关于国际形势,世界大事,及中国积弱之由,与夫所以救济之方,时对学生剀切训话,藉以灌输民族意识,及增强国家观念。但爱国可以出乎热情,救国必须依靠力量。学生在求学时代,必须充分准备救国能力,在服务时期,必须真切实行救国志愿,有爱国之心,兼有爱国之力,然后始可实现救国之宏愿。"②

东北九一八事件发生后,面对学校广大师生的躁动心情,张伯苓表示:"兹在为我同学一述此后应处之态度,以指示诸君烟雾中之迷径:(1)

---

① 张锡祚.张伯苓与南开大学.载《张伯苓纪念文集》.第 33 页,南开大学出版社,1986 年。
② 张伯苓.四十年南开学校之回顾.载《南开四十周年纪念校庆特刊》,1944 年 10 月 17 日。

将问题观察透彻，认识清楚，沉着精进，从事准备工作，不为扩大暴器之举，以授人口实；（2）不贴标语、发传单及作其它无谓之举；（3）将此事件之印象与对此事件之感想铭诸心坎，以为一生言行之本，抱承志不忘，至死不腐之志。"①后来张伯苓在《四十年南开学校之回顾》一文中总结南开学校发展的原因主要有三点，其中第一点是："个人对教育之信心"，自称"苓于教育事业，极感兴趣，深具信心，故自誓终身为教育而努力。……当十五六年之交，政府谬采虚声，拟畀苓以教育总长，及天津市市长等职，因志在教育不在政治，均力辞不就，仍以一心办理南开。因是个人事业赖此得以保全，而南开校务，亦因此而得发展"。②　正是由于对教育事业的执着追求，使张伯苓担任南开大学校长达 30 年之久。

无独有偶，复旦大学校长李登辉同样一心专注教育，一生无意仕途，从未参加任何政党和政府。南京国民政府曾一度聘请他担任教育部部长，被他谢绝。时人称他为"做大事而不愿做大官"的人。③　李登辉去世后，有人这样评价他："先生毕生办学，得力在一'专'字。视复旦教育为终身事业，一心一德，决不旁骛。每与晤谈，口不离复旦之事，四十年如一日。此与……张伯苓先生之每谈必及南开，彼此风度，实无二致。"④李登辉从 1913 年起主持复旦校务直至 1937 年抗战全面爆发，长达 24 年。

此外，中华大学校长陈时、厦门大学校长林文庆、南通学院的创始人张謇等都是矢志兴学的典范。陈时一生虽担任多项社会职务，但很少是政府任命的官职，正如他所说："不问政治，专办教育"，他倾其全力为社会服务，从事社会改造工作。他从创办中华大学时起，担任校长职务长达

①张伯苓.东北事件与吾人应持之态度.载《南大周刊》第 114 期,1931 年 10 月 6 日。
②张伯苓.四十年南开学校之回顾.载《南开四十周年纪念校庆特刊》,1944 年 10 月 17 日。
③戚其章.对于母校三十周年纪念感想.载《三十年前的复旦》.1935 年。
④郭云观.敬悼李师登辉.载李老校长纪念工作委员会.李登辉哀思录.(出版者及出版地不详),复旦大学档案馆藏。

30 年。厦门大学校长林文庆面对做官和办学,选择了后者,他担任校长职务长达 17 年,直到 1937 年学校改为国立。南通学院的创始人张謇主张学校应以教学为主,他赞成和同情学生的爱国运动,但不赞成学生过多卷入政治旋涡,他在主持南通纺织学校时期,针对学生参加的爱国运动,指出:"爱国当先爱身,爱身当先爱学,爱学当自爱其宝贵之光阴。辍学弃业,为无济于事之叫嚣,充类自尽,何异自杀。"①在他的影响下,南通学院的学生养成了"埋头窗下,研习学术"的风气。

由于私立大学校长较少受政治、经济等因素影响,很多学校特别是成绩优良的私立大学,其校长任职时间都比较长。下表列举了部分公、私立大学校长的任职年限。

表 1 部分公、私立大学校长任职年限比较表②

私立大学	姓名	任职年限(年)	公立大学	姓名	任职年限(年)
武昌中华大学	陈 时	30(1917—1946)	北京大学	严 复	1912 年
上海美术专科学校	刘海粟	41(1912—1952)	北京大学	胡 适	5(1945—1949)
无锡国学专修学校	唐文治	31(1920—1950)	北京大学	蔡元培	11(1917—1927)
南开大学	张伯苓	30(1919—1948)	北京大学	蒋梦麟	16(1930—1945)
复旦大学	李登辉	24(1913—1936)	清华大学	罗家伦	3(1928—1930)
光华大学	张寿镛	21(1925—1945)	清华大学	梅贻琦	18(1931—1948)
中国大学	何其巩	10(1936—1945)	北洋大学	茅以升	4(1928—1931)
广东国民大学	吴鼎新	22(1928—1949)	成都大学	张 澜	6(1926—1931)
厦门大学	林文庆	17(1921—1937)	武汉大学	周鲠生	5(1945—1949)
立信会计专科学校	潘序伦	13(1937—1949)	武汉大学	王星拱	13(1933—1945)
中国学院	王正廷	16(1921—1936)	浙江大学	竺可桢	14(1936—1949)

①张兰馨. 张謇教育思想研究. 第 242 页,辽宁教育出版社,1995 年。
②根据有关资料整理。

续表

私立大学	姓名	任职年限（年）	公立大学	姓名	任职年限（年）
湘雅医学院	张孝骞	12（1937—1948）	中央大学	罗家伦	10（1932—1941）
大夏大学	王伯群	15（1928—1942）	中央大学	吴有训	4（1945—1948）
民国学院	鲁荡平	20（1930—1949）	广东大学	邹鲁	3（1923—1925）
中法大学	李麟玉	25（1925—1949）	中山大学	邹鲁	9（1932—1940）
朝阳大学	汪有龄	15（1913—1927）	中山大学	许崇清	2（1940—1941）

（三）私立大学校长有较大的办学自主权

校长自主权是校长自主管理学校的权力。与校长自主权密切相关的问题是校长的职权。校长只有具有一定的职权才可能拥有相应的自主权。当时法律对于校长职权的规定采取了概括的方式，即只是笼统而非具体地规定了校长的职权。如1912年10月24日教育部公布的《大学令》及1917年9月27日公布的《修正大学令》都规定"大学设校长一人，总辖大学全部事务"。① 1929年7月26日国民政府公布的《大学组织法》和《专科学校组织法》都明确规定大学（或专科学校）"设校长一人，总理校务"。② 从学校内部来看，大多数私立大学以概括的方式规定了校长的职权。如1921年厦门大学大纲规定"本大学设校长一人，总理全校一切事务"；③1943年的中国大学组织大纲规定"本大学置校长一人，总理全校校务"；④1933年的朝阳学院组织大纲规定"本学院设院长一人，总

---

① 中国第二历史档案馆.中华民国史档案资料汇编 第三辑 教育.第109、168页，江苏古籍出版社，1991年。
② 中国第二历史档案馆.中华民国史档案资料汇编 第五辑 教育.第172、179页，江苏古籍出版社，1994年。
③ 《厦门大学大纲》（1921年），载厦门大学校史编委会.厦门大学校史资料第一辑.第22页，厦门大学出版社，1987年。
④ 《中国大学组织大纲》（1943年），载吴惠龄.北京高等教育史料.第130页，北京师范大学出版社，1992年。

辖全院事务"。① ……可见,公、私立大学校长的职权都很大:总理全校一切事务。但实际上,校长的职权会受到各种限制,对于公立大学校长来说,主要受到来自政府部门的限制;对于私立大学校长来说,主要受到学校董事会的制约。私立大学董事会大多与校长关系比较协调,董事会很少干预校长管理校务的职权。因此,私立大学校长所受的限制比公立大学校长要小,从这个意义上来说,私立大学校长的自主权比公立大学校长的自主权要大。

20世纪初,自由主义思潮已经在中国广为传播并为越来越多的人所接受。特别在新文化运动时期,自由主义思潮更是深入人心,这为私立大学校长独立行使管理权提供了较宽松的外部环境。在当时很多人眼中,私立大学比公立大学有更大的自主权。曾有人指出:"国立学校的宗旨,随政府的政策而转移,无永久性,无宽大性,不能任意发展",而"私立学校的创办,由自由意志结合,经费是自由集成的"。因此,私立大学可以"实现一种特殊的教育部门理想,与现在流行的社会制度与陶冶思潮不甚相同的理想",一种"更优的新社会和更合理的新教育的理想"。② 私立大学虽然会不可避免地受到时局及客观条件的影响,但与公立大学相比,自主权还是比较大的。如南开大学,"学校有充分的办学自主权,官方的干涉较少,可以自行决定经费的筹集和使用;自行决定招生,专业与课程设置,人员聘任,包括职称、待遇、福利、晋级等等。在当时的历史条件下,它比一般国立大学较易发挥办学的积极性和主动性"。③ 著名科学家、美籍华人吴大猷先生在回忆当时的大学时指出:"我们有几个著名的大学,亦

---

① 《私立朝阳学院组织大纲》(1933年).载吴惠龄.北京高等教育史料(第一辑).第157页,北京师范大学出版社,1992年。
② 邱椿.我国私立大学之前途.载《中华教育界》,1938年第24卷,第6期。
③ 南开大学校史编写组.南开大学校史.第138页,南开大学出版社,1989年。

有许些大名的教育家；比如北京大学，它有过蔡元培、蒋梦麟、胡适校长，但他们任一人都不'代表'北大，如张伯苓之'代表'南开然。"①

　　私立大学校长自主权不仅表现在经费的筹集和使用上，还表现在学校管理和教学改革等方面。很多私立大学的校长在教学管理和教学改革方面拥有较大的独立性和自主性。民初建立的上海美术专科学校校长刘海粟以"创新""善变"而著称。刘海粟在全国率先使用裸体模特儿，进行人体写生，这在当时无疑是一种惊世骇俗之举，遭到了封建卫道士们的诋毁，他们称校长刘海粟为"教育界的蟊虫"。刘海粟不屈于世俗的压力，据理力争，最终将人体写生定为学校正式课程。正因为刘海粟的反叛精神和冲决网罗的勇气，得到了郭沫若的称赞，在1923年刘海粟给他画的《九溪十八涧》的题词中，称刘海粟为"艺术叛徒"："艺术叛徒胆量大，别开蹊径作奇画，落笔如翻扬子江……"②

　　为了锻炼学生的绘画技术，陶冶他们的情操，刘海粟独辟蹊径地把"旅游写生"定为必修课，这在当时是个创举。③ 刘海粟还大胆改革，首开招收"选科生"的先例。按照当时教育部的规定，要想考入高等学校，必须是公立或已立案之私立高中、中专或职业中学的毕业生，而同等学力者不准报考。上海美术专科学校大胆突破这一规定，开始招收选科生。选科生与正式生同等对待，唯一区别是毕业文凭上少盖了一颗"教育部"的章。很多选科生有较丰富的经验，加上学习刻苦，不少人的成绩超过了正式生。④ 由于校长刘海粟大胆的创新、全新的改革，使上海美术专科学校

①吴大猷. 南开大学和张伯苓——大学和校长的特色. 载王文俊. 南开大学校史资料选. 第77页，南开大学出版社，1989年。
②周川，黄旭. 百年之功——中国近代大学校长的教育家精神. 第62页，福建教育出版社，1994年。
③《上海文史资料选辑》第59辑. 第391页，上海人民出版社，1988年。
④《上海文史资料选辑》第59辑. 第393—394页，上海人民出版社，1988年。

很快成为全国美术行业办学的佼佼者。

大学招收女生,实行男女同校在近代中国同样肇始于私立大学。广东光华医学院在创办初期的1908年就大胆冲破传统的束缚,开始招收女生,开创了男女同校上课的先例。① 比北京大学开始招收女生早了11年。此外,在北京大学以前实行男女同校上课的私立大学还有大同大学(1915)和上海美术专科学校(1919)。

同样,选科制最早也是在私立大学开始实行的。早在1912年,大同大学"本因材施教之义,实行学科制及选科制,学者于各种学科得按其所造程诣分科进修,以求实学;且可各就志愿资性,自择进修之途径;各量材力体质之强弱,以定所读之课程"。② 与选科制相适应,大同大学采取了弹性教学管理制度,学生可以根据自身情况决定选课的多少,并不强求一律。学生可以提前毕业,也可以延迟毕业。③ 与大同大学相似,无锡国学专修学校也实行弹性教学管理制度。允许贫困学生中途休学,工作一段时间后积攒了学费再来申请复学。④

除了在教学改革方面具有较大的自主权外,私立大学在其他很多方面也有较大的自由度。如在40年代末,中华工商专科学校的校园氛围十分宽松,有人概括了这样几句话:别处不能唱的,这里尽情唱;别处不能说的,这里尽情说;别处不能看的,这里可以传阅;别处不能听的,这里组织收听。因此有人比喻中华工商专科学校是上海的一个"小解放区"。⑤

按说,将私立大学交给政府办理,学校经费将会有保障,私立大学特

---

①潘拙庵,伍锦. 私立广东光华医学院史略. 载《广东文史资料》第23辑,第141页,广东人民出版社,1979年。
②朱经农,唐钺,高觉敷. 教育大辞典. 上册,第40页,商务印书馆,1930年。
③《上海文史资料选辑》第59辑. 第140页,上海人民出版社,1988年。
④黄汉文. 记唐文治先生. 载《江苏文史资料选辑》第19辑,第120页,江苏古籍出版社,1987年。
⑤《上海文史资料选辑》第59辑. 第449页,上海人民出版社,1988年。

别是不以营利为目的的私立大学的办学者应该愿意,可他们为什么不到万不得已绝不将学校交给政府呢? 这其中的隐情不言自明。

中国近代大学校长的楷模蔡元培既当过公立大学(北京大学)校长,也做过私立大学校长(1920—1922 年兼任私立民国大学校长,1922—1927 年兼任私立华北大学校长)。在公、私立大学校长自主权这个问题上他最有发言权。他是中国近代大学校长中的佼佼者,他在北京大学践行了"思想自由,兼容并包"的办学方针,用同样当过北大校长的蒋梦麟的话说就是:"第一,本校具有大度包容的精神……凡一个机关只能容一派的人,或一种的思想的,到底必因环境变迁而死"。"第二,本校具有思想自由的精神……本校是不怕越出人类本身日常习惯范围以外去运用思想的。虽然我们自己有时还觉得有许多束缚,而一般社会已送了我们一个洪水猛兽的徽号。"①北大自由校风的形成,蔡元培功不可没。然而,即使像北京大学这样以"自由"著称的大学,校长的自主权仍然是有限的。让我们看看蔡元培写过一个"不肯再任北大校长的宣言",从这极有分量的宣言中是否可以进一步证明上面问题的答案。宣言如下:②

(一)我决不能再做那政府任命的校长,为了北京大学校长是简任职,是半官僚性质,便生出那许多官僚的关系,哪里用呈,哪里用咨,天天有一大堆无聊的照例的公牍,要是稍微破点例,就要呈请教育部,候他批准。什么大学文、理科叫做本科的问题,文、理合办的问题,选科制的问题,甚而小到法科暂省学长的问题,附设中学的问题,都要经那拘文牵义的部长来斟酌。甚而部里还常常派了什么一知半解的部员来观察,他报告了,还要发

①蒋梦麟.北大之精神.载杨东平.大学精神.第13—14 页,文汇出版社,2003 年。
②张汝伦.文化融合与道德教化:蔡元培文选.第335—336 页,上海远东出版社,1994 年。

几个训令来训上几句。我是个痛恶官僚的人,能甘心仰这些官僚的鼻息吗?我将进北京大学的时候,没有想到这一层,所以两年有半,天天受这个痛苦,好容易脱离了,难道还肯投入去吗?

(二)我决不能再做不自由的大学校长:思想自由,是世界大学的通例。德意志帝政时代,是世界著名开明专制的国家,他的大学何等自由。那美、法等国更不必说了。北京大学,向来受旧思想的拘束,是很不自由的。我进去了,想稍稍开点风气,请了几个比较的有点新思想的人,提倡点新的学理,发布点新的印刷品,用世界新的思想来比较,用我的理想来批评,还算是半新的。在新的一方面偶有点沾沾自喜的,就算"洪水猛兽"一样了。又不能用正当的辩论法来辩论,鬼鬼祟祟,想借着强权来干涉。于是,教育部来干涉了,国务院来干涉了,甚而什么参议院也来干涉了,世界有这种不自由的大学吗?还要我去充这大学的校长吗?

上面蔡元培的"宣言"道出了他担任北京大学校长的无奈,表明了私立大学校长比公立大学校长有较大的自主权。

权力和责任往往是成正比的。私立大学校长较大的自主权意味着其较大的责任。其中筹措办学经费几乎是所有私立大学校长的最大责任。学校经费除由办学者或校董筹集外,私立大学校长——无论是办学者自任校长,还是由办学者或董事会聘任的校长,筹措经费都是其最重要的工作,也是最艰难的工作。曾任广东国民大学校长的吴鼎新曾回忆:"建立事业之难,莫难于办学,而私立之学校尤甚为。私立者,以精神为其基址也;以毅力为其工料也;以血汗为其资产也;以忠恕为其出纳也;以淡薄为其导师也。"①

与校董们筹集经费方式相似,私立大学校长为学校筹集经费方式也有两种:一是无私奉献,将自己的财产捐给学校;二是想方设法为学校募集资金。

中国近代很多私立大学的校长都为学校经费的筹集做出了重要贡献。

复旦大学首任校长马相伯为了兴建大学,早在1900年就毅然决定将祖传遗产——松江、青浦两县良田三千亩捐献给教会,作为办学基金,当时他立下了捐献字据②:

> 立献据人谨承先志,愿将名下分得遗产,悉数献于江南司教日后所开中西大学堂收管,专为资助英俊子弟斧资所不及,并望为西满安德助献祭,祈求永承罔替,中外善堂概由输献。此系主前熟思,遵先志以献者。自献之后,永无反悔,且系先人所遗名下私产,故族中一切人等,毋得过问。其系教中者,自无敢有违善举;其系教外者,则非先父先兄之嗣也,更无得过问。特此书献存档。时天主降生后一千九百年秋分后一日,即光绪庚子又八月一日。

> > 立献据人江苏镇江府若瑟马良(相伯)

> 计开青娄田亩契据有绝有押一并献存。外清册一通,油坊一所。

> 又近上海等处地亩数方,其契据俱一并在内,左译文另有添注,合并声明总之。

> > (1900年8月25日)

①《广东国民大学十周年纪念册》.1935年10月。
②上海市高教局历史档案第599卷。

教会接受了马相伯的捐献,并没有办学。过了两年,他创办了震旦学院,捐献田产才移作学院基金(此基金后又成为复旦公学的一部分)。后来为了在卢家湾购地和建造校舍,他又捐了现洋 4 万元,英法租界地产八处(时值十余万两)。这样,马相伯将全部财产都捐献出来了。事后他写了笔录①:

> 慨自清廷外交凌替,一不知公法,二不习制造,入手工夫则文字尚无,但欧美国际文字多用法文,故设震旦。生等且请加拉丁,始亦姑从其愿焉。而于酸学尤斤斤,无他,为科学等根本故。但先弟已故,而余年已过花甲,恐不能继,故请耶稣会士以襄其成。按其会规,如须有资本金,必继续为之,此团体工作,所以永久也。为此余将松青两邑田三千亩捐为基本金,光绪庚子闰八月初,立有西文捐据,并另立典于记名目以别于公产。委诸相公于泗宅代理之,因外人于租界外,例无买地出租权。后又因在卢家湾建造校舍,地价 400 元一亩,余又捐现洋 4 万元,英法租界地产八处。不索余捐据者,因在租界故也。犹忆朱相公将一地贱价售于某相识,余深责之。但余既不为名,又不为利,而琐碎记之者,盖时势空隙,来风莫测,以免累后人。

> 相伯亲笔

除将自己私产无私捐献给学校外,作为复旦大学的校长,马相伯还千方百计地为学校募捐。在学校危难之际,利用自己的关系,他多次向政府募捐,才使学校渡过难关。

复旦大学继任校长李登辉也为学校筹措经费做出了很大贡献。李登

---

①复旦大学校史编写组.复旦大学志第一卷(1905—1949).第 35—36 页,复旦大学出版社,1985 年。

辉担任校长后,除授课外,大部分时间花在为学校募捐上。学校的建设基金,主要依靠李登辉校长、全校师生和校友向爱国侨胞和社会人士募捐而得。向人募捐,常遭冷遇。往往给某一认捐者的信件八九次,甚至十余次之多。辗转请托,一再登门拜访,使认捐者感其热忱,才乐于捐助。① 李登辉为了筹集建校基金,很早就和南洋友好联系,动员华侨子弟入学,宣传祖国兴建学校、办教育的意义,预作募捐准备。1918 年,李登辉亲往南洋各地募捐,爱国侨胞踊跃捐款。共募集十五万多元。② 后经唐少川介绍,得到南洋兄弟烟草公司简照南兄弟捐款五万元,中南银行黄弈住捐款一万余元。③

　　中华大学校长陈时堪称筹措经费的典范。他担任校长之时,国内动乱不堪,经济衰弱,民不聊生。公立大学经费尚捉襟见肘、难以维持,私立大学的情况就可想而知了。当时中华大学的主要问题就是一个"穷"字,因经费拮据,中华大学校舍破旧不堪,因校舍不足,大中学教室混杂使用,一些教师的工资常常发不出去,月薪一降再降。当时,武昌有三所大学,陈时常说:"武汉大学是拿国家的钱替国家培养人才,华中大学是用美国教会的钱替美国培养人才,中华大学用中国社会的钱替中国社会培养人才。"在经济上以中华大学最为困难。办学之初,学校资金主要由陈氏家族提供,但是,学校像个无底洞,一家的银子是填不满的。为了筹集资金,陈时不辞辛苦,四处奔波,却从不灰心,他决心效仿清末武训"行乞兴学"。他常向学生说:"以前有个武训靠沿街乞讨办个义学为人民,我也要向武训那样,即使乞讨也得把学校办下去。"④

①李登辉.本校的过去.载《校友节特刊》,1936 年 5 月 5 日。
②1919 年《复旦年鉴》。
③季英伯.李校长与其建设复旦之略历.载《复旦同学会会刊》第 2 卷,第 4 期,1920 年。
④娄章胜.陈时传略.载《陈时教育思想与实践》.第 88 页,华中师范大学出版社,2001 年。

为了筹措经费,陈时可谓费尽心机。他善于寻找各种时机为学校募捐。20 年代初期的湖北督军萧耀南,为表示礼贤下士,也为拉拢陈时,几次给陈时封官许愿,都被陈时婉言谢绝了。萧耀南不解地问:"你这不要,那不要,究竟对我有什么要求?"陈时答道:"我只想把学校的房子盖盖,你能帮忙就帮这个忙。"当时萧耀南正值春风得意,于是慷慨解囊,使中华大学得以盖起一栋办公楼和四栋学生宿舍。像这样的"好运"是不多的。陈时托钵四方,总是有求不应者多。由于中华大学一无财团支持,二无固定基金,常年在困苦中煎熬。

除了为学校"四处化缘"外,陈时更是无私奉献的楷模。陈时出身仕宦家庭,本是家财万贯,又留学日本多年,还有其父的同乡好友黎元洪、汤化龙等名人相助,本可飞黄腾达于政界,但因他一心为实现办大学、育英才的理想,毅然毁家兴学,为办学清苦一生。他无私奉献、艰辛办学的事迹,早为周恩来所肯定,抗战时期,周恩来在重庆,与陈时同为国民参议员,在一次会见中,周恩来称赞陈时说:"我从你的学生恽代英那里知道你是一位清苦的教育家。"①1937 年,陈时邀请张伯苓到中华大学演讲,张伯苓当众赞扬陈时说:"我和陈校长相比,自愧不如,办南开我只是出点力。陈校长办中华,既出力,又出钱。我在北方……想到中华,就想到陈校长,中华大学有恽代英,南开大学有周恩来,这都是杰出的人才,是我们两校的光荣! 我们两校有许多共同点,正如陈校长所说,中华南开是亲如姊妹。"②

更令人感动的是,陈时当了几十年校长都是分文不取,纯属尽义务。当时的董事长何成浚在日记中记载了如下事实:

---

① 陈庆中. 中华大学校长陈时的一生. 载《武汉文史资料》第 2 辑,第 84 页,1985 年。
② 吴先铭. 陈时与中华大学的几个片段. 载《武汉文史资料》第 3 辑,第 119 页,1983 年。

　　3月5日星期四,晴,午后六时,假庆华公司召开中华大学董事会,……所商议者:……(四)叔澄(作者按:叔澄即陈时)任校长二十余年,纯系义务性质,未在校中领取薪水或公费,因此校本陈家将其全部产业捐出所创设也。今由董事会决议:校长薪、公等仍照教育部规定支给。……①

　　在艰苦的抗战中,陈时生活极其困难,二三十年的校长都是义务职,还要到处奔波。1942年2月14日星期六,阴历腊月29日,正是除夕日,下了一场重庆罕见的大雪,大年初一屋顶、山坡一片银白,连室内气温都很低,他为了向校董拜年和还债,整天奔波于大雪之中,真可谓心力交瘁。董事会决定从那时起,陈时校长比照国立大学校长按月支薪和办公费。②

　　为了节省钱财以支持学校,陈时一家也常常典贷度日。有时校款困窘,以致“于寒舍中罗雀掘鼠,以供校用。同事见旧衣银屑,送入质库,有相顾垂涕者”。③　在极其艰难的情况下,中华大学被迫于1926年9月停办,后经多方努力,才于1928年重新开学。他居住了多年的旧居却不愿予以修整,他常说:“我是一个办教育的人,有时候腰缠万贯,有时候身无分文。如果为了自己的奢侈享受,把办学校的钱饱私囊,我这个校长还当得下去吗? 住差一点儿不要紧,只要学校办得下去就行了,否则是会被社会人士唾弃的。”④

　　陈时最崇拜孟子的三句话:“富贵不能淫,贫贱不能移,威武不能屈。”每当危急关头,同事、朋友们总是劝他缩小办学规模,他坚决不从,他表示“遇到天大的困难,也要把中华大学办下去”。他不无自负地说:“中

①何庆华.何成浚将军战时日记.原载于台湾《传记文学》第44卷,第3期.《湖北文史资料》第19辑,1987年第2辑部分转载。
②王秋来.中华大学.第24页,华中师范大学出版社,1993年。
③陈时.弁文.载《武昌中华大学20周年纪念特刊》,1932年4月。
④陈庆中.中华大学校长陈时的一生.载《武汉文史资料》第2辑,第80页,1985年。

国近代教育史上难道还少得了中华大学四个字吗?"1930 年,重新开学的中华大学要在教育部进行登记,当时教育部规定,学校必须有一定数量的经费才能立案。中华大学当时一贫如洗,校库空空,只有赤字,万般无奈之际,陈时找到熟人周星棠,请他开了个十万元的空头存折,恰好教育部委派的调查大员是国立武汉大学校长王星拱,彼此相熟,中华大学才得以蒙混过关。

1932 年,中华大学举行 20 周年校庆,陈时在为校庆特刊所作的《弁文》中写道:

> 回忆二十余年之经过,艰苦备尝。有时潜心默祷,有时梦寐呼天,每逢年关节序,辄惊心动魄,算到难谋之时,也曾动自杀成仁之念,旋即觉为小丈夫怯懦之行,用以自制。仍储苦如辛,向前迈进,山穷水尽,柳暗花明,卒得以勉渡难关。此种情景,年必数遇。未尝不叹一事之经历,若忠心耿耿以赴之,如孤臣孽子,操心危,虑患深……①

"哀公一生,艰苦备尝。开创风气,文化拓荒,孤军奋战,信心坚强。不傍教派,不附北洋"。这几句悼词,真实概括了陈时先生惨淡经营、强撑苦斗的一生。

厦门大学校长林文庆原来在南洋经商,生意兴隆,资产颇丰,应陈嘉庚邀请,放弃了南洋优越条件到厦门大学任校长。此后,林文庆多次向厦大捐款,还到处募捐。1924 年 6 月 17 日,陈嘉庚在新加坡《南洋商报》刊登的一篇《辟诬》中是这样描述林文庆的:

> 在南洋数百万华侨中,而能通西洋物质之科学,兼具中国文化之精神者,当首推林文庆博士。林文庆在南洋之事业,如数十

---

①陈时.弁文.载《武昌中华大学 20 周年纪念特刊》,1932 年 4 月。

万元之家产，与任数大公司之主席（华商、华侨两银行，联东、华侨两保险，东方碳矿、联合火锯），按年酬金以万数，姑不必论，但言其才德资望，而能于数百万华侨仅占一席叻屿岬三州府华侨义务代议士，独膺继任，十有七年，牺牲自己利益，又重且巨，稍明社会事者，对于林君之为人，莫不深致感激。厦大甫经成立，乃竟以鄙人数电之恳请，毅然捐弃其偌大之事业，嘱托于人，牺牲其主席之酬金，让而不顾，舍身回国，从事清苦，力任艰巨。一则为厦大关系祖国教育精神，人材消长；一则希望、冀华侨资本家，将来感悟，归办事业。其爱国真诚，兴学热念，尤为数百万华侨之杰出。①

林文庆舍弃富贵，从事清苦教育事业的精神感动了曾同他一块到南洋募捐的同事曾郭棠，曾郭棠在《林文庆在星洲的地位及其为厦大奋斗牺牲的精神》②一文中写道：

> 陈校董在厦来电，请其回厦担任校长，……他便放弃其在星洲优越的地位，来从事此清苦的教育工作了。……他从前有产业颇多，因为委托不得其人，损失最巨。这是他到了厦门大学以后在物质上直接间接所受的牺牲。说到他这一回到南洋替本校募捐的精神，那更是可以使我们钦佩不置的了！他每天是在五时左右起床，九点多钟出发工作，一直到晚上一、二点钟才得睡觉。每天都要沿门叩户募捐，说了不少的话，跑了不少的路。……每天中午或晚上要停止工作的时候，他常常这样问："今天一共捐了多少了？"把数目告诉他，他便很高兴的这样说："假如

---

①陈嘉庚.辟诬.载《南洋商报》，1924 年 6 月 17 日。
②曾郭棠.林文庆在星洲的地位及其为厦大奋斗牺牲的精神.载《厦大周刊》第 14 卷，第 18 期，1935 年 3 月。

天天能够捐得这样的数目,就是天天这样跑,我们非常愿意这样做的!"有时碰到不大明白的人,劝募最难,所费的力量也最大,他甚至向他们这样说:"我求你,请你帮助厦大,为祖国培养建设的人才!"他们才很感动的答应了募捐的数目!我们想想看,林校长年纪这样高了,为什么要牺牲他在星洲那么高尚的地位,那么多的财产?!这一回更要亲身跑到了南洋去奔波,去受苦?!我们对他老人家这样为厦大奋斗牺牲的精神,应当要怎样地对他表示敬意啊?!

为了募捐,林文庆不辞辛苦,四处奔波。特别是在国外募捐时,更是艰难。林文庆在新加坡募捐时,可谓尝尽了酸甜苦辣。林文庆虽然在新加坡很有名望,然而拜问者虽多,而肯拿出钱来帮忙的人却很少。一次,他们到一位家产有四五百万元的老头子家里去募捐,那个老头子的眼睛已失明,但他们一进去还没有坐下,老头子就知道他们是为募捐而来,啰啰唆唆地讲他的经济情形是如何困难,使得大家不敢开口而悻悻离开。①

募捐虽然艰难,林文庆等人还是克服种种困难,取得了不错的效果。在马六甲,当地多数人的思想非常陈旧,要叫一般人为中国教育事业捐款,实在是一桩很难的事情。幸亏林文庆在该地很有声望,一般素来没有捐过款的人,这次也慷慨解囊,在此地共募集 2 万元。在吉隆坡,请客吃饭的人很多,捐款的人却很少。于是,林文庆就想了一个办法:先请几个人捐款数千元,将他们的名字写在募捐本的前面,募捐时把募捐本拿给募捐对象看,结果不少人纷纷捐款,花了两个小时就募集 2 万元。在吉隆坡的半个月时间,共募集 7 万元。经过林文庆等人的努力,这次共募集 33

---

① 曾浪平,何建朝. 南行募捐之经过. 载《厦大周刊》,第 14 卷,第 21 期,1935 年 3 月 25 日。

万多元,实现了此次募捐计划,达到了预期效果。[①]

南开大学校长张伯苓为南开大学的创办和发展呕心沥血,为了筹措经费,到处奔波。当时,很多人对张伯苓要创办南开大学持怀疑态度。有人觉得"张伯苓先生这位中国人真特别。北平许多学校正在欠薪欠得一塌糊涂,政府的学校都快要关门了,这位张伯苓先生有什么本事,却要在这时候来办个私立大学,这不是自己对自己开玩笑吗?且看他将来如何吧"。[②]

张伯苓深知办学之艰难,他和严修首先向政府政要募捐,首先得到北洋政府总统徐世昌、前总统黎元洪的赞助。交通银行董事长梁士诒、币制局总裁周自齐等也为南开认捐 40 万元公债票。4 月中旬,他们又不辞辛苦去山西,向时任祥记公司总经理兼太谷铭贤学校校长孔祥熙、山西督军兼省长阎锡山等募捐。阎锡山当场捐款 5000 元。[③] 回来路经保定,又向川粤湘赣四省经略使曹锟募捐。4 月下旬,张伯苓和严修不顾连日颠簸劳累,又去南京会见江苏督军李纯。[④] 李纯表示愿为桑梓出力,为南开募集 20 万元,[⑤]这在当时来说可谓天文数字。不仅如此,李纯还派秘书杨某赴湖北、江西两省接洽王占元、陈光远二位督军为南开募捐。[⑥] 向社会人士募捐,并不是容易的事。为了筹措资金,张伯苓往往要写许多信件,请求各方大力捐助。张伯苓经常亲自出马,游说各地。

---

①曾浪平,何建朝.南行募捐之经过.载《厦大周刊》,第 14 卷,第 21 期,1935 年 3 月 25 日。
②罗隆基.我对南开的印象.载《南大半月刊》第 15 期,1919 年。
③南开大学校史编写组.南开大学校史.第 86 页,南开大学出版社,1989 年。
④李纯(1874—1920),字秀山,天津人。少时家贫,天津武备学堂毕业。1902 年任北洋常备军提调。1912 年任第六师师长。历任江西护国使、江西都督、江苏督军,1920 年暴卒。对南开大学及河北省都有巨额捐助。
⑤据《严范孙年谱》(严仁曾撰)记:"五月一日,李督约公及张伯苓先生便饭,主客三人,畅谈约三小时,李允为南开募集 20 万元。"
⑥1920 年 2 月 10 日严修日记云:"江西财政厅汇来南开万元。"次日又记收江西陈督军信,即为捐款而来。见《严范孙年谱》(严仁曾撰),第 130 页。

张伯苓给蒋介石的信道出了当时南开大学所处的困境,字里行间表达了他重建南开大学的急迫心情和决心,说明了抗战刚胜利后,私立大学筹集经费更加困难。

除到处奔波为学校筹措经费外,张伯苓也是无私奉献的典型。据他的学生回忆说,张先生的伟大之处在于言行一致,自奉俭约,对于金钱,一介不取,一丝不苟……南开虽然有董事会,这些董事是挂名的董事,既不负筹款之责,也不问校务。一切财权、用人均由张先生一人总揽司理。①南开的经费是完全公开的,每天的账目都放在图书馆里,欢迎查看和指教。校长取于学校的报酬,只是一份校长职务的薪水,月支100元。后来有了南开大学,他兼做大学校长时仍支100元。几十年如此,而物价不停地上涨。一家6口,4个儿子,一位太太,总是极度紧缩着过活,还难以支撑。而学校学费收入、外来捐款,滴滴归公,用于学校的发展。即便如此,有时仍不够用,就到学校临时挂借。②

张伯苓的生活十分俭朴是尽人皆知的,每日三餐是家常便饭,其夫人亲自下厨房做饭,几十年如一日,这同他的名人地位与当时国民政府官员的腐败形成了鲜明对比。他把教职员工安排在新建的宿舍和高楼大厦里,但没给自己建一座"校长公寓",他住着简陋的两间厢房,室内外陈设十分简朴。有一次,张学良以少帅身份去拜访张伯苓,他所乘的汽车和所带的随从在张伯苓住宅附近的一条泥巴路上转来转去,却总找不到张伯苓的住处。凭着张伯苓的地位和声望,张学良怎么也想不到他住在如此简陋的地方,可见张伯苓高尚的人格。③

上海立信会计专科学校创办人兼校长潘序伦,在建校之初就慷慨捐

①学府纪闻:国立南开大学. 第97、124 页,台北南京出版有限公司,1981 年。
②学府纪闻:国立南开大学. 第98、124 页,台北南京出版有限公司,1981 年。
③董孟怀,刘剑锋,李建永,张丽双.百年教育回眸. 第69 页,中国经济出版社,2000 年。

助现金 6 万元作为学校基金,并献出大部分家产作为学校的图书和房舍。学校收取的学费较低,经费经常入不敷出。建筑费更是捉襟见肘。每当学校遇到经费困难,潘序伦总是迎难而上,千方百计筹措资金。1940 年 7 月,上海立信会计专科学校校长潘序伦决定将学校从上海迁往重庆,于是开始为在重庆建校忙碌奔波。开始租用房地产公司的房子作为校舍,不久,房地产公司要将校舍以十万元高价出售,公司限潘序伦十天内付款,否则将被强行搬出。潘序伦根本没有那么多钱,心急如焚的潘序伦向有钱的老板和经理们游说,他们终于向潘序伦捐赠十万元买下了这个校舍。

　　由于学校远在市郊,潘序伦打算在市中心建一幢"立信大楼"。但资金短缺,他的学生想了个办法,即以庆祝潘序伦五十寿辰为名进行募捐。潘序伦一向不搞庆寿之类的活动,但为了给学校筹集资金,他还是违心地同意了。经过多方努力,大楼总算如期动工了,可"立信大楼"动工不久,四川军阀杨森部下的一个师长来找潘序伦的麻烦,声称大楼的一角侵占了他的土地,逼学校立即停工或者赔偿地价十万元。潘序伦感到非常懊恼,真想甩手不干了。可是一想到要为社会培养会计人才,他咬紧牙关,决心干下去。于是四处活动几经交涉,最后才和这位师长达成协议,付给他 4 万元了结此事。[1]　可见,在当时要做一件事是何等困难! 正如鲁迅先生所说的:可惜中国太难改变了,即使搬动一张桌子,改装一个火炉,几乎也要血。

　　抗战胜利后,立信由重庆迁回上海,当时校舍尚未建成,潘序伦毅然捐出自己的私宅作为学校的临时校舍,并将 3 万美元的积蓄捐出用来建

---

[1]周川,黄旭.百年之功——中国近代大学校长的教育家精神.第 442—443 页,福建教育出版社,1994 年。

造学校的校舍。后来,潘序伦把存书二千多册全部捐赠给学校。①

大夏大学的历任校长都曾为学校筹集经费而无私奉献,东奔西走。马君武于民国十三年(1924)十一月二十四日就任大夏大学校长,他第一次对全体学生与教职员的讲话即以"三苦精神"与师生互勉。"三苦精神"为:一、教授要苦教:要以教育为重,认真教学,不计较待遇之多寡;二、职员要苦干:要以校务为重,切实办理,不能因经费缺少而敷衍了事;三、同学要苦读:要以学问为重,认真求学,不能有缺课等情形之发生。② 马君武正是以"三苦精神"经营着大夏大学。

王伯群长期担任大夏大学校长,每当学校遇到经费困难,王伯群总是到处"化缘",同时慷慨解囊。抗战期间,大夏大学迁往贵阳,时任大夏大学校长的王伯群个人经济状况每况愈下,但他仍以自己有限的财力支撑着学校的运转,每当学校财政紧张时,他总是将私款借给学校,每学期都要借出几千元甚至上万元。③

第二节　中国近代私立大学教育经费
筹集的策略

毋庸置疑,筹集办学经费是中国近代私立大学面临的最大困难。当时虽然很多人士为兴学曾慷慨解囊,有的甚至"倾家荡产""毁家兴学"。但对于人口众多的中国来说,这些捐资助学的人毕竟是少数,而且少得可

---

①潘序伦.立信会计学校的创办和发展.载钟叔河,朱纯.过去的学校.第408页,湖南教育出版社,1982年。
②学府纪闻:私立大夏大学.第36页,台北南京出版有限公司,1982年。
③王守文.抗战时期的大夏大学.载《抗战时期内迁西南的高等院校》.第149页,贵州民族出版社,1988年。

怜。即使在这些少数人当中，也有相当一部分的捐款不是出于自发的，而是经过募款者想方设法、煞费苦心争取来的。因此，总结中国近代私立大学募捐的经验教训，研究教育经费筹集的策略，对当前民办高等教育的办学者具有重要的借鉴和启发意义。

一、中国近代私立大学教育经费筹集面临的困难

一个不可否认的事实是，中国近代捐资助学之风初开，捐资助学者较少。这使得近代以来，一些有识之士开始反思中国的国民性，激烈批评国民的劣根性——自私自利。有人认为这种国民的劣根性成为制约中国近代私立大学发展的重要因素之一。笔者认为，国民劣根性的养成不应归罪于国民本身，而与中国两千多年的封建专制的社会制度息息相关。在长期的封建专制统治下，民众无法参政议政，缺乏民主意识和社会责任感，团体观念淡薄，缺乏对社会公益事业的热情就不足为奇了。时人林语堂对这种现象批评道：中国人"只关心自己的家庭，而不关心社会"，"'公共精神'是一个新名词，正如'公民意识''社会服务'等名词一样，在中国没有这类商品"。① 还有人感叹：中国"不乏殷富之家，然以金钱用于教育者甚少"；"所谓富庶之户，亦只知妻妾宫室之乐，对于教育之振兴，并无何等热诚"。② "资本家根本就极少，而热心文化事业的人更是凤毛麟角，真正资本家是新旧军人，其巨款都已汇存欧美各国大银行，根本就不愿拿回祖国来使用。并且他们对于文化事业毫无兴味，多采取一毛不拔的态度"。"资本家在个人享乐上虽然挥金如土，但在社会服务上并无踊跃输

①林语堂. 中国人. 第177页，上海学林出版社，1994年。
②《中国大学十六周年纪念会刊》. 第78页，北京：1928年。

将的勇气"。①

以上这些言论虽有些过激，但在一定程度上反映了当时中国社会的状况。相比之下，在欧美等国家，社会历史文化传统塑造了热心于文化教育等社会公益事业的国民，他们是推动私立大学发展的一个重要因素。在美国，早期的一些著名大学大多是私立，在1860年以前的264所院校中，私立竟有147所，这些学校主要靠私人捐赠。燕京大学校长司徒雷登的话也说明了这一点，他说："作为燕京大学校长，在美国我拥有一批潜在的赞助者。美国人习惯于响应国内和国外在教育和宗教方面的呼吁。他们了解传教士呼吁的目的。"②

南开大学校长张伯苓对当时一些国民的麻木、自私也多有论述："吾国人素有不问国事之劣点。"③从张伯苓描述的九一八事变后的国人反应可见一斑：

> 东北问题发生以后，余曾以冷静态度观察各方情形……凡南开学生无论其人已未毕业，对此事件似尤为注意。二日之间，就余询问者接踵而至。然吾人一观外间情况，则迩来方届华商赛马，余住宅旁每日皆车马往来甚盛，络绎于途。其盛况几令人不信国家之有事变。外间商人，亦各仍其业，熙攘如故，令人不感丝毫异样。当今晨余过冀北会时，有日人在内跑马，国人约有十数正围而观之，有持鸟笼之逸士，有抱婴孩购蔬果之妇女。总余所观，今日对此事加以深切注意者，唯学校中之教师、同学耳。社会一般固犹在不知不觉之中，而更有醉生梦死者在也。④

---

①政闻周刊.1936年.转引自朱新涛.民国时期私立高等教育浅探.第31—32页，厦门大学硕士研究生毕业论文，1990年。

②司徒雷登.我所认识的张伯苓.载《张伯苓与南开大学》.第270页，山西教育出版社，1995年。

③《南开周刊》第114期，1925年3月2日。

④张伯苓.东北事件与吾人应持之态度.载《南大周刊》第114期，1931年10月6日。

　　一些人对事关国家存亡的此等大事尚且不闻不问,对教育事业就更漠不关心了。难怪有人说"发了财的人,肯全拿出来的,只有陈嘉庚","中国人多自私自利之心,惟陈公能公而忘私"。[①] 陈嘉庚对国人的自私性也深有感触,多次募捐失败后无奈地说:"我国人但知竞争财利,而不知竞争义务,群德不进,奴隶由人,故国弱而民贫。"[②]"所可怪者我国人传统习惯,生平艰难辛苦多为子孙计,若夫血脉已绝,尚复代人吝啬,一毛不拔。既不为社会计,亦不为自身名誉计,真愚不可及。"[③]"文明国教育,个人社会,多有倾家兴学者;我国国民自顾私利,视财如命,互相推诿,袖手旁观,以致教育不兴,实业不振,奄奄垂危,以迄于今日。"[④]

　　可见,我们在充分肯定近代中国一大批捐资助学人士为教育所做的努力的同时,也应客观正视当时大多数民众"私"与"散"的人性,正是封建专制制度导致的国民劣根性成为了制约中国近代私立大学发展的一个因素。同时也给私立大学经费的筹集带来了很大困难。因此,募捐者要有百折不挠、锲而不舍、知难而进、愈挫愈奋、不怕失败的决心和勇气。中华大学校长陈时在募捐时经常碰壁,有时还要忍气吞声。武汉虽为九省通衢之地,但有钱的商人大多对教育不感兴趣。陈时托钵四方,总是有求不应者多。有一次,陈时拿着募捐本请汉口巨富徐荣廷写下捐款数额,徐写了500元,然后竟把募捐本往地上一扔。[⑤] 陈时虽然气愤,但却强忍着避免与徐发生争吵。

　　南开大学创办人严修和张伯苓在筹集经费时也历尽艰辛。学校创办之初相当艰难,最关键的是要解决经费问题。为此,严修和张伯苓二人四

①厦门大学校史编委会.厦门大学校史资料第一辑.第3、38页,厦门大学出版社,1987年。
②陈嘉庚教育文集.第175页,福建教育出版社,1989年。
③陈嘉庚教育文集.第25页,福建教育出版社,1989年。
④陈嘉庚教育文集.第165页,福建教育出版社,1989年。
⑤胡治熙.也谈中华大学与陈时.载《武汉文史资料》第16辑,第173页,1984年。

处奔波,到处游说,筹措办学资金。虽然遇到了很多困难,但毫不气馁。张伯苓曾对南开的学生们说:"我为自己向人开口捐钱是无耻,为南开不肯向人开口捐钱是无勇。"

为了筹款,张伯苓多次挨别人白眼,坐过无数次冷板凳,可他从不灰心,他说:"我虽然有时向人家求见捐款,被其挡驾,有辱于脸面,但我不是乞丐,乃为兴学而作,并不觉难堪。"① 在办学过程中,经常遇到经费短缺的情况,但张伯苓从不气馁。他常说:"南开是私立学校,全校总支出超出学费收入甚多,可是南开要长!长!长!日日新,必须扩充建筑及设备,所以南开之'难',也许是困难之'难'字。不过我总是乐观的,不怕困难。缺乏经费,决不能阻止南开之发展。"②

在筹集教育经费的问题上,张伯苓不赞成"巧妇难为无米之炊"这句话。有一次他在大礼堂演讲时说:"有米人人可以为炊,用不着巧妇。""巧妇难为无米之炊"这句话是笨人、懒人、没有奋斗意志的人、不想法子战胜环境的人,用为推卸责任的借口。负责任的人、成功的人,他们能在没办法时,想办法解决问题。在环境困难时,努力奋斗,鼓起勇气,以求战胜环境,完成使命。在历史上,成大功、立大业的人,都是具有能做无米之炊的巧妇精神的人。③ 张伯苓筹集经费时的决心和勇气值得当前民办高等教育办学者学习。

厦门大学创始人、近代著名实业家陈嘉庚先生不但自己把毕生精力和财产献给了教育事业,而且还向世人积极募捐。在募捐过程中虽多次遭遇挫折,仍不气馁。为近代私立大学办学者们树立了坚忍不拔、锲而不舍的光辉典范。他为办学头三次募捐就遭到失败,虽深感募捐之困难,但

---

① 南开大学校史编写组.南开大学校史.第111页,南开大学出版社,1989年。
② 南开大学校史编写组.南开大学校史.第117页,南开大学出版社,1989年。
③ 郭荣生.我从南开学到了什么.载《南开校友通讯》,1992年。

仍劝募不断。早在筹备厦门大学的时候,他就表示学校开办两年后,略具规模时,即向南洋富侨募捐巨款。1922 年 3 月,当陈嘉庚第六次到新加坡时认识了"糖业大王"、堪称全侨首富的某华侨,陈嘉庚认为机不可失,动员他"由近处做始"办公益事,支持家乡的办学活动,请他捐款五百万作为厦大基金,也可以多少随意。后来,陈嘉庚才得知他无意捐款,这是陈嘉庚第一次募捐失败。其实,他已经估计到了这种结果,他说:"弟早知无效,唯绝不开口,则人不我信,或责弟为包办厦大,故不得不一试耳。"①1924 年春,陈嘉庚在万隆又认识了一位据说有二三百万盾的某华侨,于是又萌发了为厦大募捐的念头,他托人请该华侨向厦大捐图书馆一座,少则六七万盾,多则十万盾,图书馆可标明捐助者姓名。后来,此事不了了之,这是陈嘉庚第二次募捐失败。陈嘉庚离开万隆到东爪哇泗水,在那里认识了资产约三百万的一位富侨,他没有因前两次募捐的失败而灰心,仍为厦大尽"奔走之责任",于是跟前两次一样又托人向该富侨劝捐,不想又遭到拒绝,这是陈嘉庚第三次募捐失败。

陈嘉庚本想很多富豪都会像他这样慷慨助学,结果到处碰壁,甚至仅仅募捐十万八万乃至四五万来建图书馆都办不到,真让他尝到了募捐的困难。他在 1922 年底的一封信中说:"迨南来后,再登舞台,益思年内厦大料乏同志出大力之君子,其他少数无裨大局,况未必能得手,反复三思,尚靠自己为先务,是以言归之期,已作罢论。"②从中可见其募捐的艰辛!像陈嘉庚这样尝尽劝募失败苦头的私立大学办学者不胜枚举。

光华大学创始人兼校长张寿镛(泳霓)先生道出了私立大学办学者筹集经费的艰辛。1930 年张寿镛在《光华五周年纪念书序(代序)》文中

①陈嘉庚 1922 年 12 月 16 日给陈延庭的信,集美校委会藏原稿。
②陈嘉庚 1922 年 12 月 3 日给陈延庭的信,集美校委会藏原稿。

回忆了当时筹办学校的艰辛："……方其经营之时。狂奔急走。呼号相及。借甲偿乙。补屋牵梦。托钵题缘。自忘愚痴。热诚者一呼便应。冷嘲者讥为多事。于是财无分于公私。事兼理于巨细。访求师范。登门鞠躬。考订章程。专家是赖。以知行合一（编者按：1931 年以后校训改为'格致诚正'）相激励。昭然相示以肝胆。缔造之艰。非身历其境者不知也……"①

近代私立大学办学者们为筹集经费历尽艰辛、不怕失败、勇于献身的精神值得当前民办大学办学者们学习。

二、中国近代私立大学教育经费筹集的策略

私立大学教育经费的筹集既然如此困难，筹集经费的策略应该成为近代私立大学研究的一个重要课题。而当前鲜有学者对此问题进行探讨。笔者通过对中国近代私立大学的办学者们筹集经费的成功经验进行总结归纳，概括了以下几个经费筹集的策略。

1. 不拘一格用钱财。对很多私立大学来说，只要向学校捐助了一定数额的资金或在其他方面对私立大学有所帮助的人，都可以成为学校的董事会成员。因此，有人说很多私立大学的校董是用钱"买"来的。如南开大学的创始人严修、张伯苓在筹办南开大学时，曾聘请臭名昭著的曹汝霖、杨以德等为校董，此举引起了学生们的反对。1919 年 5 月留日南开同学会致函留美南开同学会，认为校董是一校精神的表率，不能拿校董去诱人捐钱，他们要求学校将曹汝霖、杨以德等从校董中除名。实际上，严修、张伯苓也是迫于无奈，因为在当时情况下，私人办学何等艰辛。他们

①张寿镛.光华五周年纪念书序（代序）（1930 年）。

认为,将达官贵人、巨绅手中用以挥霍享受或盘剥牟利的财产,转用于百年树人的公益事业,并非坏事,张伯苓说:"美丽的鲜花,不妨是由粪水浇出来的。"①严修说:"盗泉之水不可饮,用它洗洗脚,总不失为一有益之举。"②

为了给学校筹集经费,张伯苓与当时许多军阀都有较好的私人关系,多年以后他还念念不忘这些"老友":"徐前大总统菊人,陈前直隶总督小石,朱前巡按使经白,与刘前民政长仲鲁诸先生,或者拨助长年经费,或者补助建筑费用,倡导教育,殊深感激!"③难怪曾任江苏督军的北洋军阀李纯1920年去世后留有遗嘱:将其家产四分之一约五十万银圆,捐助给南开大学作永久基金。④

同样,私立大夏大学为了给学校筹措经费和保护广大师生安全,聘请了声誉不好的杜月笙为校董,一次,学校建宿舍需贷款30多万元,王伯群找杜月笙商量,杜说:"不用担心,没有抵押品,由我出面担保还就是了。"⑤

据初步统计,以大洋计算,近代军阀对南开的捐款,前后共有150多万。近代私立大学在依靠社会力量办学过程中,不计较捐款人的名声,这种"不拘一格用钱财"来办学的做法虽为无奈之举,也不失为筹集资金的一个策略,当前民办大学的办学者是否可以借鉴此种办法?

2."吃水不忘挖井人"。私立大学对于捐助者通过各种方式予以宣传和回报,以示对他们的感激。中华大学校长陈时只要有机会就设法把

---

① 南开大学校史编写组. 南开大学校史. 第89页,南开大学出版社,1989年。
② 齐植璐. 天津著名教育家严修. 载《天津文史资料选辑》第二十五辑. 第44页,天津人民出版社,1983年。
③ 张伯苓. 四十年南开学校之回顾. 载《南开四十周年纪念校庆特刊》.1944年10月17日。
④ 李桂山致严修函. 载《南开周刊》第2期,1921年4月6日。
⑤ 王守文. 抗战时期的大夏大学. 载政协西南地区文史资料协作会议. 抗战时期内迁西南的高等院校. 第148页,贵州民族出版社,1988年。

校董、捐助者请到学校巡视、讲话,签名留念,还把某些校董的照片悬挂于大礼堂以志不忘。

社会捐款是南开大学经费的一个重要来源,学校不忘怀那些好心捐款的人,学校把李秀山捐助建造的教学楼称为"秀山堂",1923 年 3 月,为建科学馆得到美国罗氏基金团 10 万元和袁述之捐款 7 万元,建成后将其命名为"思袁堂",即"思源堂";1928 年,用卢木斋捐助的 10 万银圆建起图书馆,将其命名为"木斋图书馆";1929 年,陈芝琴捐款建起的女生宿舍称为"芝琴楼",都有"吃水不忘挖井人"的意思。同时,这也是给予捐款人的一种报答,在一定意义上,也鼓励了更多社会人士向南开大学捐助。①

一些学校还制定了"试读生""特别生""旁听生"等制度,为对"学校做出贡献"的"关系户""财神爷"的子弟入学提供方便。以南开大学为例,"试读生"可以不经入学考试就入学,但学费、住宿费加倍,个别学生要加好几倍。试读一年,考试合格可以转为正式生,考试不及格或退学或交费续读,尽量为军政界要人和"关系户"的子弟入学提供方便。以支持免费生,在学费方面取得收支平衡。②

3. 充分利用校友为学校捐款。校友是私立大学发展的柱石。越是历史悠久的私立大学,校友反哺母校的力量就越强。校友为许多私立大学的发展做出了重大贡献。凡成功的大学大都会利用校友的力量促进学校的发展。美国的哈佛、耶鲁大学的成功与一些校友的大力支持是分不开的。中国近代私立大学的很多办学者充分认识和利用了校友在学校发展中的作用。很多学校设立了校友会,校友在母校资金筹措、物质支持、疏

①南开大学校史编写组. 南开大学校史. 第 111 页,南开大学出版社,1989 年。
②华银投资工作室. 思想者的产业——张伯苓与南开新私学传统. 第 187 页,海南出版社,1999 年。

通学校与社会的关系等方面发挥了不可忽视的作用。例如,复旦大学的不少学生在南京国民政府中担任了要职,这些校友为复旦大学提供了很多帮助,1936年在校友的活动下,国民政府行政院决定每年向复旦大学补助国币18万元。① 抗战全面爆发后,由于复旦大学教师章益到教育部出任总务司长,使复旦大学得到了教育部更多的物质补助。②

南开大学在充分获得校友支持学校发展方面积累了很多经验,时人曾这样评论:"中国组织最好的校友会,要算南开与黄埔军校的。"③的确,南开很重视联络校友的感情,南开的校友会也遍及国内外,在南开的捐款中校友们是一支重要的力量,他们还为母校的发展多次进行募捐活动。1929年4月21日,南开校友举行"环球聚餐",就是一种大型的募捐活动。在这一天的中午同一时间,世界各地的南开校友都在当地聚餐讨论募捐事宜,并从即日起募捐两周,许多校友慷慨解囊,当场捐款。如在天津,305名校友聚餐于福禄林饭店,傅作义、颜惠庆等人都出席会议发表演说,结果未满两周就捐款1万多元,在上海、南京、北平、大连、成都、青岛等地,也都由南开著名校友担任募捐委员。在美国,南开校友聚会于纽约中华厅并当场募捐,在英国,聚餐于伦敦上海楼,推举老舍为会长负责进行募捐,这次募捐共收到捐款6万多元。④

1935年,为了解决经费困难,南开向社会发起了募捐活动,命名为"三六"活动,即计划募捐三万六千元。结果,在南开广大校友的支持下,不但圆满完成了预期任务,还超过原定募款数额三分之一以上。张伯苓高度评价了南开校友对学校所做出的贡献,并对校友们提出了希望。张

---

① 复旦大学校史编写组.复旦大学志第一卷(1905—1949).第145—146页,复旦大学出版社,1985年。
② 复旦大学校史编写组.复旦大学志第一卷(1905—1949).第280页,复旦大学出版社,1985年。
③ 张伯苓.南开校友与中国前途.载《南开校友》第4卷,第6期,1939年4月15日。
④ 南开大学校史编写组.南开大学校史.第111—112页,南开大学出版社,1989年。

伯苓于 1935 年 4 月 28 日,在《对于南开校友的展望——燃起了复兴民族之火》的讲话中说:

> 诸位校友一方面做事,一方面须不堕落、不颓唐,能够"束身自好"……要有团体组织。诸位校友如果每人能以余暇的工夫,十分之一或二十分之一联合起来,成为一整个健全的单位,共同努力于有益团体及国家的事业,一定能有充分的力量与显著的成效。近来多"结党营私",我们南开校友要"结党营公"。……凡对国家有益的事业,我们校友们就要通力合作,多做贡献。因为我们是知识阶级的领导者,应自负是复兴国家一支最强劲的生力军。本南开的"硬干精神"先由天津总会做起,再逐渐推及于全国各分会。固然是"言之非艰,行之维难",如果诸位校友能以"三六"募款那样的热心,不断的努力工作,对于现社会的"愚"与现社会的"穷",一定能有相当的补救。现在就燃烧的煤球作比喻,如将煤球密集一处,则火光熊熊,燃烧力大。如将煤球散放,则火焰微弱,燃烧力小。我盼望诸位校友要将"三六"募款的热力,仍继续着燃烧,并且要与一煤球般的密集,使燃烧力更为强大永久。若只募款三万六千元,那不是我们唯一的目的。我们希望"三六"募款燃烧力蔓延到各处,它的热量散布到全国! 我们南开学校,这三十年来,永远是燃烧着。现在各处都起了火光,南开的火光,能否冲天,而烛照万里,就看我们南开,今后供给燃物的质量如何! [1]

从张伯苓的讲话中可以看出,他对南开大学校友寄予了厚望,希望校友们团结起来,为南开乃至整个社会的发展多做有益的事情。的确像张

---

[1]张伯苓. 对于南开校友的展望——燃起了复兴民族之火. 载《南开校友》第 6 期,1935 年 5 月。

伯苓所希望的那样,南开大学校友为南开大学的发展做出了很大贡献。

再如,近代比较著名的私立广东光华医学院也十分重视与毕业生的感情联络,学校附属医院对毕业同学留院及他们所送的病人入院采取了优惠政策,校友们十分感动,为了表达对母校的感激之情,他们奔赴澳门等地为学校募捐,在母校成立40周年之际筹资建造了药理学馆,以示纪念。在中国近代私立大学中,类似的情况并不少见。

4. 研究募捐者的心理,充分发现潜在的募捐对象。劝募既要有耐心,也要有技巧。不少人在捐款时是很情绪化的。美国高等教育界有一句募款格言强调"人们并非捐款给构想,而是捐款给人",一般情况下,人们都喜欢答应自己喜欢的人的请求,一个人会不会捐,捐多少,有时是很难以捉摸的。时下在台湾流行的一句募款话语是"全看'爽不爽',爽就多捐,多为一个零,不爽就少捐,少为一个零,甚至不捐"。可见,个人良好的人际关系与公关技巧在募款中相当重要。厦门大学校长林文庆到南洋募捐,所以能取得较好成效,主要原因之一是林文庆在那里有较高的社会地位和良好的人际关系。他曾经做过新加坡的议员,他还担任过各种重要社会团体的领袖。所以,林文庆到新加坡募捐,不但备受侨胞的热烈欢迎,就是新加坡的总督和重要官员也没有一个不对他表示相当敬意的。当他们到那里要着手募捐时,有人告诉林文庆,按照当地的法律,要募捐首先必须得到总督的批准。于是林文庆便一个人去拜访那里的总督,不到半个钟头这个难题便解决了。结果因为得到了总督的介绍信,要到各州府去募捐,就可以很顺利地进行了。在外国募捐比国内更困难。有些人对中国不熟悉或思想陈旧,不愿意捐款。幸亏林文庆在当地很有声望,募捐才取得了不错的效果。

南开大学校长张伯苓在长期的募款实践中总结了一些经验,他从自身的实践中探索了一套募捐的"秘方"。他常把自己称作"一个化缘的老和尚",但是他是拿着"金饭碗"讨饭的,并不卑躬屈膝。有人常问他怎么能募捐这么多款时,他曾幽默地说:"只要摸准了,一抓就是一笔。"张伯苓在募捐时善于抓住捐款人的心理,有的放矢地进行募捐。张伯苓对捐款者的心理颇有研究,他认为,政府的官员不管谁当政,都不会公然反对和禁止兴办教育,培植人才。而且当权者总喜欢留下美名,或者想把自己的子女送进一所好学校,张伯苓抓住了当权者这两点心理同他们打交道,因而能够从他们那里得到一些捐款。① 例如,1919 年南开大学创办之初,张伯苓和严修向徐世昌、黎元洪等人求助,从而得到 8 万元的捐助。②

　　一次,他向直隶省第一任提学使卢木斋募捐前,首先了解到卢木斋以前喜欢读书而无钱买书的故事,同时还了解到天津市图书馆的前身是卢木斋等人兴办的,根据以上情况,张伯苓瞄准了卢木斋这个潜在的募款对象。他跟严修说:"我总想用什么来纪念卢老先生。"他请严修把这话转告给卢木斋(注:严修和卢木斋是儿女亲家)。严修一说这话,卢木斋知道是想让他捐款,就痛快地答应了,张伯苓 10 万元大洋也就到手了。③

　　张伯苓还善于向外国人募捐,在谈到向美国人募捐时总结道:"捐款注意点有二:第一便是须有人介绍;第二须有充足之理由。"④张伯苓深刻认识到,向人募捐的确不是一件容易的事,向外国人募捐就更不容易。当时,欧洲人尚不能自顾,所以只有向美国人募捐。张伯苓在美国募捐尽量经别人介绍。或者通过在美国的校友,或者通过美国朋友。通过多年募捐的经验,张伯苓认为是否有人介绍,其募捐效果会大相径庭。在向美国人募捐时必须有充足的理由。美国人的财产都是自己赚来的,不易拿出,

①董孟怀,刘剑锋,李建永,张丽双.百年教育回眸.第 67 页,中国经济出版社,2000 年。
②南开大学校史编写组.南开大学校史.第 85 页,南开大学出版社,1989 年。
③董孟怀,刘剑锋,李建永,张丽双.百年教育回眸.第 68 页,中国经济出版社,2000 年。
④《南开双周》第 4 卷.第 2、3 期,1929 年 10 月 17 日。

无缘无故绝不轻易捐出。张伯苓认为,美国建国一百多年,国家富强,人民富裕,都是自己努力创造出来的,自由的精神、独立的精神是美国人所特有的。向他们募捐时,他们会说:中国的财富为什么不自己去创造,我们是爱莫能助的。用乞求、可怜的态度和手段是不行的,美国人是不会予以同情的。所以必须找个正当的理由。于是张伯苓所陈述的理由是:

中国从前怎样好,将来预备怎样发展,现在虽然不好,乃是因为内政的纷扰,导致经济紊乱,所以需款办教育造就有为的青年,因此我也要请你们稍帮忙。使他们看看我们南开的以往,他们便可以晓得我们是时时刻刻在困难中争斗的。容易的道路越走越狭,难走的道路才可以发展前进。……又因为中国的问题是未来的世界大问题,助我们解决这个问题,也是他们所应该的。[①]

总之,筹集教育经费是要讲究策略的。募捐者要有不怕失败、知难而进的决心和勇气。"心诚、脸皮厚"也许是中国近代私立大学募捐者的真实写照。募捐既不是索要,也不是乞讨。面对募捐对象既不能趾高气扬、态度傲慢,也不能低三下四、卑躬屈膝;私立大学应充分调动各方面的力量为学校募捐,同时尽量对捐助者给予各种形式的回报。募捐前要充分掌握和研究募捐对象的心理,以恰当的言行取得募捐对象的信任。中国近代私立大学教育经费筹集的一些策略,值得当前民办高等教育办学者借鉴和思考。

[①]《南开双周》第 4 卷.第 2、3 期,1929 年 10 月 17 日。

第三章
中国近代私立大学教育经费的来源

　　私立大学与公立大学的最主要区别在于教育经费来源不同。公立大学教育经费主要靠政府拨款,其他收入所占比例很小。而私立大学经费来源于多方面,其经费来源主要有社会捐款、学费、政府补助、财产收入、杂项收入等。私立大学经费来源情况受政治、经济、政府政策、人们思想观念等因素影响很大,各项经费来源所占比重处在不断变化之中。各私立大学经费来源情况互不相同。因此,就全国私立大学而言,很难说哪项收入所占的比例最大。即便是同一所学校,其不同时期的教育经费来源状况也不相同。有些私立大学某些时候社会捐款所占比重较大,有些私立大学的学费是其收入的主要来源,还有些私立大学某些时候主要靠杂项收入或政府补助。总之,私立大学经费来源多元化且处在不断变化之中。

以 1929—1930 年度为例,来说明公、私立大学教育经费来源的总体情况。

表 2　1929—1930 年度公、私立大学教育经费来源情况表[1]

学校类别	国省款	捐款	学生缴费	杂项收入
公立大学	92.80%	1.20%	4.30%	1.70%
私立大学	4.90%	54.40%	24.50%	16.20%
公立专科学校	93%	2.60%	3.40%	1.00%
私立专科学校	3.50%	28.10%	54.30%	14.10%

说明:上表的"私立大学""私立专科学校"包括教会大学。

从上表可以看出,1929—1930 年度,公立大学、公立专科学校的经费来源主要靠国省拨款,高达 90% 以上。而国省拨款在私立大学、私立专科学校经费中所占比例很小。捐款和学费在私立大学、私立专科学校经费中占到了 80% 左右。下面就私立大学教育经费来源状况做一具体分析。

第一节　社会捐款

一、社会捐款情况及变迁

社会捐款是中国近代私立大学一项重要的经费来源。清末,由于私立大学在中国初建,很多人对此种办学形式很不理解,要获得比较多的捐款来办学是很不容易的。如中国公学刚刚成立时,"上海人士初见一大群

---

①教育部高等教育司.全国高等教育统计.中华民国十七年八月至二十年七月(出版者及时间不详)。

剪发洋服的学生自办学校,多起猜疑,官吏指为革命党,社会疑为怪物。故赞助的人很少,经费困难,学校遂陷于绝境"。① 干事姚洪业因经费难以筹措,以自杀相报。

从某种意义上说,中国公学的建立是用姚洪业的生命换来的。姚洪业在遗书中道出了募捐的难处和自杀的原因:

> 我同志等组织此公学也,以大公无我之心,行共和之法,而各同志又皆担任义务,权何有?利何有?而我同志等所以一切不顾,劳劳于此公学者,诚以此公学甚重大,欲以我辈之一腔热诚,俾海内热心之仁人君子怜而维持我公学成立,扶助我公学发达耳。乃自开办以来⋯⋯海内热力赞助者,除郑京卿孝胥等数人外,殊寥寥。求助于政府无效,求助于官府无效,求助于绅商学界又无效;非独无效,且有仇视我公学,诽谤我公学,破坏我公学者。我性偏急,我诚不忍坐待我中国公学破坏,⋯⋯故蹈江而死,以谢我无才无识无学无勇不能扶持我公学之罪。夫我生既无所补,即我死亦不足惜。我愿我死之后,君等勿复念我,而但念中国公学。我愿我诸同学皆曰,无才无学无勇无识如某某者,其临死之言可哀也,而竭力求学以备中国前途之用。⋯⋯②

姚洪业不惜牺牲生命来唤起人们对私立大学的捐助,实属无奈之举,代价实在太大。表明当时私立大学要获得社会捐款相当困难。姚洪业自杀之后,"赞助公学的人稍多"③,如奉天巡抚程德全一次捐款 3000 元;商人孙性廉一次捐款 10000 元,海外华侨陆续捐款的也不少。南洋华侨也纷纷慷慨解囊,捐助数额从数千元到数万元。④

---

① 胡适.中国公学校史.载《学府纪闻:私立中国公学》.第 5 页,台北南京出版有限公司,1982 年。
② 胡适.中国公学校史.载《学府纪闻:私立中国公学》.第 6—7 页,台北南京出版有限公司,1982 年。
③ 胡适.中国公学校史.载《学府纪闻:私立中国公学》.第 5、7 页,台北南京出版有限公司,1982 年。
④ 忻福良、赵安东.上海高等学校沿革.第 105 页,同济大学出版社,1992 年。

　　同样,复旦公学在开办之初,捐助的人也很少。马相伯、严复等以身作则,纷纷募捐。马相伯多次捐资助学,1907 年他将父亲平生积蓄的现洋 4 万元及英租界中的地基 8 处(时值银十万余两)悉数捐出。[①] 同时,马相伯、严复等联名发表《复旦公学募捐公启》公开向社会募捐。为了引起世人对私立大学的关注,校董们以诚挚的语言在《复旦公学募捐公启》中阐述了在中国建立私立大学的紧迫性及意义:

　　　　以中国处今日时势,有所谓生死问题者,其惟兴学乎。问吾
　　种之何由强立? 曰惟兴学问。民生之何以发抒? 曰惟兴学问。
　　欲地力之任乎,非学其述未由。欲治法之善乎,非学其校莫致。
　　他若进民行、卫民生、言除旧、言布新,皆非不学无术者所可幸
　　成。故中国维新以来,他议或有异同,乃至兴学,无贤不屑智愚,
　　万喙一声,皆以为不可更缓。[②]

　　《复旦公学募捐公启》发布后,向学校捐助的人仍然很少,因为人们受传统观念的影响,捐资助学的意识比较淡薄。复旦公学仅靠捐款难以维计,无奈,校长马相伯只好向政府求助。

　　中华民国的建立,结束了中国几千年的封建社会。资产阶级自由、民主思想深入人心,人们的思想观念开始发生巨大变化。加之这一时期政府对私立大学的鼓励支持,使得这一时期向私立大学捐款的单位和个人及捐款数额较清末大大增加。很多私立大学是靠捐款建立起来的。如武昌中华大学、上海图画美术院、大同大学、朝阳大学、厦门大学、南开大学、立信会计专科学校、江南大学等等。捐款在私立大学的经费中占有重要地位。从 1929—1930 学年捐款在私立大学中所占的比例,可见一斑。

―――――――――――――――

①宗有恒,夏林根.马相伯与复旦大学. 第 26 页,山西教育出版社,1996 年。
②复旦大学校史编写组.复旦大学志第一卷(1905—1949).第 51 页,复旦大学出版社,1985 年。

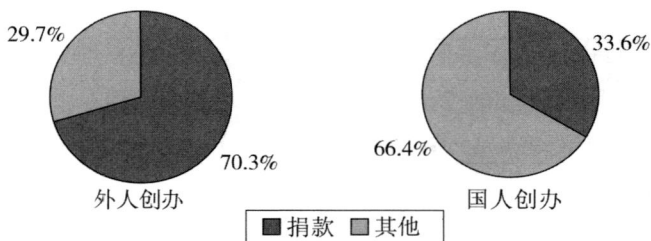

图1 捐款在私立专科以上学校经费中所占之地位(1929年8月—1930年7月)①

从上图可见,1929—1930年度,国人创办的私立大学,其捐款数额占其经费总收入的33.6%;外国人创办的私立大学,捐款数额占其经费总收入的70.3%;需要说明的是,这里的"外国人创办的私立大学"应该包括教会大学和非教会大学两类,而"非教会大学"即是本文所指的"私立大学"。就具体学校而言,很多私立大学的捐款占有相当重要的地位。如武昌中华大学1928、1929、1931、1932、1934年度捐款占其经费的比例分别为70.7%、78%、70%、64%、46.7%;厦门大学1928、1929、1931、1932、1934年度捐款占其经费的比例分别为73.5%、80%、61%、57%、42.5%。见表3。

表3 20年代末30年代初部分私立大学捐款数及占其经费的比例情况(单位:元)②

学　校	1928年(%)	1929年(%)	1931年(%)	1932年(%)	1934年(%)
大同大学	8679(8.8)	75699(48.5)	84350(64.4)	21936(24)	8389(5.3)
大夏大学	—	111240(37)	148009(35)	47815(17)	50095(17.3)

①教育部高等教育司.全国高等教育统计.中华民国十七年八月至二十年七月(出版者及时间不详)。

②资料来源:(1)教育部高等教育司.全国高等教育统计.表68、71,中华民国十七年八月至二十年七月(无出版者及页码);(2)教育部.二十一年度全国高等教育统计.第57、58、131、132页,商务印书馆,1935年;(3)教育部统计室.二十三年度全国高等教育统计.第54、55、132、133、200、201页,商务印书馆,1936年;(4)第一次中国教育年鉴　丙编　教育概况　学校教育概况.87—140页。

续表

学　校	1928 年(%)	1929 年(%)	1931 年(%)	1932 年(%)	1934 年(%)
中法大学	*	*	450000(66)	42847(12.2)	*
光华大学	66107(21.2)	49275(16)	32400(12)	29200(9.3)	55958(22.6)
武昌中华大学	135000(70.7)	258000(78)	300000(70)	244780(64)	126000(46.7)
南开大学	58200(32.9)	73664(33.5)	62384(17.6)	*	152031(28.9)
厦门大学	237555(73.5)	214556(80)	154741(61)	145452(57)	125998(42.5)
复旦大学	—	22570(14)	27570(14)	—	—
南通学院	70800(69.2)	70800(65.7)	73380(24)	70800(65.7)	50252(21.8)
广东国民大学	*	*	56778(23)	53220(18.4)	*
上海法学院	6000(7.5)	—	*	4840(4)	69068(53.9)
武昌艺专	40135(18)	54592(45.6)	*	*	*

说明:"—"表示捐款为零;"＊"表示未找到统计数据。

　　抗日战争爆发后,连年的战争使公、私立大学教育经费全面紧张,但受影响较大的是主要依靠政府拨款的公立大学,而私立大学所受影响相对较小。从某种意义上来说,公立大学的衰微反而为私立大学的发展提供了机遇。尽管政府对私立大学的补助很少,但社会上一些资金开始流向私立大学。抗日战争使中国民族工业遭到浩劫,大部分毁于战火,只有少数内迁。战争使国民生活状况进一步恶化。私立大学得到的社会捐助较战前普遍减少。另一方面,由于国民政府对民族工商业实施各种扶植措施和优惠政策,对某些地区民族工商业的生产恢复和发展起了很大促进作用。一些重新发展起来的民族工商业积极支持该地区的私立大学,促进了这些地区私立大学的发展。这些地区私立大学的捐款相当一部分来自该地区的民族工商业。如 1940 年诚孚信托公司出资创办了诚孚纺织专科学校;抗战胜利后,当时出现了不少由民族资本家直接出资创办的私立大学,如荣氏家族的成员荣宗铨于 1947 年兴办了私立江南大学;周承佑 1947 年创办了上海纺织工业专科学校；申新纺织公司于 1947 年创办了中国纺织工学院；等等。

二、中国近代私立大学得到社会捐款的原因分析

可以说，中国近代所有私立大学或多或少地都得到过社会捐款。对有些私立大学来说，捐款在其经费来源中占有相当重要的地位，很多私立大学主要靠捐款维持学校的运转。那么，在积贫积弱的近代中国，是什么原因促使一些企业、团体、个人捐助私立大学？其原因归纳起来主要有以下几方面。

（一）政府对私人捐资兴学的鼓励。 受中国几千年封建传统观念的影响，政府的态度对人们的思想观念和行为起着重要的导向作用。早在清朝末年，政府就对私人捐资助学持鼓励态度。此时鼓励和奖励的对象虽然主要是针对向中小学堂或实业学堂的捐资者，但对清末民初私人捐助私立大学起到了很大的推动作用。甲午战争后，清王朝的财政经济处于崩溃的边缘，光绪皇帝在上谕中哀叹："现在国步艰虞，百废待举，而库存一空如洗，无米何能为炊？如不设法经营，大局日危，上下交困，后患何堪设想。"[1]光绪二十四年（1898）五月二十二日，光绪帝发布上谕："各省绅民如能捐建学堂或广为劝募，准各省督抚按照筹捐数目酌量奏请给奖，其有独立措捐巨款者，朕必予以破格之赏。"[2]接着总理各国事务衙门以西方一些国家的经验进一步说明民间捐资兴学的重要性："自明末时，俄有富人名讹亚者，捐二十万卢布开办学堂，俄皇奖以大藏卿之职。各国效

---

①朱寿朋.光绪朝东华录（五）.总第 5117 页，中华书局，1958 年。
②朱寿朋.光绪朝东华录（四）.总第 4126 页，中华书局，1958 年。

之,悬格以劝,于是富而好礼之徒争相捐输,有集数百万镑为学堂书楼之费者。美国大学堂七所,而民间捐办者四。"导致"西国学术人才蒸蒸日上,已然之成效也"。而相比之下"中士之人,聪明才力不让欧美,而人才日乏国势日蹙者,归根到底是由提倡激励之未得其道"。①

为此,总理各国事务衙门奏请清廷,建议"按照军功授以实职,示以殊荣",并采取以下措施鼓励私人捐资助学:如有独捐巨款兴办学堂,能养学生百人以上者,请特恩赏给世职或给卿衔。能养学生五十人以上及募集巨款能养学生百人以上,请赏给世职或郎中实衔。募捐能养学生五十人以上者,请赏给主事中书实职。其学堂请颁御书匾额,以示鼓励。如有独捐巨款兴办藏书楼博物院,其款至20万银两以外者,请特恩赏给世职;10万银两以外者,请赏给世职或郎中实职;5万银两以外者,请赏给主事实职。并给匾额如学堂之例。其捐资款项凑办藏书楼博物院学堂等事仅及万金以上者,亦请加恩奖以小京官虚衔。② 此建议被清廷采纳,经各地方的努力,私立学校得到一定程度的发展。

1901年清政府开始推行新政,诏令各省设立学堂,各省对学堂经费筹措之艰难反应颇为强烈。直隶总督袁世凯表示"中学堂经费急难筹措"。③ 1902年1月7日浙江巡抚在《遵旨改设学堂疏》中说:"查学堂经费较之书院应增至数倍,原有之款为数无多,现值库储奇绌,正项无可动支。"④同年2月13日,管学大臣张百熙上奏:"学堂之设,其造就人才为最,至其所需款项亦最繁。"⑤面对兴学经费紧张的情况,各省官员纷纷献计献策。浙江巡抚任道镕建议给予捐资兴学奖励,他认为筹办学堂"惟事

---

①阎广芬.经商与办学——近代商人教育活动研究.第82页,河北教育出版社,2001年。
②朱寿朋.光绪朝东华录(四).总第4129—4130页,中华书局,1958年。
③璩鑫圭,唐良炎.中国近代教育史料汇编·学制演变.第88页,上海教育出版社,1991年。
④璩鑫圭,唐良炎.中国近代教育史料汇编·学制演变.第63页,上海教育出版社,1991年。
⑤璩鑫圭,唐良炎.中国近代教育史料汇编·学制演变.第68页,上海教育出版社,1991年。

创始,筹款维艰,尚赖地方绅富集资捐办,以辅官立之不足"。^①御史许在认为,查东西各国学堂之费多者,每年至千万余两,少者数百万两。日本海岛之国,亦八九百万两,其筹款之法,除由公家发帑外,半由民间捐助而成。中国风气初开,学堂成效未著,不有鼓舞,安能振兴。他建议对捐学者予以奖励:(1)凡绅商士庶能独立创建学堂,输资至10万银两以上者,应由该省督抚查明,请旨破格录用,以示优异,借以甄拔人才。其不及10万者,准照例定十成银数给奖,实官及十成贡监若干人,已有官阶不愿邀奖者,许移奖子弟,以免向隅。(2)查封典衔翎者,应请照准部定新章核奖。(3)凡现任候补各官捐资学堂者,应请例定十成银数给以升阶花样,若资非己出,系由劝募而来,应视款之多寡,分别情常、异常劳绩,给予奖叙,庶效力者不至偏枯。(4)凡捐助房屋、书籍、器具及学堂应用格致、化学仪器等项,请准照市价折合银数给予以上奖叙。(5)凡兴办学堂之处,所捐银数及已用数目,均令随时呈明该管地方官立案。其在省城者,应由该督抚查明具奏,其在厅府州县及乡镇市者,应由该地方官查明详报督抚奏奖。^②

经清政府的提倡和鼓励,捐资兴学者层出不穷,受奖者也大有人在。在此仅举一例,可见一斑。据《浙江教育官报》载:宣统元年(1909),陈渭独捐巨款创办学堂,但本身不愿得官,于是浙江巡抚奏请移奖其子孙:"该职员陈渭之孙俊秀陈炳耀作为监生奖给郎中,不论双单月分部行走,胞侄孙陈炳照、陈炳森各作监生以主事,不论双单日分部行走,以昭奖励。"^③民国成立以后,政府进一步鼓励私人捐资兴学,其范围扩展到了高等教育。明令对捐资兴学者予以奖励。1913年7月17日,教育部公布的《捐

①朱有瓛.中国近代学制史料第一辑(下册).第789页,华东师范大学出版社,1986年。
②朱有瓛.中国近代学制史料第一辑(下册).第788页,华东师范大学出版社,1986年。
③奏上虞职员陈渭独捐巨款创办学堂请移奖折.载《浙江教育官报》第12期,1909年。

资兴学褒奖条例》中规定：人民以财产创立学校或捐入学校，或以财产创办或捐助图书馆、博物馆、美术馆、宣讲所诸有关教育事业者，准由地方长官开列事实呈请褒奖。褒奖分为七等：捐资至 100 元者，奖给银质三等褒章；捐资至 300 元者，奖给银质二等褒章；捐资至 500 元者，奖给银质一等褒章；捐资至 1000 元者，奖给金质三等褒章；捐资至 3000 元者，奖给金质二等褒章；捐资至 5000 元者，奖给金质一等褒章；捐资至 10000 元者，奖给匾额并金质一等褒章；以动产或不动产捐助者，准折合银圆计算。捐资逾 10000 元者，其应得褒奖随时由教育总长呈请大总统特定。应给银质褒章者，由各省县行政长官呈请省行政长官授予；应给金质褒章者，由省行政长官呈请教育总长授予；应给匾额并金质褒章者，由教育总长呈请大总统授予。[①] 受奖励者同时颁发褒章执照，褒章执照样式如下：

捐资兴学褒章执照

某人

除按照褒奖条例授予褒章外给执照以资证明

授予者署名

中华民国　　年　　月　　日

某字第　　号

在此基础上，1918 年 7 月 3 日教育部又公布了《重修捐资兴学褒奖条例》。奖励等次分为六等，与 1913 年的前六等相似。另外修改、增加以下条款："捐资至 10000 元以上者，除分别奖给褒章、褒状、匾额外，由教育

---

①教育部公布《捐资兴学褒奖条例》(1918 年 7 月 3 日)，载中国第二历史档案馆. 中华民国史档案资料汇编　第三辑　教育. 第 616—618 页，江苏古籍出版社，1991 年。

总长呈明加给褒辞。捐资至 20000 元以上者,其应得褒奖由教育总长呈请大总统特定。"①

　　时隔 11 年,即 1929 年 1 月 29 日,国民政府又公布了重新修订过的《捐资兴学褒奖条例》。规定:凡以私有财产处置创立或捐助学校、图书馆、博物馆、美术馆及其他教育机关者,得依照本条例请给褒奖。凡捐资者,无论用个人名义或用私人团体名义,一律按照其捐资多寡,依下列规定分别授予各等褒状:捐资在 500 元以上者,授予五等奖状;捐资在 1000 元以上者,授予四等奖状;捐资在 3000 元以上者,授予三等奖状;捐资在 5000 元以上者,授予二等奖状;捐资在 10000 元以上者,授予一等奖状。应授予四等以下奖状者,由大学区或省教育厅或特别市教育局开列事实表册,呈请省政府或特别市政府核明授予,仍于年终汇报教育部备案。应授予三等以上奖状者,由大学区大学或省教育厅或特别市教育局开列事实表册,呈请教育部核明授予。捐资至 30000 元以上者,除给予一等奖状外,并于年终由教育部汇案呈报,请国民政府明令嘉奖;捐资至 100000 元以上者,除给予一等奖状外,由教育部专案呈请国民政府明令嘉奖。凡已受有奖状者,如续捐资,得并计先后数目,按等或超等晋授奖状。②

　　为了对捐资兴学者予以奖励,教育部大张旗鼓地宣传捐资者的事迹。如 1929 年 11 月,教育部对卢木斋捐资兴建南开大学图书馆一事进行了嘉奖,并转呈行政院对其表彰。现摘抄嘉奖全文如下:③

---

①教育部公布《重修捐资兴学褒奖条例》(1918 年 7 月 13 日),载中国第二历史档案馆.中华民国史档案资料汇编　第三辑　教育.第 619—621 页,江苏古籍出版社,1991 年。

②国民政府公布《捐资兴学褒奖条例》(1929 年 1 月 29 日),载中国第二历史档案馆.中华民国史档案资料汇编　第五辑　教育.第 98 页,江苏古籍出版社,1994 年。

③教育部关于明令嘉奖卢木斋捐资兴建南开大学图书馆的文件(1929 年 11 月).载中国第二历史档案馆.中华民国史档案资料汇编　第五辑　教育.第 99—100 页,江苏古籍出版社,1994 年。

教育部关于明令嘉奖卢木斋捐资兴建南开大学图书馆的文件

（1929 年 11 月）

（1）教育部长蒋梦麟致行政院呈（11 月 20 日）

案据私立天津南开大学校董会呈称："窃天津南开大学性属私立，规模原不完备，所有一切建筑设备，端赖各方捐助而成。惟念学术之研究，必须图书之参考，故对于购置图籍书物特别视为重要。数年以来所集图书，计自购者约值十万余元，捐入者约值三万数千元，普通读物，于兹略具。惟以学子阅书之所，每觉不敷应用，幸承前校董卢公木斋大发鸿愿，捐资十万元，为本校建筑图书馆之用。本校即于十六年夏开工，十七年秋落成，计建筑及设备等费共费洋十二万余元。馆成命名木斋图书馆，以志不朽。复经本董事会议决增加图书馆临时费及追赠购书费二万余元；嗣后每年并拟以一万元为该馆常年经费，藉得维持久远。窃思卢公慨捐巨款，嘉惠士林，具有学子莘莘蹈德咏仁之盛。而自该馆设计以及完成，卢公不时来校监督工程，其壮心热力，实足令人钦感。查国民政府为提倡公益事业，曾于十八年一月二十九日颁布捐资兴学褒奖条例，其第五条有捐资十万元以上者，除授与一等奖状外，由教育部专案呈请国民政府明令嘉奖等语。此次卢木斋捐助南开巨款，核与此条相符，理合据情仰祈钧部准予专案请奖，以彰盛业。再馆成以后，卢木斋复陆续赍到中外书籍共一万九千册，分别捐赠寄陈，将来另案核请奖励。至捐资人热心教育，本不欲仰邀褒奖；惟本会以厥功伟大，应示来兹，不便任其湮没，合附布闻，统希亮察等因。当经令饬天津特别市教育局查明属实，按照捐资兴学褒奖条例第五条，应授与一等奖状外,理合备文呈明,仰祈钧院转呈国民政府明令嘉奖,以示优异,实为公便。谨呈行政院。

教育部部长 蒋梦麟

中华民国十八年十一月二十日

(2)国民政府行政院指令(11 月 30 日)

国民政府指令 字第二七八五号

令行政院

呈据教育部呈,以卢木斋捐助巨款,建筑南开大学图书馆,请明令嘉奖由。

呈悉。已有明令嘉奖矣。仰即知照。此令。

中华民国十八年十一月三十日

<table>
<tr><td>主　　　席　蒋中正</td><td>行政院院长　谭延阁</td></tr>
<tr><td>立法院院长　胡汉民</td><td>司法院院长　王宠惠</td></tr>
<tr><td>考试院院长　戴传贤</td><td>监察院院长　赵戴文</td></tr>
</table>

上面的嘉奖文件表明了政府鼓励人们捐资助学的鲜明态度。同时也是贯彻落实《捐资兴学褒奖条例》的一个举措。此外,教育部于1938 年公布了1929—1937 年捐资兴学褒奖情况。其中捐资专科以上学校(包括私立大学)情况如表4 所示。

表4　1929—1937 年捐资专科以上学校情况表①

年别	捐资数(元)	年别	捐资数
1929 年	110000	1934 年	20000
1930 年	156160	1935 年	1016000

①民国十八年至二十六年捐资兴学褒奖统计表.载中国第二历史档案馆.中华民国史档案资料汇编 第五辑 教育.第104—105 页,江苏古籍出版社,1994 年。

续表

年别	捐资数（元）	年别	捐资数
1931 年	9000	1936 年	20262240
1932 年	35000	1937 年	44500
1933 年	18000		

（二）经济的发展为社会捐助私立大学奠定了物质基础。恩格斯曾指出:"一切社会变迁和政治变革的终极原因,不应当在人们的头脑中,在人们对永恒的真理和正义的日益增进的认识中去寻找,而应当在生产方式和交换方式的变革中去寻找;不应当在有关的时代的哲学中去寻找,而应当在有关的时代的经济学中去寻找。"[①]鸦片战争后,以大炮为后盾的商品输入使中国一步步变为半殖民地半封建的国家。中国的经济结构开始发生变化,第二次鸦片战争结束时,在中国的外国洋行总共不到40家,而到1872年已达343家,该年在华洋商总数为3673人。[②] 随后,以大机器为生产手段的近代工业开始出现,据有关资料,到1894年,在中国经营的外国资本达1972.4万元,投资总额为2791.4万元。在外国资本主义的影响和刺激下,中国近代民族资本主义工业开始起步。到中法战争前,清政府创办的洋务企业近40家,投入资本约4500万银两,雇用工人达1.3万~2万人,民族资本企业共有136家,资本达500多万银两,雇用工人达3万人左右。[③]

民国建立以后,政府进一步鼓励民族工商企业的发展。第一次世界大战爆发后,各西方国家忙于战争,无暇东顾。给中国民族资本主义的发展带来了前所未有的机遇,中国的民族工商企业迎来了黄金时代。据统计,从鸦片战争开始的1840年到中华民国成立前的1911年的72年中,

---

①马克思恩格斯选集第3卷.第425页,人民出版社,1972年。
②姚贤镐.中国近代对外贸易史资料第二册.第1000页,中华书局,1962年。
③陈真,姚洛.中国近代工业史资料第一辑.第38—40页,生活·读书·新知三联书店,1957年。

所创办的资本额在 1 万元以上的民用工矿企业共约 953 家,资本总额共计 20380.5 万元;从中华民国成立到 1927 年的 16 年中,所创办的资本额在 1 万元以上的民用工矿企业共约 1984 家,资本总额约为 45895.5 万元。其中,民族资本主义企业在纺织、采矿、面粉加工等行业获得了迅速发展。以纺织业为例,1912 年全国的纱厂只有 22 家,仅过 10 年,纱厂就发展到 65 家,1927 年纱厂更增至 72 家。[①]

南京国民政府建立后,民族资本主义经济虽然遭受官僚资本主义和外国资本主义的打压,但仍在不断发展中。据不完全统计,基础工业类的民营产值 1945 年占 80%,1946 年占 76.2%,1947 年占 56.1%;民生工业类民营产值 1945 年占 93.9%,1946 年占 72.9%,1947 年占 61.9%。仍以棉纺织业为例,1946 年民族资本主义企业生产的棉纱占全国产量的 72%,棉布占 75%。[②] 民族资本主义经济的发展,为捐助私立大学奠定了物质基础。

上海是中国近代民族企业发展的重要基地,在近代民族工商业壮大、发展过程中,荣宗敬、荣德生兄弟创建的荣氏企业集团占有相当重要的地位。荣氏企业集团主要集中于面粉和纺织两个传统行业。荣氏企业的拓展,以惊人的速度和庞大的规模不但为民族工商业的振兴做出了巨大贡献,而且也为中国近代私立大学的发展做出了很大贡献。荣氏兄弟把父亲临终前的谆谆教诲作为立身处世的座右铭:"治家立身,有余顾族及乡,如有能力,及尽力社会。以一身之余,即顾一家;一家之余,顾一族一乡,推而一县一府,皆所应为。"[③]荣氏企业在发展壮大企业的同时,对大夏大学、光华大学等许多私立大学都给予了资助。大夏大学的"丽娃栗妲"河

---

①许纪霖,陈达凯.中国现代化史(第一卷).第 330—331 页,上海三联书店,1995 年。
②齐涛.中国通史教程(现代卷).第 320 页,山东大学出版社,1999 年。
③荣德生.乐农自订行年纪事.江南大学荣氏研究中心(内部资料),1996 年。

就是荣宗敬先生所捐献。[1] 1946 年光华大学迁往上海新校址,荣德生为学校捐献了宿舍大楼。[2] 除了资助私立大学外,荣氏企业集团还直接出资兴建了一些私立大学。1940 年,荣氏家族的企业申新九厂在上海兴办了中国纺织工学院,学校的经费由上海申新总公司各厂共同负担。[3] 1947 年,荣氏家族的成员荣一心为了培养工厂管理和纺织、面粉等行业的技术人才,在无锡创办了江南大学。学校的经费主要由荣氏企业提供。

南通大学是由中国近代第一位状元资本家张謇出资兴办的。张謇在获得了功名之后,却"弃官从商"。他创办大生纱厂,从动议到开工历时 44 个月,其间为了筹集开办资金,他往来于上海、南通、海门等地。前后五年生活费仅靠书院薪俸维持,未挪用厂中一文钱。他把企业所得大部分用来捐资助学,先后在家乡南通创办了师范、中小学及职业学校等数十所学校,在他所创办的十多所职业学校中,以纺织、农业、医校较为有名,以这三个专业为基础,合并成立了南通大学。

号称"烟草大王"的简照南兄弟自幼失学,深知国家兴盛须靠知识和人才,因此十分重视人才培养和学校建设。他们曾为南开大学、复旦大学、广东光华医学院等多所私立大学提供了不少经费资助。1921 年为复旦大学捐助 5 万元建筑"简公堂",占地 35 平方丈。下层为教室、制图室、卫生处,上层为教室、会计实习室、教员休息室等;[4]1919—1920 年,公司向广东光华医学院捐助 2 万元用来扩建校舍,从而使学院有了较大发展。[5]

---

①学府纪闻:私立大夏大学.第 137 页,台北南京出版有限公司,1982 年。
②忻福良、赵安东.上海高等学校沿革.第 195 页,同济大学出版社,1992 年。
③忻福良、赵安东.上海高等学校沿革.第 262—163 页,同济大学出版社,1992 年。
④第一次中国教育年鉴.第 109 页,开明书店,1934 年。
⑤潘拙庵、伍锦.私立广东光华医学院史略.载《广东文史资料》第 23 辑.第 142 页,广东人民出版社,1979 年。

大同大学在学校创建和发展中也曾得到上海民族工商企业的资助。另外,中华工商专科学校的经费来源除了学生学杂费外,主要依靠中华职业教育社的补助,而中华职业教育社的经费又基本上是由上海民族资产阶级捐助的。[①]　此外,诚孚纺织专科学校、上海纺织工业专科学校等也都是由上海纺织界的民族资本家创办的。

(三)中外交往为私立大学获取了不少外国资助。鸦片战争,帝国主义用大炮轰开了中国闭关自守的大门。凭借着不平等条约,帝国主义攫取了在华投资设厂、修筑铁路、开采矿产、兴建学校的特权。就兴建学校而言,外国人除了设立以传教为目的的教会学校外,他们或出于宣传本国思想,或出于为企业培养人才,或出于对中国公益事业的热心,投资兴办或资助了一些私立大学。虽然大多数外国人捐资兴学的真正动机是为他们本国服务,虽然在中外交往中,中国处于被动地位,但一定程度上却促进了中国近代私立大学的发展。

德文医学堂(同济大学的前身)就是中德两国交往的产物。

德国在 1870 年普法战争中获胜后,建立了德意志帝国。从 19 世纪 90 年代起,德皇威廉二世推行"世界政策",欲争霸世界。1897 年,德国强占了我国的胶州湾。德国政府为宣扬其文化,推销其商品,扩大在中国的势力,就在文化教育上迎合中国的要求,设法在中国办学。德文医学堂就是在这种背景下由德国医学博士宝隆于 1907 年在上海创办的。

1910 年 12 月,德国政府看到德文医学堂已取得了信誉和办学经验,打算在上海再建立一所工学堂。于是由德国政府枢密顾问费舍尔博士为主席,"在中国建立一个德国工学堂协会",短短几个月就获得了 175 万马克的资金。由贝伦子负责筹建工学堂。贝伦子在德国募捐到了大量实习

---

①上海档案馆 Q256—1 号档案,上海档案馆藏。

工厂及陈列室需用的机器、模型,价值20万马克,还筹措到一笔备用的经费,又得到德国掌管学校经费的行政当局资助10万马克,着手兴建工学堂。1912年工学堂建成后,医、工两学堂合并为"同济德文医工学堂"。同济德文医工学堂在日后的办学中成绩卓著,受到人们的赞誉:学堂"开创以来,卓著成效,校外附有病院,校内置有工厂,设备之精良,远非他校所能企及,业已造就医士技士甚众,以是各省闻风负笈者日复一日,嘉惠吾国学子实非浅鲜"。①

创办于1909年的焦作路矿学堂(私立焦作工学院、中国矿业大学的前身)同样与外国资本主义有着曲折复杂的关系。当时,英国福公司通过收买中国官员,获取了在河南开矿的权利。作为交换条件,英国福公司同意就近开设路矿学堂。根据有关规定,学校常年办学经费为白银5000两,由福公司负担,如有不敷时,由总公司补助。②

以上两所私立大学的建立,是帝国主义侵略中国的产物,而雷士德工学院则是中外人士友好交流的结晶。

雷士德是英国人,于1867年来上海从事土木工程师和建筑师行业,直到1926年去世,在上海时间长达59年。与中国人民结下了深厚友谊,对中国感情深厚。他一生勤俭节约,孑然一身。生前立下遗嘱,将巨额遗产用于兴办上海的教育、科研、医疗和慈善事业,并主要为华人服务。在他的遗嘱中,计划建立雷士德工学院及附设中专。按照雷士德的遗愿,1934年,雷士德工学院正式举行奠基典礼。几个月后,耗资巨大、校舍及设备完善的雷士德工学院即告建成。学院设有建筑系、土木工程系和机械工程系,并设夜校。

---

① 李维格1927年2月中旬致袁希涛的信. 载《同济大学史》第一卷. 第12页,同济大学出版社,1987年。
② 邹放鸣. 中国矿大九十年. 第13页,中国矿业大学出版社,1999年。

雷士德工学院为外国人出于友好目的,在我国兴办私立大学的典范。除此之外,在我国由外国人出资创办或参与创办的私立大学还有很多。仅以上海为例,据统计,1929 年上海市由外国人独资办学或中外联合办学的私立大学有 11 所,其中日本 3 所,德国 1 所,美国 4 所,法国 2 所,英国 1 所。①

除了直接出资办学外,外国组织或个人还捐助了不少我国的私立大学。特别是在抗日战争中及其胜利后,饱受战争磨难的一些私立大学得到了国际援华会、联合国救济总署、美国援华会等国际组织的经费、仪器设备、医疗、食品、衣物等的支持。厦门大学、复旦大学、中国公学、南开大学、广州大学、广东国民大学等许多大学都曾得到过外国组织或个人的资助。如广东国民大学常年在美洲设立负责筹款的校董,学校的大部分办学经费来自海外校董募捐所得。② 广州大学校长陈炳权为了扩建校舍,于 1943 年前往美洲募捐,到 1948 年回国的六年时间内,得到了美国团体、组织和个人的大力支持。此外,南开大学等也曾得到美国一些组织和个人的不少资助。

(四)从"兵战—商战—学战"到"教育救国"思想的发展,为社会捐助私立大学奠定了思想基础。在近代中国,时代先驱者们逐渐认识到,国家要富强,民族要独立,必须提高国民素质,而国民素质的提高靠教育。这种思想的形成经历了从"兵战—商战—学战"到"教育救国"的过程。

1840 年的鸦片战争,使一向以"天朝大国"自居的中国人猛醒。人们痛定思痛,思索着战胜西方列强的良策。为了对付列强的"坚船利炮",当时大多数人只考虑如何"以牙还牙",人们的思想主要集中在"兵战"

---

① 上海教育通志(内部刊物). 上海教育科学研究院藏。
② 私立广东国民大学迁校设立农场及驻美校董郑院隆为该校在美募捐等问题的文件. 南京第二历史档案馆,第 5 全宗,第 2247 号档案。

上。魏源较早提出了"师夷之长技以制夷"的策略。魏源认为师夷的重点在于"一战舰、二火器、三养兵练兵之法"。有学者统计,1821—1861年,至少有66位知名人士赞成中国必须采用西方的军舰和枪炮,其中包括道光帝、政府高级官员和著名学者。1840—1860年,中国至少出版了22部关于西方武器的新著作。其中7部关于制造枪炮,6部关于地雷和炸药,2部论述炮兵阵地的位置,2部关于黑色火药的生产,其余5部论述的是炮兵的攻防战术。[①] 稍后出现的洋务运动是"兵战"思想的集中体现。洋务派以"自强""求富"为口号,其目的主要在于抵御"外辱"。随着洋务运动的推行和西方列强侵略的加深,人们逐渐认识到经济是国家的后盾,先富然后才能强。至此,人们战胜西方列强的想法逐渐从"兵战"转向了"商战"。

"商战"思想的代表人物有王韬、薛福成、郑观应、马建忠等。王韬在香港主办《循环日报》时即提出"商战"思想。他认为,发展资本主义工商业对国家强盛具有重要作用。薛福成1889年出使英、法、意、比等国家时,考察了西方国家的历史和现状,他认为:

> 欧美两洲各国勃然兴起之机,在学问日新,工商日旺,而其绝大关键,皆在近百年中,至其所以横绝地球而莫与抗者,不过特火轮舟车及电线诸务,实皆创行于六十年之内,其他概可知矣。[②]

继王韬、薛福成之后,郑观应可谓"商战"思想的集大成者,他在《盛世危言》一书中,对"商战"进行了较全面和深刻的论述。他说:

> 故兵之并吞祸人易觉,商之掊克敝国无形。我之商务一日

---

① ［美］费正清,刘广京.剑桥中国晚清史(1800—1911年)(下).第173—174页,中国社会科学出版社,1985年。
② 薛福成出使四国日记.第68页,湖南人民出版社,1981年。

不兴,则彼之贪谋亦一日不辍。纵令猛将如云,舟师林立,而彼族谈笑而来,鼓舞而去,称心餍欲,孰得而谁何之哉? 吾故得以一言断之曰:习兵战不如习商战。①

郑观应强调:"欲制西人以自强,莫如振兴商务。"②通过对中西方各方面的分析,郑观应得出结论:"中国以农立国,外洋以商立国",结果西方"恃商以富国,亦恃商以强国"。③ 他还指出:"稽古之世,民农为本,越今之时,国以商为本。"④至此,"商战"思想已经达到极致。应当指出的是,王韬、薛福成、郑观应等人在强调"商战"的同时,也认为"商战"的根本在于人才。戊戌变法前夕,一些有识之士开始提出了"学战"思想。1897 年,湖南龙南致用学会立会章程明确表示"商战"所基,在于"学战",立会章程的序言中写道:"今之人才,动曰泰西以商战,不知实以学战也;商苟无学,何以能哉? 学苟无会,何以教商? 故今日之中国,以开学会为第一要义。"⑤

当时的知名学者康有为和梁启超虽然没有明确使用"学战"一词,但其思想已完全体现了"学战"思想。康有为认为:"中国之弱由于学之不讲,教之未修,故政法不举。"⑥梁启超也指出:"世界之运,由乱而进于平,胜败之原,由力而趋于智,故言自强于今日,以开启民智为第一义。""亡而存之,废而举之,愚而智之,弱而强之,条理万端,皆归本于学校。"⑦之后,"学战"思想蔚然蔓延,逐渐取代了"兵战""商战"而频繁出现于当时

①郑观应.盛世危言·商务.第 292 页,中州古籍出版社,1998 年。
②郑观应.盛世危言·商务.第 309 页,中州古籍出版社,1998 年。
③郑观应.盛世危言·商务.第 309、314 页,中州古籍出版社,1998 年。
④夏东元.郑观应集(上).第 593 页,上海人民出版社,1982 年。
⑤中国史学会.中国近代史资料丛刊——戊戌变法.第四册,第 465 页,上海人民出版社,2000 年。
⑥康有为.上海强学会章程.载陈景磐,陈学恂.清代后期教育论著选(下).第 295 页,人民教育出版社,1997 年。
⑦梁启超.学校总论.载陈景磐,陈学恂.清代后期教育论著选(下).第 433、438 页,人民教育出版社,1997 年。

的报端。

"学战"思想与"教育救国"思想一脉相承。"教育救国"是中国近代私立大学很多捐资兴学者所抱的教育理念。

武昌中华大学校长陈时就是抱着"教育救国"的思想创办中华大学的。1907 年陈时东渡日本,他逐渐体会到,日本经过明治维新运动,国家日益强盛起来,是与大力兴办教育分不开的,在日本著名的私立大学庆应大学和早稻田大学学习期间,两所学校的创始人以私人的力量终生从事教育事业的精神,对他触动很大。他坚信:"人才是国家的财富,教育是治国的根本。"[1]他说:"民国成立,以教育为陶冶共和国民要图。"在各类教育中以大学最为重要,因为"大学为一个国家最高学府,培育人才的地方,它有启迪社会思想,转移时代风尚,阐述学术,推进文化的功能"。[2]

陈时认为:"在欧洲中世纪以来,他的国家形成和发达,差不多完全是随着大学的进步,才那么繁荣的,就是近代东西方富强的国家,也都是有他的大学在做文化的基础。""中国是世界上最老而有 5000 年历史的国家,可是教育的落后,说来真正可怜,像法国的巴黎大学、英国的牛津大学和意国的意大利大学,都是有 300 年以上的历史,就是立国不过 200 年的美国,哈佛大学、耶鲁大学,开办也有百来年了。而我国的北洋大学、南洋大学(现在的交大)、北京大学等学校办学的年数,虽然久些,但是都不满 50 年,这般看来,就可知我国的一切学术都不如人家的了。"他表示:"处在 20 世纪的年代里,一切宜适应时代的需要,何况是次殖民地的中国,若不陶铸人才来弥缝补缺,挽救危难,国家前途更属不堪设想。所以本校就于民元应运而生。"[3]为创建中华大学,黄陂陈氏家族几乎倾其所有,陈氏

---

①陈庆中.中华大学校长陈时的一生.载《武汉文史资料》第 2 辑,第 77 页,1985 年。
②陈时.弁文.载《武昌中华大学 20 周年纪念特刊》,1932 年 4 月。
③陈时.本校成立 25 周年答记者问.载《中华周刊》第 583 期,1937 年 5 月 13 日。

兄弟当时共捐田 300 石,白银 3000 两,官票 5000 串(当时田 1 石约合 4 亩;官票 1 串 200 文,约合 1 元),藏书 3000 余部。[①] 中华大学是民国第一所不依靠官府、不依靠外国人,完全依靠个人出资创办的私立大学。

陈时坚信,只有教育才能救国。因此,他一生"不问政治,专办教育",倾其全力而从事教育改造工作。在近代中国"城头变幻大王旗"的年代,如果没有这种矢志兴学的精神,是办不好教育的。从中华大学诞生之日起,各种反动政治势力无不想争夺、控制这块教育园地,所以,几十年中,陈时同各种政治势力进行周旋,矢志不改,兴学之志不变。还在重庆的时候,大多数大学校长被指定为国民党中央委员或三青团指导员,陈时就以"我只办教育"为名,拒绝了这些诱惑。1940 年,陈诚以第六战区司令长官兼湖北省政府主席的身份派亲信赴重庆,劝陈时将学校迁至恩施,与省政府合办,并保证长期聘他为校长,但陈时谢绝了陈诚的"好意"。1946 年,"民社党"成立,当场拿出裱好的横幅,要陈时签名,他同样以"我只办教育,不参加政治活动"为由,婉言谢绝了。在几十年各种困难、复杂的考验和高官厚禄的引诱面前,陈时始终未离开他选定的教育事业,没有离开中华大学,他一生唯一参加过的党派组织就是同盟会。他从创办中华大学时起,担任校长职务长达 30 年。

无独有偶,复旦大学的两位重要创办人及校长——马相伯和李登辉也都是"教育救国"信念的坚定信奉者和实践者。马相伯面对积贫积弱的近代中国,百思不得其解。他扪心自问:欧美之强盛,中国之孱弱,原因何在? 清政府的腐败,洋务运动及维新运动的失败,症结在哪里? 回想当年在欧美参观的几所大学,曾培养了无数杰出人才,他豁然开朗:"自强之

---

① 方燕.我国最早的一所私立大学.载华中师范大学《校友通讯》第 1 期,1990 年。

道,以作育人才为本,求才之道,尤以设立学堂为先。"①他认为只有教育才能救中国,于是他决心办一所大学,抱着"教育救国"的信念,马相伯于1900年立下捐献家产兴学字据,将祖传遗产——松江、青浦良田三千亩,捐献给天主教耶稣会"江南司教日后所开中西大学堂收管,专为资助英俊子弟斧资所不及"。② 终于在1903年创办震旦学院,当时远在日本的梁启超称赞道:"吾今乃始见我国得一完备有条理之私立学校,吾喜欲狂。"③马相伯自任校长,明确宣布学校是为中国培养人才而不是为教会培养信徒,他说:"慨自清廷外交凌替,一不知公法,二不习制造,入手工夫则文字尚无。……故设震旦。……无他,为科学等根本故。"④

1905年,法国天主教会企图改变学校性质,把学校变成法国帝国主义控制下的教会学校,学生坚决不从,全体学生集体退学。马相伯毅然支持学生的爱国主义运动,辞职离校。震旦学院停办后不久,马相伯即召集离校学生商议复校办法,积极筹措资金。马相伯虽然信奉天主教,可是他对于某些外国传教士利用帝国主义特权进行文化侵略的行径十分愤慨,他站在维护祖国利益的立场上,明确提出:办学、读书,是为了救国,而救国就必须办学、读书,传播和学习科学知识。

复旦大学继任校长李登辉也是抱着强烈的爱国救国心愿捐助和投身于教育事业中的。他认为"教育的最高目的,是要把个人潜伏的心能,尽量引导使之发展,以替社会谋福利"。⑤ "国家需要人才,无如今日之殷切者"。⑥ 他把教育作为他唯一的事业,以图报效祖国,爱国主义精神始终

---

①宗有恒,夏林根.马相伯与复旦大学.第24页,山西教育出版社,1996年。
②马相伯捐献家产兴学字据.上海市高教局历史档案第599卷。
③梁启超.祝震旦学院之前途.载《癸卯新民丛报汇编》,第819页。
④马相伯先生笔录.载《复旦大学志》第一卷(1905—1949),第35页,复旦大学出版社,1985年。
⑤李登辉.我们所最需要的教育.载《复旦周刊》,1929年11月2日。
⑥李登辉.为毕业纪念刊所做序言.载《复旦周刊》,1928年7月4日。

贯穿在他的教育生涯中。"五四"前夕,他不怕军阀和社会绅富的指责,把一些革命党人请到学校讲课;他还大胆收留因爱国运动被开除的学生,此举受到教友们的谴责,他却说:"我爱宗教,我爱朋友,但我更爱祖国,更爱青年。"1931 年九一八事变后,李登辉召集全校师生开声讨大会,号召学生起来抗日,他一方面组织抗日力量,一方面指派四名教授陪 800 名学生,赴南京国民政府请愿,要求蒋介石出兵抗日。① 1932 年 4 月,国民政府召开国难会议,李登辉应邀出席,他痛斥当事者之因循误国,有人认为措辞过分严厉,他却说:"如果能促使当局者的觉悟,虽然得罪了个别人,我也不管了。"②

　　1935 年 12 月 23 日,复旦学生组织"赴京请愿讨逆团"以支持一二·九运动,当天蒋介石给李登辉发电报,要求他去劝止学生,被迫前往的李登辉见同学们态度坚决,便回电蒋介石,表示无能为力,同时向学校董事会提出辞职。③ 李登辉还很反对当局逮捕爱国学生,他曾对天津《益世报》记者发表谈话:"救国当然为大家之事,政府要救国,人民亦自然要救国","政府对救国运动应表同情"。一些报纸也指责国民党政府诬陷、迫害学生。④ 抗日战争爆发后,复旦内迁,经留沪师生请求,他在上海租界继续办学,公开宣布办学的原则为"三不主义",即一不向敌伪注册;二不受敌伪补助;三不受敌伪干涉。三不不行,宁可停办。⑤ 在那种险恶的环境中,复旦大学坚持不教日文,他经常教育学生:"要发挥牺牲与服务的精神,以爱护其国家","要抵御不良环境的诱惑,将来才能生活于光荣与幸

①吴幼伊.赴京请愿的经过.载《生活周刊》,1931 年 10 月 17 日。
②章益.我所见到的李校长.载《复旦同学会会刊》第 2 卷,第 7 期,1933 年 4 月 15 日。
③李登辉致蒋介石电.载《复旦校刊》,1935 年 12 月 23 日。
④上海复旦大学风潮.载天津《益世报》,1936 年 3 月 28 日。
⑤章益.追慕腾飞夫子.载李老校长纪念工作委员会.李登辉先生哀思录(出版者及出版地不详)。

福之中；如果为不良环境所诱惑，则将生活于耻辱与痛苦之中"。① 实际上，是教育学生坚持民族气节，不要去当汉奸。

李登辉校长主持复旦的岁月里，为了支撑学校的运转，典售过自己的房屋、自用的汽车，从无怨言，反以为乐。② 在复旦大学，李登辉倡导"服务、牺牲、团结"的精神，他本人就是服务、牺牲的人格楷模。

为了实现其教育救国的夙愿，李登辉一生无意仕途，矢志兴学。从未参加任何政党和政府。辛亥革命爆发后，湖北军政府外交部长胡瑛不懂外文，黎元洪电请李登辉前往协助，他谢绝不去，改荐王正廷前往。民国初建时，陈锦涛任财政部长，请他任次长，他也回绝不去。③ 南京国民政府曾一度聘请他担任教育部部长，被他谢绝。他认为国家的兴衰，关键在于教育和人才，因此，他的唯一志愿在于办教育。

被毛泽东誉为"华侨旗帜、民族光辉"的近代著名实业家陈嘉庚同样抱着"教育救国"的信念，倾其毕生精力和财产而捐资兴学。陈嘉庚先生根据"金钱如肥料，散播才有用"的信念，把一生所得的金钱几乎全部用在爱国事业，其中绝大部分用在教育方面。仅仅1921年至1937年这16年中，他就负担了厦门大学的创办费和经常费四百万元（大部分是大银圆）。有人估算，陈嘉庚一生对教育事业所捐献的钱，如果在当时买了黄金，估计现在当等于一亿美元左右。④ 陈嘉庚逝世的时候，在国内银行有存款三百多万元，一个钱也不留给他的子孙。按照他的遗嘱，其中二百多万元为集美学校继续建筑校舍；五十万元捐作北京华侨博物馆的建筑费；另外五十万元充作集美福利基金，在集美办理公益福利事业……他不但

①李登辉.诰三三届毕业同学.载《上海复旦附中三三级商科毕业纪念册》。
②邵梦兰.国立复旦大学纪闻.第92—94页，台北南京出版有限公司，1986年。
③郭稚良.我所认识的李老校长.载李老校长纪念工作委员会.李登辉先生哀思录（出版者及出版地不详）。
④王增炳，余纲.陈嘉庚兴学记.第2页，福建教育出版社，1981年。

不愿把家产遗留给子孙,倒鼓励他的亲属戚友也捐款支持教育事业。①

厦门大学就是由陈嘉庚一手创办起来的。陈嘉庚热心兴办教育缘于他的爱国精神和"教育救国"理念。在他草拟的为筹办厦门大学召开特别大会的通告中指出:"专制之积弊未除,共和之建设未备,国民之教育未遍,地方之实业未兴,此四者欲望其各臻完善,非有高等教育专门学识,不足以躐等而达。吾闽僻处海隅,地瘠民贫,莘莘学子,难造高深者,良以远方留学,则费重维艰;省内兴办,而政府难期。长此以往,吾民岂有自由幸福之日耶?且门户洞开,强邻环伺,存亡绝续,迫于眉睫,吾人若复袖手旁观,放弃责任,后患悉堪设想!""吾久客南洋,心怀祖国,希图报效,已非一日",拟"创办大学校,并附设高等师范于厦门"。②

在倡办厦门大学附设高等师范学校的演讲中指出:"如吾国今日处此危急存亡之秋,凡属财产家宜捐其一部分振兴教育,以尽救国责任。国家存在而后国民之幸福仍有可言。否则,为犹太之富,任人侮辱宰杀,生命且不可保,安从何娱乐耶?"1919 年 7 月 13 日,陈嘉庚在陈氏宗祠对各界人士三百余人发表了慷慨激昂的演说:"今日国势危如累卵,所赖以维持者,惟此方兴之教育与未死之民心耳。若并此而无之,是置国家于度外,而自取灭亡之道也。救亡图存,匹夫有责。""民心未死,国脉尚存,四万万人民的中华民族决无甘心居人之下之理。今日不达,尚有来日;及身不达,尚有子孙"。表示"财由我辛苦得来,亦当由我慷慨捐出",同时呼吁:"众擎易举,众志成城,是所深望于海内外同胞也。"并当场捐开办费一百万元,经常费三百万元。③ 其爱国精神表露无遗,黄炎培先生当场问某闽

———————
①王增炳,余纲.陈嘉庚兴学记.第1—2页,福建教育出版社,1981 年。
②黄炎培.陈嘉庚毁家兴学记.载《东方杂志》第 16 卷,第 12 号,1919 年 12 月 15 日。
③《厦大周刊》第 12 卷,第 21 期,1933 年 4 月 6 日。

商："你们听了这演说作何感想?"回答是："如果不惟陈君是助,就不是人!"①

1920 年 5 月 1 日,他在一封信中说:"不牺牲财产,无教育可言。民无教育,安能立国?"10 月,他在一次筹办厦门大学的会议上说:"鄙人之所以尽出家产以兴学者,其原因有二。(一)尝观欧美各国教育之所以发达,国家之所以富强,非由于政府,乃由于全体人民。中国欲富强,欲教育发达,何独不然。"②

即使在国难当头,陈嘉庚捐资助学之志始终不渝。1931 年九一八事变后,陈嘉庚为鼓励国人,在写给集美学校校长的一封信里说:"时至今日,任何人皆应抱牺牲之决心,各尽所能,以与暴日抗。希鼓励学生,激昂勇气! ……今日国家危如累卵,各地文化机关几将破产,在此尚可维持之学校,师生应如何互相勉励也!"③这一年秋天,陈嘉庚的企业亏损达三百二十余万元,在这种情况下,他还竭尽全力维持夏大、集美两校经费,他说:"愿国人勿引我之困厄为口实,致阻公益事业之进展。"④由于陈嘉庚公司曾向银行借款,银行要求他停止负担教育经费,他坚决回答:"我的经济事业可以牺牲,学校绝不可以停办!"⑤在他的实业遭受极大挫折的情况下,他仍然心系教育,他那种不屈不挠、锲而不舍的办学精神,真是难能可贵! 他对教育事业慷慨解囊,却对自己的亲人"斤斤计较",洪丝丝先生曾描述这样一个事实:从前陈嘉庚公司的一个职员告诉我,陈老有个儿子曾向公司借了五十元,有一天陈老去查账,发现这笔款还未还清,就警

---

①黄炎培.陈嘉庚毁家兴学记.载《东方杂志》第 16 卷,第 12 号,1919 年 12 月 15 日。
②陈嘉庚筹办厦门大学演词.载《新国民日报》,1920 年 12 月 1 日。
③陈嘉庚先生的生平事迹.载《陈嘉庚先生纪念册》,第 79 页,中华全国归国华侨联合会印,1961 年。
④陈嘉庚.畏惧失败才是可耻.载《东方杂志》第 31 卷第 7 号,1934 年 4 月 1 日。
⑤王增炳,余纲.陈嘉庚兴学记.第 3 页,福建教育出版社,1981 年。

告他的儿子说:你爸爸的钱是不能给你侵吞的!

他对教育等爱国事业是那么慷慨,不惜把几乎全部巨大的资产捐献出来,却不允许他的儿子多拿几十块钱,这种风格实在是难得的。陈嘉庚矢志不渝的捐资兴学精神实在令国人感佩不已!

中国近代还有一个终身捐助和投身教育事业的教育家——张伯苓。张伯苓青年时代经历了从"武力救国"到"教育救国"思想的转变过程。

中日《马关条约》签订后,西方列强掀起了一股瓜分中国的狂潮。中国已如俎上之肉,被"饿狼"们竞相啖噬。德国强占胶州湾,俄国侵占旅顺,法国占据广州湾。英国则提出租占九龙和威海卫的要求。1898 年 7 月 1 日,清政府与英国签订《中英订租威海卫专条》,把威海卫、刘公岛及附近岛屿和陆岸 10 英里地方租给英国。张伯苓亲身经历了清政府拱手相让威海卫、刘公岛那耻辱的一幕,他心如刀绞。这件事成为张伯苓思想转变的契机。他得出结论:海军救不了中国! 要在现代世界中求生存,必须有强健的国民。欲培养强健的国民,必须办新式学校,造就一代新人。后来,他多次谈到这一思想转变的过程。他回忆说:

> 二十几年前,我在北洋水师学校,亲见旅顺、大连为日本割去,青岛为德人夺去。当我到刘公岛的时候,我看见两个人:一个是英国兵,一个是中国兵。那英兵身体魁伟,穿戴得很庄严,面上露着轻看中国人的样儿。但是吾们中国兵则大不然。他穿的衣服还不是现在的灰军衣,乃是一件很破的衣服,胸前有一个"勇"字,面色憔悴,两肩高耸。这两个兵若一比较,实有天地的分别。我当时觉得羞耻和痛心,所以我自受这次极大的刺激,直到现在还在我脑海里很清楚的。我当时立志要改造我们的中国人,但是我并非要练陆军、海军同外国相周旋。我以为改造国

民的方法,就是办教育。①

1944年,他在所撰《四十年南开学校之回顾》中写道:

> 光绪二十三年,英人继德、俄之后,强租我威海卫,清廷力不能拒,允之。威海卫于甲午战时,为日人占据,至是交还。政府派通济轮前往接收,移交英国。其时,苓适毕业于北洋水师学堂,在通济轮上服务,亲身参与其事。目睹国帜三易(按:接收时,先下日旗,后升国旗;隔一日,改悬英旗),悲愤填胸,深受刺激!念国家积弱至此,苟不自强,奚以图存?而自强之道,端在教育:创办新教育,造就新人才。及苓将终身从事教育之救国志愿,即肇始于此时。②

从此,张伯苓"武力救国"的幻想破灭了,重新树立了"教育救国"的思想。这位年轻的海军士官便以一个教育先驱者的姿态出现在中国近代教育的舞台上。抱着"教育救国"的信念,张伯苓一生矢志兴学、无心仕途,他多次婉言谢绝涉足官场。张伯苓把救国的希望寄托在广大青年学生身上。他终身对学生进行爱国主义教育,他在1951年2月23日写的遗嘱中写道:"凡我友好同学,尤宜竭尽所能,合群团结,为公为国,拥护人民政府,以建设富强康乐之新中国。"③对学生寄予了无限希望,表达了崇高的爱国情怀。他办教育终生,始终不忘反帝爱国。在办学经费十分困难之际,他不向外国教会讨施舍,外国教会主动资助时,他却说:"谢谢你,南开是中国人的学校";张伯苓曾筹办第10届华北运动会,他一改传统外国人主办运动会的做法,从裁判到一般工作人员均由中国人担任,比赛用

---

①张伯苓在北京协和医院的演讲:基督教与爱国(1925年10月11日).载《南开周刊》第1卷,第5、6号。
②张伯苓.四十年南开学校之回顾.载《南开四十周年纪念校庆特刊》,1944年10月17日。
③张伯苓.遗嘱.载《天津日报》,1951年2月26日。

语不准说"洋话",此举大长了中国人的志气。天津《大公报》就此事评论道:"自是而后,华北体育界乃大放曙光,纯为独立国家之体育机关矣。各国对我之批评,亦因是而渐佳,中国之体育人才,亦因是而渐众。"①

张伯苓反帝爱国斗争最鲜明、最尖锐的是对日本帝国主义的斗争。1934年第18届华北运动会上,南开学生组成的"南开啦啦队"突然在看台上打出"勿忘国耻"和"收复失地"的标语,与此同时,啦啦队发出激昂的呼喊,此举震惊了全场三万多观众和运动员,整个会场情绪高昂,掌声雷动。在主席台前就坐的日本驻津最高长官梅津向担任运动会副会长兼总裁判长的张伯苓提出抗议,张伯苓镇静地回答:"中国人在自己的国土上进行爱国活动,这是学生们的自由,外国人无权干涉。"张伯苓的爱国言行激怒了日本侵略者,1937年七七事变后,日军首先轰炸南开,经过两天的轮番轰炸,南开大学化为焦土,图书资料被日兵抢劫一空,千余师生流离失所,当时正在南京的张伯苓接受《中央日报》记者采访时发表了以下谈话:"敌人此次轰炸南开,被毁者为南开之物质,而南开之精神,将因此挫折,而愈益奋励。故本人对于此次南开物质上所遭受之损失,绝不挂怀,更当本创校一贯精神,而重为南开树立一新生命。本人惟有凭此种精神,绝不稍馁,深信于短期内,不难建立一新的规模。"②《中央日报》同时以"南开精神"发表社论:"六十二岁的老人,三十四年苦心经营的学府,一朝毁灭,而所表现的态度,乃'重为南开树立一新生命'。这就是南开精神。全国同胞应记着张伯苓先生的言论,全国同胞要发挥张先生讲的南开精神。"③

---

①天津《大公报》,1934年10月10日。
②张伯苓.南开的精神愈益奋励.载南京《中央日报》,1937年7月31日。
③南京《中央日报》,1937年7月31日。

第二节　学费

　　我国自春秋战国以来就有私立学校的学生缴纳学费的记载，"束脩"即属于我国早期私立学校的"学费"。学费是私立学校一项稳定而重要的收入，因此，收费制度贯穿私立学校的始终。而公立学校的收费制度则时断时续。至清代，从国子监到府、州、县学，公立学校拒教育收费于千里之外。学生不仅免收学费，而且还领取公费津贴。清末社会山雨欲来，维持公费制度的缆绳日渐松散，在西方尤其是日本学校收费制度的推波助澜下，人们对传统的公费津贴制度议论纷纷。清政府出于控制学生的目的，也加紧了推进教育收费制度的步伐。清政府认为"学生以经费不需自出，不免怠惰旷废，不肯切实用功，更兼不守规矩，视退学为无关轻重"。①1904 年 1 月 13 日《奏定大学堂章程》中规定："各分科大学应令贴补学费，由本学堂核计常年经费临时酌定。"《癸卯学制》的颁布标志着近代公立学校收费制度的正式形成。清末的公立大学大多数都要交学费，一些大学堂开办初期多以官费为主，开办一段时间后即开始收取学费。如当时北洋大学堂办学初期实行官费，稍后即开始收费。

　　与公立大学堂不同的是，由于私立大学的经费主要靠办学者自筹，因此，清末的私立大学大多数一开始就要缴纳学费。当时政府没有关于私立大学学费数额的规定，实践中各个学校学费数额不等。但清末并不是所有私立大学都交学费，如当时的焦作路矿学堂就不交学费。根据 1909

---

①奏定学务纲要.载璩鑫圭,唐良炎.中国近代教育资料汇编·学制演变.第 504 页,上海教育出版社,1991 年。

年2月25日河南代表和英国福公司代表签订的《河南交涉洋务局与福公司见煤后办事专条》第八条规定:"路矿学堂,议定本年春季开办,除饭食由学生自备外,所有堂中宿息、舍宇、游戏场以及教习员司、夫役薪工、书籍、文具、仪器、标本、灯火、煤水,统归福公司筹给。"①

民国成立后的中国的大学大致可分为公立大学、私立大学两种。公立大学又分为国立大学(国家举办)、省立大学(省举办)、市立大学(市举办);私立大学分为教会大学和教会大学以外的私立大学两种。民国以后,学费成为私立大学的一项重要而稳定的收入。但政府没有对私立大学学费数额作出规定。30年代仅对私立中小学的学费作出了规定。1935年孙科在国民党四届六中全会中提出了私立小学学费的最高标准,初小为每学期3元,高小为每学期6元,两者收费数额为同类公立学校的3倍;规定私立中学的学费数额不得超过公立学校的1倍。② 一般来说,私立大学学费比同类公立大学学费要高。就公立大学而言,北洋政府教育部1912年9月29日公布的《各类学校征收学费规程》规定:"高等专门学校征收学费,每月银元自二元至二元五角。大学征收学费,每月银元三元。师范学校、高等师范学校均免征学费,但于入学时征收保证金一次,以银元十元为限。除中途自请退学外,毕业日仍照原数发回","私立学校不以本规程所定为限"。③

教育部1919年3月12日公布的《女子高等师范学校规程》第四章规定:"公费生免纳学费,并由本校支给膳费及杂费。自费生应缴费额由校

---

①邹放鸣.中国矿大九十年.第10页,中国矿业大学出版社,1999年。

②商丽浩.政府与社会——近代公共教育经费配置研究.第291—292页,河北教育出版社,2001年。

③教育部公布《各类学校征收学费规程》(1912年9月29日),载中国第二历史档案馆.中华民国史档案资料汇编 第三辑 教育.第64页,江苏古籍出版社,1991年。

长酌定,呈报教育总长。"①当时很多公立大学都规定了学费数额。北京大学 1919 年"学生学费,本科年缴三十元,预科年缴二十五元,选科与本科同,旁观生则酌收讲义费。学生普通用款,除旅费外,每一年约需二百元,贫者尚可减于此数,若车马衣服讲求完美,则千斤用之亦易易而"。②《国立北京医学专门学校章程》(1920)第四章规定:"学费每一学年征收二十元,分三期缴纳。"③部分专科学校的学费情况是:北京农业专门学校 1917 年学费每年每人 20 元,分三次征收,其中部分免费、部分半费,减免比例超过 10%;湖南湘雅医学专门学校 1917 年全年学膳宿费共 60 元,分两期缴纳,书籍、制服、显微镜等费用另加;福建公立工业专门学校 1917 年学费 12 元,住宿费 5 元 6 角。

这一时期私立大学的学费一般都比公立大学高。1920 年的《复旦大学章程》第二十七条规定:"膳宿学生每年应共缴洋一百六十六元,内分学费八十元,电灯、膳费六十元,宿费二十元,运动费四元,阅书费两元,以上各费分两学期缴纳,入校前一律缴清。"④同济大学在 1917—1927 年的学费数额为:医科和工科学生全年学费为 140 元,德文补习科为 120 元,中等机械科为 80 元。⑤ 20 年代初期,帝国主义列强在我国加紧争夺势力范围,军阀混战频繁发生,民族经济严重衰退,人民生活异常困苦,在这种情况下,私立大学较高的学费,不但加重了学生的负担,也影响了学校的教学质量。如这一时期的同济大学,因负担不起昂贵的学费而中途退学者占了相当大的比例。

---

①1919 年 3 月 12 日教育部公布《女子高等师范学校规程》(1919 年 3 月 12 日),载中国第二历史档案馆.中华民国史档案资料汇编 第三辑 教育.第 173 页,江苏古籍出版社,1991 年。
②静观.国立北京大学之内容(1919 年著).载《东方杂志》第 16 卷,第 3 号,第 163—166 页。
③谢泳,智效民等.逝去的大学.第 250—251 页,同心出版社,2005 年。
④复旦大学校史编写组.复旦大学志第一卷(1905—1949).第 123 页,复旦大学出版社,1985 年。
⑤翁智远.同济大学史第一卷.第 34 页,同济大学出版社,1987 年。

南京国民政府成立后,学费在私立大学发展中的作用进一步突出,很多私立大学的学费占其总收入的50%以上,20年代末30年代初,中国公学全部靠学费维持运转。1928、1929、1931、1932年度,上海法政学院学费占其总经费的比例分别为99.63%、99.6%、99.6%、86%;广州法政专门学校也几乎全部靠学费维持。除此之外,当时中国还有许多未立案的私立大学,其中包括主要靠学费赚钱的"学店""野鸡大学"。这些学校基本上靠学费维持生存。表5显示了20年代末30年代初部分私立大学的学费及其所占总经费的比例情况。

表5　20年代末30年代初部分私立大学学费及其占总经费的比例(单位:元)①

学　校	1928年(%)	1929年(%)	1931年(%)	1932年(%)	1934年(%)
大同大学	81755(82.9)	68933(44.2)	42110(32)	49424(54.1)	65548(41.5)
大夏大学	79200(33.5)	182830(61.4)	220155(51.9)	177138(63)	206715(71.5)
光华大学	214392(68.6)	223500(72.2)	215011(77)	270239(86.1)	176588(71)
武昌中华大学	38540(20.2)	51515(15.7)	55916(13.1)	64802(17)	50624(18.8)
中国公学	92089(100%)	116250(100%)	116250(100%)	*	*
南开大学	33219(18.8)	40091(18.2)	41380(11.6)	*	38675(7.3)
上海法政学院	71606(99.63)	89507(99.6)	89507(99.6)	115124(86)	*
厦门大学	18247(5.6)	31143(11.6)	75170(30)	85081(33.1)	75657(25.5)
复旦大学	137739(94.7)	163703(83.3)	163703(83.3)	170459(91.6)	192620(89.5)
南通学院	16376(16)	18876(71.5)	19440(6)	18876(17.5)	35168(15.2)
中国学院	66542(32.3)	80969(46)	80969(46)	80969(46.1)	85501(30.1)
朝阳学院	116390(89.2)	117946(82)	117946(82)	117946(82)	90820(64.6)

①资料来源:(1)教育部高等教育司.全国高等教育统计.表68、71,中华民国十七年八月至二十年七月(无出版者及页码);(2)教育部.二十一年度全国高等教育统计.第57、58、131、132页,商务印书馆,1935年;(3)教育部统计室.二十三年度全国高等教育统计.第54、55、132、133、200、201页,商务印书馆,1936年;(4)第一次中国教育年鉴　丙编　教育概况　学校教育概况.第87—140页。

续表

学 校	1928 年(%)	1929 年(%)	1931 年(%)	1932 年(%)	1934 年(%)
广州法政专门学校	81018(99.7)	86117(99.8)	*	*	*
上海法学院	67470(84.8)	95554(93.4)	83820(77)	47321(39)	30811(24)
武昌艺专	20760(24.8)	36486(30.5)	*	*	*
福建法政学校	31735(63.9)	28514(58.6)	*	*	*

说明："＊"表示未找到统计数据。

　　私立大学的学费虽然高于同类的公立大学学费,但其学费低于同类的一些教会大学。30 年代,学费最便宜也最难考取的是北大、清华、北师大、交通大学、中山大学等国立大学。如 1932 年修订的《国立北京大学入学考试简章》第 14 条规定:北京大学学费每年银圆 20 圆,分两期,于每学期开学前交纳,第一期自 8 月至次年 1 月交 10 圆;第二期自 2 月至 6 月,交 10 圆。又,体育费每学期银圆 1 圆。即当时的北大学生每年共交费 22 银圆,免交住宿费。30 年代清华大学,北平医学院、工学院、法学院等学费跟北大基本一样。国立上海医学院、上海商学院等学校学费是每学期 10 银圆,每年 20 银圆,但还要交住宿费 12 银圆。当时的交通大学(总部在上海,在北平设分部)的学费要贵一些:每学期 20 银圆,每年 40 银圆。有些国立大学(主要是师范大学)不交学费,如 1936 年制定的《国立北平(北京)师范大学学则》规定:"本大学不收学宿费","入学新生除办理注册手续外,须交纳保证金 20 圆","本大学学生所交纳之保证金于毕业(或病故)时发还,但自请退学或因故由学校令其退学者,已交纳之保证金概不退还"。①

　　学费最贵的是燕京、辅仁、协和、上海圣约翰、沪江等教会大学,这些

----

①谢泳,智效民等.逝去的大学.第 250 页,同心出版社,2005 年。

大学当时被称为"贵族大学"。1934 年修订的《燕京大学本科教务通则》中有关学费是这样规定的："本大学学生,每学期须于注册时,依照下列费用表纳费:本科正式生学费 55 银圆;特别生附习生学费每学分 5 圆(学生以学分为交学费标准者,每学期至少须交学费 15 圆);宿舍费(电、炉、水等)20 圆;医术费(药费另计)2 圆;体育费 2 圆;杂费 2 圆。即当时的燕京大学本科正式生学费每学期 81 银圆,每年 162 银圆;其他一些教会大学如辅仁大学、上海圣约翰大学、沪江大学、广州岭南大学等学校的学费跟燕京大学基本一样,每年学费大约 160 银圆。[①]

大部分私立大学如南开大学、朝阳大学、中国大学、中法大学、复旦大学、大同大学、大夏大学、光华大学等学校的学费介于以上两者之间。

现以部分私立大学为例加以说明。1931 年南开大学学生缴纳的费用主要有:学费,每人每年(两学期)60 元;住宿费,每人每年 30 元;体育费,每人每年 3 元;注册费,每学期 1 元;理科学生实验费每学期约 6 元。[②]以上收入,每年约为 29000 余元。[③] 此外,学生还要交洗澡费,补考的学生要交补考费,损坏学校公物的要交赔偿费,看病要交医药费,打网球要购网球券,这些杂项加起来,每年学校收入 1000 元。[④]

1934 年制订的《私立中法大学组织大纲》规定:本大学本科学生每年应该纳下列各费:(甲)学费全年 30 圆,分两学期交纳,每学期各 15 圆;(乙)实验费每学期 5 圆,不足补交,有余退还。实验费、讲义费、卫生费、体育费另定。此外,须交纳保证金 10 圆。[⑤] 私立中法大学的经费比较充

---

① 谢泳,智效民等.逝去的大学.第 251 页,同心出版社,2005 年。
② 南开大学校史编写组.南开大学校史.第 110 页,南开大学出版社,1989 年。
③ 据南开大学 1931 学年度(1931 年 7 月—1932 年 6 月)经费收入统计。
④ 南开大学校史编写组.南开大学校史.第 110 页,南开大学出版社,1989 年。
⑤《私立中法大学组织大纲》(1934 年).载吴惠龄主编.北京高等教育史料(第一集).第 146 页,
　北京师范大学出版社,1992 年。

足,因此其学费在私立大学中是比较低的。

1933 年制定的《北平私立朝阳学院学则》规定:各科系学生每年纳费如下——学宿费 52 圆,讲义费 10 圆,图书费 2 圆,制服费 2 圆,体育费 2 圆,新生入学费 2 圆,杂费 1 圆,共计每年 71 银圆。①

1934—1936 年,上海市最著名的四所私立大学——复旦、光华、大同、大夏公认的学费比较昂贵,它们的学费分别是:复旦大学每年学费 100 银圆;光华大学每学期学费 50 银圆,每年学费 100 银圆;大同大学每学期学费 60 银圆,每年学费 120 银圆;大夏大学每学期学费 45 银圆,每年学费 90 银圆(以上不包括住宿费)。

这些私立大学学费与一般公立大学学费相比是较高的。其学费已经超出了当时一般家庭的承受能力。根据有关统计资料,当时中学教师、工程师、记者、编辑等月薪在 100 ~ 200 银圆之间,大学教授平均月薪约为 350 银圆,一级教授月薪高达 500 ~ 600 银圆,这些人称为"中间阶层"或"中产阶级",鲁迅在《<二心集>序言》里就称自己属于"中产的知识阶级分子"。根据 1929—1930 年的社会调查报告《上海市工人生活程度》所提供的数据,30 年代初,一个典型的工人 4 口之家每年平均生活费为 454 银圆。当时普通工人的月薪通常为 16 ~ 33 银圆之间,平均约为 22 银圆;每个家庭必须有两个人同时当工人方能维持生计,工人家庭收入尚且如此,就不必说一般农民家庭了,所以,当时一般劳动人民家庭的子女多上北大、清华、北师大、交通大学、中山大学等国立大学或免费的师范院校。而大多数工农子弟要上私立大学或教会大学,只能是负债累累或望洋兴叹。特殊情况如贫苦的周恩来之所以能上南开大学,是因为减免学

---

① 《北平私立朝阳学院学则》(1933 年). 载吴惠龄主编. 北京高等教育史料(第一集). 第 164 页, 北京师范大学出版社,1992 年。

费的缘故。

　　抗日战争爆发后,受战争影响,这一时期私立大学的学费收入普遍减少。当时私立大学的学费情况主要可分为三种:第一种是几乎完全靠收取学费来维持学校运转。在近代中国,从私立大学产生到解放后退出历史舞台的半个世纪里,几乎每个时期都有一些以办学牟利的私立大学。这些学校以营利为目的,学校声誉差,学费是学校的主要经济来源。仅以私立大学相对集中的上海为例,解放前夕,上海法政学院、诚明文学院、新中国法商学院、新中国学院、上海法学院、光夏商业专科学校、民智新闻专科学校等都是办学质量低劣的私立大学,这些学校大都依靠滥招学生、收取学费维持,是名副其实的"学店";第二种是学费只是学校经费来源的一部分,如中国大学、光华大学、大夏大学、复旦大学、焦作工学院等;第三种是部分学生无力缴纳学费,有的学生还要学校补贴。如抗战时期的中华大学,只能收部分四川学生的学杂费,而对外省的流亡生,除免收学杂费外,还要发给每人每月 2 斗 3 升(合 35 市斤)米的生活费。①

第三节　政府补助

　　政府补助是政府对办学优良的私立大学给以资金奖励,同时可以加强对私立大学的控制。政府补助作为中国近代私立大学教育经费来源之一,有以下几个特点。

---

① 王秋来等. 中华大学. 第 26 页,华中师范大学出版社,1993 年。

一、政府对私立大学的补助经历了从少到多、从随意到逐步规范的过程

在近代中国,除个别私立大学外,总的来说,政府补助在私立大学经费总收入中占的比例较小。其原因大致有二:一是受传统观念的影响,政府认为私立大学的教育经费主要靠办学者自筹,政府没有筹集经费的职责。二是经费短缺。可以说,经费短缺贯穿于整个近代中国。这也是政府对私立大学资助较少的主要原因。

民国初建,给国人带来了和平及民主的曙光。但好景不长,革命胜利的果实很快被袁世凯窃取,从此开始了北洋政府时期。整个北洋政府时期,军阀连年混战,致使政府债台高筑,财政异常紧张。当时政府的财政实力相当薄弱,费正清编的《剑桥中华民国史》中指出:"辛亥革命后,共和政府比起它的被取代者来说甚至更不能控制中国的税收来源。1914年,除关税和盐税外,大部分税收由各省管理。1921 年,北京政府的财政控制像肥皂泡一样破灭了。……面对长期的财政困难,北京政府被迫靠借债度日,内外债的还本付息成了最大支出,加上军费开支占五分之四,在支付了行政费用之后,就没有钱来为发展进行投资了。"①

这种情况使得教育经费非常紧张,大学也不例外。1919 年以前的公立大学,其教育经费"尚勉强维持",此后则开始"陆续积欠"。教育经费经常被挪用作为军费,导致教育经费经常处于短缺状况。鉴于此,教育界有识之士自民国初年即为"教育经费独立"而奔走呼号。1920 年,全国教育会联合会发出了"教育经费独立"的决议;1922 年 5 月,北京大学校长

---

① [美]费正清.剑桥中华民国史(上卷).第 116—118 页,中国社会科学出版社,1994 年。

蔡元培发表了《教育独立议》的文章,呼吁教育经费独立。虽然北京政府内阁会议于1924年5月通过决议,决定让财政部发行特种国库券100万元作为北京国立八所专门以上学校经费,但因9月直奉战争爆发,此款项被挪用军费,国立八校因经费无着,被迫延期开学。① 1925年初,教育部代理次长马叙伦呈请政府实施教育经费独立,但这些努力都无济于事。

教育经费屡屡被挪作军费。据统计,1926年,全国军费开支为274862058元,占岁出的45%,而教育经费仅有12837307元,占岁出的2%。② 1927年,全国军费占岁出的比例高达87%,而教育经费占岁出的比例降至1.7%。③ 由于教育经费常被挪作军费,使原本就很紧张的教育经费更是雪上加霜。连年战争导致政局动荡不安,政府面对教育经费短缺的局面也无能为力。北京政府时期,袁世凯称帝,张勋复辟,接着皖、直、奉、冯等各军阀互相混战,中央政局不稳,财政部长的更换如走马灯一样频繁。从1912年到1926年,财政部长更换33次,任期一年以上者只有3人,最短的仅十一二天。④ 当时的教育部夹在中央政府和教育界之间"两头受气"。教育界希望教育部(总长)出面解决教育经费短缺问题,而中央政府希望教育部(总长)做避债工具。

因此,解决教育经费短缺问题成了教育总长最头痛的事,教育总长因此而频繁更换,比财政部长的更换频率有过之而无不及。从1912年到1926年,教育总长更换50次,换了38位教育总长。以致出现了教育总长为教育经费问题而辞职、不愿上任、缺位等现象。1915年教育部提出全国教育经费预算案,此预算被财政部削减大半,教育总长汤济武被迫无奈

---

①教育界消息——民国十三年教育大事记.第1页,载《教育杂志》第17卷,第2号,1925年2月20日。

②高等教育与国家前途.第4页,载《教育杂志》第18卷,第9号,1926年9月20日。

③中国军费与教育费之比较.第69页,载《教育杂志》第21卷,第6号,1929年6月20日。

④贾士毅.民国初年的几任财政总长.第2—3页,台北传记文学出版社,1985年。

提出辞职,他认为"只以度支未裕,阻力横生,非该总长所当引咎也"。①
因教育经费问题而辞职的教育总长远非汤济武一人。还有的教育总长因
教育经费问题而不愿上任。1924 年 1 月 11 日,经范源濂、颜惠庆推荐,张
国波被任命为教育总长,然而到 1 月 24 日张国波仍未上任,张国波在记
者的追问下道出了他未上任的原因:只有对以后教育经费有相当之数和
相当把握,他方能就职。他要求每月增加教育经费 3 万元,且发放国立八
校部分欠费。满足这两个条件,他才到教育部工作。② 然而到 1924 年 9
月,张国波仍因无法解决教育经费拖欠问题而不得不辞职。1923 年 10
月,政府拖欠教育部薪水达八个月之久,教育总长缺位达四个月,代理次
长辞职未获批准,教育部开会请中央政府速派教育总长。

教育部在教育经费上能力有限,教育经费的拖欠甚至波及了自身。
竟然发生了 1923 年 4 月 13 日"教育部职员与北京国立八校教职员联合
向教育总长索薪"的事件。③ 1926 年 1 月 5 日,教育部职员为索取拖欠薪
金,决定查封《四库全书》作为欠薪抵押品。

南京国民政府建立之初,教育经费紧张的状况并未得到根本改变。
教育界人士指责政府"只顾扩张军备,所有收入概行挪作军费,对于各
校筹备开学,所需经费,一文不发。各校校长虽奉委任,事实上毫无进
行"。④ 因教育经费短缺引发的学潮不断。为了改变这种状况,1927 年
12 月 26 日国民政府同意了蔡元培等人的提案,该提案内称:"嗣后各
省学校专款及各种教育附税,及一切教育收入,永远悉数拨归教育机关

---

①汤济武经营教育之建白、汤济武之去志.载《教育杂志》第 7 卷,第 3 号,第 25 页,1915 年 3 月
　20 日。
②《申报》,1924 年 1 月 28 日。
③《申报》,1923 年 4 月 13 日。
④教育界消息——湘省教育界保障教费独立之运动.第 10 页,载《教育杂志》第 20 卷,第 3 号,
　1928 年 3 月 20 日。

保管,实行教育会计独立制度;不准丝毫拖欠,或擅自截留挪用,一律解存大学院……克日切实施行。"①随后国民政府又在大学院下设立"教育经费计划委员会",然而,随着大学院的被废止及 1928 年 10 月教育部的重新设立及国民政府以"国家财政困难"为由,以上计划遂告破产。1928 年 9 月,北平国立九所高校因经费无着而无法开学,广大学生群起抗议,要求政府"急速规定妥善办法,选派专人来平进行整理国校,于最短期间招生开学,确定国校教育经费,力求九校之发展"。② 1931 年 5 月,随着行政院的《地方教育经费保障办法》的颁布,大学教育经费有所增加,但随着国民党不断加强对中国共产党及其所领导的红军的"围剿",此时的军费开支较北洋政府时期有过之而无不及。拖欠大学教育经费问题并未解决。如 1932 年 6 月,中央大学全体教师和学生所发布的宣言称:"中大经费自十七年度(1928)以后,由财政部及江苏教育经费管理委员会分别拨付,去岁因苏省经费一再核减稽延,学校几陷绝境。今年三月十七日,行政院会议决议,中大每月经费十六万元,自二月份起,一并由财政部拨发。计二、三两月各领三成,四、五两月各领五成,未领之款,与去年十二月今年一月旧欠合计几达五十万元,而苏省自去年七月至今年一月积欠经费,复达五十余万元。现在年度行将结束,而年内所领经费并计不足五个月,学校积欠教授薪水已愈四月,图书、仪器、讲义、文具及煤、电、报纸等零星商品欠不下十数万元。"③教育经费紧张的主要原因是军费开支过大,表 6 显示了 1928—1937 年军费、债费与教育文化费用之情况。

---

①《大学院公报》,1928 年 2 月。
②教育界消息——平校学生读书运动之宣言. 第 4—5 页,载《教育杂志》第 20 卷,第 10 号,1928 年 10 月 20 日。
③缪凤林. 中央大学经费独立运动. 载《时代公论》第 13 号,1932 年 6 月。

表 6   1928—1937 年军费、债费与教育文化费用占总支出之比例表①

年度	总支(元)	军费(%)	债费(%)	教育经费(%)
1928 年	634361957	43.9	26.2	1.2
1929 年	539927567	43.1	34.8	2.4
1930 年	706219865	43	39.3	2
1931 年	893335073	33.2	38.4	2.1
1932 年	—	—	—	—
1933 年	828921964	50.1	29.1	2
1934 年	918111034	36.3	28.1	3.7
1935 年	957154006	30.6	28.7	3.7
1936 年	990658450	32.5	24.1	4.5
1937 年	1000649496	39.2	32.5	4.3

说明:"—"表示无资助;"＊"表示未找到统计数据。

公立大学的教育经费尚且如此紧张,私立大学的教育经费状况就可想而知了。中华教育改进社 1922 年 5 月至 1923 年 4 月对当时的一些公立大学、教会大学和私立大学的教育经费状况进行了调查,其结果见表7。

表 7   1922 年 5 月至 1923 年 4 月一些专门学校及大学教育经费情况一览表②

学校类别	学校数(个)	学生数(人)	生均经费(元)
国立	30	10535	593.63
省立	48	9801	207.4
私立	29	10524	114.38
教会立	18	4020	1108.88
总计	125	34880	399.95

---

①陈能治.战前十年中国大学教育经费问题:1927—1937.载《历史学报》(台北)第 11 期,1983 年6 月。
②据中华教育改进社 1922 年 5 月至 1923 年 4 月调查数据。

　　由表 7 可见,私立大学的生均经费最低,平均每生只有 114.38 元。

　　另外,中华教育改进社在民国十二年(1923 年)对京师学校的调查结果表明,中国人设立的私立大学经费很少,调查的 5 所高校,其中 4 所生均经费在 76.9 元以下,仅华北大学生均经费 184.7 元。中国人设立的私立大学人均年经费只相当于国立学校经费的 11%。① 北洋政府时期由于连年战争,教育经费十分紧张。政府连公立大学的经费都无法保障,对私立大学的补助就更少得可怜了。尽管如此,还是有一些学校得到了政府的补助。如中国大学开办之初得到了政府拨给的库银 84500 两的开办费及六厘公债 100 万元的基金。② 朝阳大学由于办学成绩突出,不断得到教育部的补助。在同济大学危难之际,是政府伸出了援助之手,及时给予了补助,才使学校渡过难关。

　　此外,政府在利用庚子赔款补助公立大学的同时,也对一些私立大学进行补助。如中法大学就是用法国庚子赔款办起的一所私立大学。该校建于 1920 年,创办基金 100 万元,年补助款 45 万元,经费充足,师资条件优越,藏书丰富,仪器设备均为一流。1925 年,教育部还将庚子赔款分别给了大同大学、汉口明德大学、武昌中华大学各 1 万元。③ 此外,华北大学初创时期也得到了北洋政府 5 万元的庚款补助。④ 总之,30 年代特别是 1934 年以前,政府对私立大学的补助费很少且随意性较大,见表 8。

---

①中华教育改进社.京师教育概况(民国十一年 7 月至十二年 1 月).第 11 页,大学校表(Ⅰ)。
②私立中国学院概览.1933 年。
③《申报》,1925 年 7 月 18 日。
④第二次中国教育年鉴　第五编　高等教育　第四章　公私立专科学校概况.第 234 页,台北宗青图书公司,1991 年。

表 8　20 年代末 30 年代初政府补助私立大学情况(单位:元)①

学校	1928 年(%)	1929 年(%)	1931 年(%)	1932 年(%)
厦门大学	5000(15.4)	—	—	—
大同大学	—	—	—	—
大夏大学	—	—	—	—
光华大学	—	—	—	—
武昌中华大学	14985(7.8)	15385(4.7)	31792(7.5)	14580(3.8)
南开大学	—	—	190000(53.5)	80000(20.9)
朝阳学院	—	—	—	—
复旦大学	—	—	—	—
南通学院	—	—	—	—
中国学院	65000(31.5)	94000(53.5)	94000(53.5)	94000(53.5)
上海法学院	—	—	—	12000(9.9)
武昌艺专	7440(8.9)	7440(6.2)	*	*

说明:"—"表示无资助;"＊"表示未找到统计数据。

由表 8 可以看出,20 年代末 30 年代初,政府对私立大学的补助主要限于几所学校,对私立大学的补助随意性很大,缺乏规范化和制度化。

随着南京国民政府政权的巩固,政府逐步认识到对私立大学的补助应是政府的责任。此时教育经费紧张局面逐步得到缓解。以蒋介石为首的南京中央政权,在军事上除继续"剿共"外,该时期南京中央政府与地方军阀之间的大规模内战基本停止,国家财政逐步统一并不断加强。中央政府不仅能够保障原有教育经费的投入,还逐年有所增加。1930 年的

①资料来源:(1)教育部高等教育司.全国高等教育统计.表 68、71,中华民国十七年八月至二十年七月(无出版者及页码);(2)教育部.二十一年度全国高等教育统计.第 57、58、131、132 页,商务印书馆,1935 年;(3)第一次中国教育年鉴　丙编　教育概况　学校教育概况,第 87—140 页。

教育经费只占国家总预算的 1.46%，到 1935 年，教育经费增长了二倍多，达到国家总预算的 4.8%。①

表 9 1932—1935 年度教育经费收支状况（单位：万元）②

年度	岁入经费数	岁出经费数	盈亏
1932	3418	3320	+98
1933	3454	3357	+97
1934	3575	3519	+56
1935	3644	3712	−68

表 9 反映出从 1932 年以来的四年间，全国教育经费总体上做到了收支平衡，其中还有三年教育经费出现盈余。长期困扰高等教育发展的经费问题基本得到解决。此后一直到抗战全面爆发，大学教育经费基本不再拖欠。教育部长王世杰在 1936 年的一次演讲中谈到教育经费问题时说：

> 此前教育进步之迟滞，教费拖欠问题是一大原因。然就最近情形而言，教费与岁出预算所占比例，三四年来岁有增益，则为可喜之事实，尤有一事，吾人极引为欣慰，即四年以来，中央直辖各校之经费，从未短欠，此实为民国以来空前之纪录。高等教育之整理工作，倘稍有成就，此为主要原因。③

当时执教于中央大学的著名历史学家郭廷以曾对这一时期的高等教育评论道："一九三二年以后，教费从不拖欠，教授生活之安定为二十年来

---

① 教育部.民国元年至二十六年教育文化经费一览表.载中国第二历史档案馆.中华民国史档案资料汇编　第五辑　教育.第一册，第 118 页，江苏古籍出版社，1994 年。

② 资料来源：(1)1932—1935 年度《全国专科以上学校经费表》；(2)《二十一年度全国高等教育统计》第 17 页，表 9；(3)《二十二年度全国高等教育统计》第 20 页，表 12；(4)《二十三年度全国高等教育统计》第 18 页，表 11；(4)《二十四年度全国高等教育统计简编》第 12 页，表 8。

③ 王世杰.训政时期约法与最近教育工作(1936 年 10 月 10 日)，载《革命文献》第 54 辑，第 374—375 页。

所未有……一九三七年前五年,可以说是民国以来教育学术的黄金时代。"①在这样的背景下,30年代以后,政府对私立大学的补助逐渐增加和规范。1930年8月23日教育部订定私立大学、专科学校奖励与取缔办法规定:"(一)凡已经立案之私立大学、学院及专科学校成绩优秀(良)者,得由中央或省市政府酌量拨款补助,或由教育部转商各庚款教育基金委员会拨款补助。(二)某学院或某科系在教育学术上有特殊贡献者,得由教育部或省市教育行政机关褒奖或给补助费。(三)有实验性质而实验成绩优良者,得由教育部褒奖或给补助费。"②

1931年6月颁布的《中华民国训政时期约法》规定:"私立学校成绩优良者,国家应予以奖励及补助。"③1934年国民政府教育部颁布《私立专科以上学校补助费分配办法大纲》及《支给细则》,国家开始设立专款对办学成绩优良且经济确有困难的私立学校,给予延聘教师、添置设备费的补助。根据以上两个文件的规定,国家每年拨款72万元,以70%补助扩充设备,30%用于添置特种科目之教习。当时很多私立大学得到了政府补助。1934、1935年政府共资助私立大学、教会大学32所,其中私立大学17所,见表10。

表10　1934、1935年南京国民政府补助私立大学经费分配情况(单位:元)④

学校	1934年	1935年
厦门大学	90000	98861
南开大学	40000	43015

---

①郭廷以.近代中国史纲.第649页,中国社会科学出版社,1999年。
②教育部订定《私立大学、专科学校奖励与取缔办法》(1930年8月23日),载中国第二历史档案馆.中华民国史档案资料汇编　第五辑　教育.第180页,江苏古籍出版社,1994年。
③中国第二历史档案馆.中华民国史档案资料汇编　第五辑　教育.第9页,江苏古籍出版社,1994年。
④《中华教育界》第22卷.第4期,1934年;第23卷,第3期,1935年。

续表

学校	1934 年	1935 年
大夏大学	35000	16280
大同大学	35000	37193
光华大学	20000	13725
复旦大学	15000	16280
广东国民大学	14000	15233
广州大学	6000	6274
武昌中华大学	6000	6663
焦作工学院	35000	36600
南通学院	35000	42638
广州光华医学院	8000	8366
朝阳学院	8000	8366
晋川医学专科学校	15000	16873
中法药学专科学校	10000	10457
苏州美术专科学校	6000	6274
东亚体育专科学校	5000	5228

　　南京国民政府时期,除中央政府、财政部和教育部的补助之外,卫生部、铁道部及其他党政部门都曾为私立大学提供过资助。北平铁路学院创办时,得到了铁道部及平汉铁路局每月数千元的经费资助。1929 年,上海法学院得到国民党党部指拨的陈氏捐款。[1] 1935 年,东南医学院得到卫生部下面的医学委员会拨给的研究经费。[2]

　　1937 年抗日战争全面爆发后,我国高等教育事业遭受极大破坏。据统计,七七事变至 1938 年 8 月的一年间,"我国的高等教育机关之损失,就其可知者而言,已达 3360 余万之巨数"。[3] 当时 108 所高校中遭到战

---

①忻福良,赵安东.上海高等学校沿革.第 201 页,同济大学出版社,1992 年。
②忻福良,赵安东.上海高等学校沿革.第 200 页,同济大学出版社,1992 年。
③延安时事问题研究会.抗战中的中国文化教育.第 29 页,上海人民出版社,1961 年。

争破坏的有91所,其中全部被毁者10所;25所因战争而暂时停办。战争
爆发前,各校教授教员共7560人,职员4290人,学生41922人。战争后
受影响的教员达2000余人,学生20000余人,占总数的50%。①

　　除此之外,师生流失、校舍毁坏、图书仪器散失等损失无以计数。其
中受损失最大的是私立高校,例如南开大学1937年被日军炸毁,初步统
计财产损失达300万元(法币),占全国高校损失总数的十分之一。② 当
时国民党政府主要致力于将公立教育机构迁往内地,而原本靠私人力量
维持的私立大学则难以得到保障,不但在战火中损失惨重,而且许多私立
大学都因经费短缺无法内迁,留在战区更是难以维持。许多私立大学都
不同程度地遭到损失,以1939年为例,各私立大学的财产损失详见表11。

表 11　1939年私立专科以上学校的财产损失情况③

学校	财产损失数(元)
总计	10345045
复旦大学	544975
光华大学	800000
大夏大学	550000
南开大学	3000000
武昌中华大学	431910
广东国民大学	383080
广州大学	192444
上海法学院	510000
持志学院	516100

①延安时事问题研究会.抗战中的中国文化教育.第28—29页,上海人民出版社,1961年。
②南开大学校史编写组.南开大学校史.第231页,南开大学出版社,1989年。
③中国第二历史档案馆.中华民国史档案资料汇编　第五辑　第一编　教育.第375—377页,江
　苏古籍出版社,1994年。

学校	财产损失数（元）
朝阳学院	247750
中国学院	433800
正风文学院	100000
民国学院	213000
南通学院	307810
焦作工学院	184452
广东光华医学院	169926
同德医学院	160000
东南医学院	270000
上海法政学院	50000
武昌艺术专科学校	165700
东亚体育专科学校	92000
苏州美术专科学校	123000
上海美术专科学校	180920
新华艺术专科学校	110000
无锡国学专科学校	26000
山西川至医学专科学校	192150
铁路专科学校	390028

　　巨大的财产损失使原本经费就很紧张的私立大学更是雪上加霜。政府补助成为支撑一些私立大学的重要支柱。这一时期的民族工业遭受严重破坏，人民生活更加困苦。与抗战前相比，这一时期政府进一步加大了对私立大学的资助力度，政府拨发了大量经费组织私立大学内迁。将一些私立大学与公立大学合并统一部署内迁，如将南开大学与北京大学、清华大学合并先后迁往长沙、昆明，组成西南联合大学。将焦作工学院与国立北洋工学院、国立北平大学工学院、东北大学工学院合并改组，成立西北工学院。焦作工学院在向西北搬迁的过程中，得到了教育部的大力支

持。复旦大学、大夏大学正是在教育部长陈立夫的帮助下,才得到了搬迁路费与渡江用的轮船,顺利迁往后方的。此时,国民政府还先后为大夏大学、光华大学、武昌中华大学、朝阳大学、南开大学追加几万或十几万的补助费。[①] 其中抗战期间南开大学的经费几乎完全靠政府资助。

国民政府除竭力维持大后方的私立大学外,还尽力支持沦陷区的私立大学。抗战时期沦陷区的中国大学继续得到来自重庆国民政府的补助。从 1940 年起,国民政府对天津的达仁商学院逐年发给补助费,等等。[②]

同时,政府也对私立大学的学生与教师给予补助。抗战初期,国民政府建立了贷学金制度,根据《省私立专科以上学校战区学生贷金暂行规则》的有关规定,私立大学的学生可以享受贷学金的补助。例如,武昌中华大学的在校生有二分之一来自战区,这些学生全部依赖教育部的贷学金维持生活。[③] 1943 年以后,国民政府以公费生办法取代贷学金制度,根据《非常时期国立中等以上学校及省立私立专科以上学校规定公费生办法》中的有关规定,私立大学新生享受公费的比例是:医、工各院科系学生以 70% 为乙种公费生(免膳食费);理、农各院科系学生以 50% 为乙种公费生。[④]

此外,政府还对私立大学的教师进行救济,以南开大学为例,1938 年 1 至 6 月份,教育部支给南开教职员救济金和校产保管费 8500 元。[⑤]

抗战胜利后,国民政府在"经费窘迫"的情况下,仍拨发大量经费部

---

①关于私立大专院校经费困难申请贷款的往来文书.南京第二历史档案馆,第五全宗,第 3003 号档案。

②第二次中国教育年鉴 第五编 高等教育 第四章 公私立专科学校概况.第 250 页,宗青图书公司,1991 年。

③全国专科以上学校最近实况.第 52 页,商务印书馆,1941 年。

④第二次中国教育年鉴 第二编 教育行政 第三章 教育经费.第 53 页,台北宗青图书公司,1991 年。

⑤南开大学校史编写组.南开大学校史.第 251 页,南开大学出版社,1989 年。

署私立大学的迁校复员事宜。如西南联合大学的复校经费,最初政府允给 30 亿元,南开大学得 8 亿元。① 政府还帮助私立大学修建校舍、添置设备,并两次为私立大学追加改良费。② 此外,还将联合国总署补助的教育器材分配给战时蒙受损失的私立大学。1946 年 5 月,国民政府行政院美国救济物资委员会分配给同济医学院 100 张美制病床的野战医院全套设备,以及拨款添建改造附属医院部分病床等。③ 1948 年 4 月,教育部呈准行政院,继续为省私立专科以上学校拨发补助经费。④ 总之,这段时期是很多私立大学经费最为紧张的时期,是政府补助才使它们渡过难关。

需要说明的是,近代中国政府资助私立大学的一个主要目的是要加强对私立大学的控制。因此,政府在对私立大学补助的同时,也加强了对私立大学的管理和控制。政府宏观管理是一把双刃剑——既能加强和促进私立大学的发展,也能干扰和束缚私立大学的发展。私立大学是高等教育的一个组成部分,理应受政府监督和管理。问题在于政府如何监督和管理私立大学。或者说政府对私立大学应该管哪些方面,管到什么程度。深入探讨这个问题对政府与当前民办大学的关系有很大现实意义。中国近代私立大学的实践证明,政府管理私立大学既不能放任自流,也不能管得过死。否则就会出现“一放就乱,一管就死”的现象。对于社会上出现的滥设私立大学、私立大学质量低劣的现象,民国时期历届政府不断加强对私立大学的规范和管理,从而促进了私立大学的发展。中国近代政府主要通过以下一些措施加强对私立大学的监督和管理。

---

①南开大学校史编写组.南开大学校史.第 318 页,南开大学出版社,1989 年。

②王文俊等.南开大学校史资料选.第 107 页,南开大学出版社,1989 年。

③忻福良,赵安东.上海高等学校沿革.第 156 页,同济大学出版社,1992 年。

④第三次中国教育年鉴　第七编　高等教育　第一章　概述.第 73 页,台北宗青图书公司,1991 年。

1. 规定凡设立私立大学,必须办理立案手续,以保证教育主管部门对私立大学的监督和管理。《专门学校令》《公私立专门学校规程》《私立大学规程》《私立专门以上学校认可条例》等都强调:私立专科以上学校的设立、变更、废止须经教育总长认可,在教育部立案;1913 年 1 月 23 日,教育部进而颁布《私立大学立案办法布告》,要求所有私立大学前经呈请到部准予暂行立案者,亟应遵照新颁布令规程,切实办理。自布告之日起,限 3 个月以内遵照私立大学规程,另行报部备查,俟呈报到部届满一年,由部派员视察,如果成绩良好,准予正式立案。同年,教育部还公布了《私立专门学校报部办法布告》,要求私立大学、私立专门学校的设立、变更、废止事宜,应先呈由各该省行政长官,核其办理情形,果与所拟章程符合,再行加具考语,转报本部,以定准驳。1913 年 12 月教育部的整顿私立大学办法布告,再次要求所有私立大学立即实施报部备案。对于不符合立案标准的学校不予立案或予以取缔。1913 年 6 月,教育部就停办改组了苏、浙、皖三省共 18 所私立法政大学。①

南京国民政府时期,教育部进一步明确和加强了对私立大学的管理。这一时期颁布的《私立学校规程》等法律法规强调了私立大学以教育部为主管机关,教育部拥有批准私立大学设立、立案、变更的权力,有监督、指导、整顿、解散、停办、取缔办理不善或违背法令的私立大学的权力。教育部还有认可、暂时委任私立大学校长和改组私立大学董事会的权力。1929 年 8 月颁布的《私立学校规程》规定:"主管教育行政机关如认为校董会所选任之校长或院长为不称职时,亦得令校董会另选之。另选仍不称职或校董会发生纠纷以致停顿时,得由主管教育行政机关暂行遴

---

① 宋荐戈. 中华近世通鉴·教育专卷. 第 285 页,中国广播电视出版社,2000 年。

任。"①1933 年 10 月修正颁布的《私立学校规程》规定:"校董会发生纠纷以致停顿时,得由主管教育行政机关令其限期改组,遇必要时,得经由主管教育行政机关改组之。"②在加强对私立大学监督和管理的同时,对一些不合格的私立大学坚决予以取缔。如 1929 年 4 月取缔了南京文化大学、女子政法大学、上海远东大学等。③ 1930 年 9 月取缔了上海艺术大学、新民大学、建设大学、华国大学、光明大学、文法学院等。④

　　2. 通过立法规定私立大学设立的各项具体标准,以确保私立大学基本的办学条件。1915 年教育部公布的《私立专门以上学校认可条例》规定:私立大学须有自置之相当校舍;有确定之基金在五万元以上;经部派员考试,学生成绩优良。⑤ 1929 年颁布的《私立学校规程》规定:"校地须有宽广之面积,并须于道德及卫生上均无妨害;校舍除各种教室及事务室外,应备设图书室、实习室、实验室……以供实地研究。"并规定了文科、理科、商科、医科、农科、工科等类型的学校办学应具备的基本条件。1933 年颁布的《私立学校规程》规定:私立专科以上学校之立案,须具备下列条件:(1)呈报事项查明确实者;(2)对于现行教育法令切实遵守,并严厉执行学校章则者;(3)教职员合格胜任,专任教员占全数三分之二以上者;(4)学生入学资格合格,在校学生成绩良好者;(5)设备足敷应用者;(6)资产或资金之租息连同其他确定收入(学费收入除外)足以维持其每年经常费者。

　　此外,针对一些私立大学为了多收学费而滥招学生的情况,南京国民

---

①[日]多贺秋五郎.近代中国教育史资料·民国编(中册).第 574 页,台北文海出版社,1976 年。
②[日]多贺秋五郎.近代中国教育史资料·民国编(下册).第 496 页,台北文海出版社,1976 年。
③[日]多贺秋五郎.近代中国教育史资料·民国编(中册).第 554 页,台北文海出版社,1976 年。
④《教育部公报》第二卷.第八、九、十期,1930 年 1—3 月。
⑤教育部公布《私立专门以上学校认可条例》(1915 年).载中国第二历史档案馆.中华民国史档案资料汇编　第三辑　教育.第 163—164 页,江苏古籍出版社,1991 年。

政府教育部于 40 年代初出台了一系列限制私立大学滥招学生的办法：私立大学的招生简章必须经教育部审定，入学考试科目要参照教育部的规定并上报教育部备核，考试试题应严格依照高中课程标准命题并报教育部备核，教育部派员监视招生考试并随时抽阅新生试卷等。① 同时，针对一些私立大学招收同等学力的学生太多的状况，1944 年教育部规定私立大学招收同等学力学生比例不得超过新生总数的 5%。②

3. 实行学校试办期制度。《私立专门以上学校认可条例》规定："私立专门以上学校应于开学后三个月内，将办理情形详具表册呈报教育总长。经派员视察后，认为校址、校舍、学则、学科分配、职教员资格、学生资格、经济状况及各项设备均无不合格者，由部批准试办，以三年为试办期。批准试办之私立专门以上学校，应于每学年开始后，遵照部章将校内各项详细情形呈报教育总长。批准试办之私立专门以上学校，在试办期间内，教育总长认为办理不合格者，得令其停止试办。批准试办之私立专门以上学校，确系参照国立大学校条例，或遵照专门学校令及各专门学校规程办理，具备条件者，由教育总长正式认可之。"③

4. 派视察员对私立大学进行视察。1920 年教育部特设了一个"专门以上学校视察委员会"。该委员会内设常委八人，随时奉教育总长之命对已立案或未立案的私立专门以上学校进行视察。政府的视察和督导，对于改善私立大学的办学质量确实起到了积极的推动作用。如 1933 年，教育部在视察上海法政学院和上海法学院时，发现两所学校存在以下一些

---

①第二次中国教育年鉴　第五编　高等教育　第一章　概述.第 50 页，台北宗青图书公司，1991年。

②第二次中国教育年鉴　第五编　高等教育　第一章　概述.第 54 页，台北宗青图书公司，1991年。

③教育部公布《私立专门以上学校认可条例》(1915 年)，载中国第二历史档案馆.中华民国史档案资料汇编　第三辑　教育.第 163 页，江苏古籍出版社，1991 年。

问题:学生入学资格把关不严、不严格执行考试规则、课程编制凌乱、设备简陋、教师待遇偏低等,于是勒令两校立即停止招生,并警告两校如不改善,将予以取缔。① 上海法学院立即采取措施整顿学校计划、修订学生规则和学校办事细则、严格执行考试规则、加强教学管理、随时抽查课堂出席人数等,从而使学校各项工作逐步走向正轨,提高了办学水平。②

　　民国政府对私立大学的监督和管理一方面推动了私立大学的发展,另一方面,由于政府不恰当或过分干预私立大学内部事务,对私立大学的发展产生了负面影响。如国民党政府为了加强对高校的思想控制,要求在高校实行党化教育。1927 年 6 月,国民政府教育行政委员会制订了《国民政府教育方针草案》,指出:"我们所谓党化教育就是在国民党指导之下……换句话说,我们的教育方针要建筑在国民党的根本政策之上。""学生运动应统一在党的指挥之下"。③ 1929 年 8 月 14 日,国民政府教育部颁布的《大学规程》中明确规定党义课程为各科共同必修课程。《私立学校规程》规定私立大学立案时,必须呈报党义课程的实施情况。其目的就是借此"统一全国思想,使全国民众切实认识本党主义、政纲、政策,贯彻以党治国为本旨"。④ 国民党元老、《国民政府组织法》的制定者胡汉民在同年"双十节"的演讲中,针对蔡元培等人一贯提倡的"思想自由,兼容并包"的教育主张,予以严厉指责:

　　　　教育不可无主义,主义只能宗于一。我们现在既以惟一的
三民主义救国、建国、治国,教育是不能跳到国家范围以外去的。

----

① 教育部派员视察私立上海法学院、法政学院报告及有关文书.南京第二历史档案馆,第五全宗,第 2011 号档案。
② 忻福良,赵安东.上海高等学校沿革.第 202—203 页,同济大学出版社,1992 年。
③ 教育界消息.第 2 页,载《教育杂志》第 19 卷,第 8 号,1927 年 8 月 20 日。
④《教育部公报》第 1 卷,第 3 期.第 40 页,1929 年 3 月。

当然也只能宗于这惟一的三民主义而不能兼容其他主义，否则还是等于无主义。我们教育界中，向有认为教育不应该拘执一端，故步自封，而当包罗万象，以见其博者。直到现在，还有一班人如此主张。细为设想，流弊实大！

他特别强调："我们不能让所谓'包罗万象'摇动了我们已定的教育宗旨！""必不许教育独异于此惟一的主义而有所兼容。"①

对于以上南京国民政府实施党化教育的政策，一些私立大学在课程设置上坚持了一定的自主性，如南开大学没有照搬国民政府的"三民主义"教育宗旨和方针，而是在强调"三民主义"精神的前提下，与本校的教育方针相融通，学校没有积极推行国民党的党化教育，很长时间没有规定国民党党义作为本校必修的课程。② 又如抗战时期，教育部曾要求中法大学开设政治课，并以蒋介石撰写的《中国之命运》为教材，中法大学以无力聘请教师开课为由予以拒绝。③ 然而，面对国民政府的压力，很多私立大学被迫开设了"党化教育"课程，如厦门大学按照国民党政府的必须推行"党化教育"有关规定，自 1927 年秋季开始，每周加授三民主义一小时，这是陈嘉庚在迫不得已情况下同意的。至 1929 年 4 月，学校正式设立军事训练处，开设党义课，接受由国民党政府派来的军事教官和党义教师。④ 此外，南京国民政府限制私立大学的学科及课程设置，影响了私立大学的办学积极性。如抗战以前的大夏大学，教育科及高等师范科学生人数占全校学生总人数 50% 以上，故大夏在上海各大学中以教育学科著

---

① 胡汉民.建设与教育.载《革命文献》第 54 辑"抗战前教育政策与改革".第 305—306 页；转引自金以林.近代中国大学研究.第 204—205 页，中央文献出版社，2000 年。
② 南开大学校史编写组.南开大学校史.第 137 页，南开大学出版社，1989 年。
③ 段家骧.中法大学在昆明.载《抗战时期内迁西南的高等院校》.第 96 页，贵州民族出版社，1988 年。
④ 厦门大学校史编委会.厦门大学校史第一卷.第 97—98 页，厦门大学出版社，1990 年。

称,教育学者专家多在大夏任教,当时的立法院院长倪文亚、立法委员李焕之、前台北师大校长孙亢曾等,均由大夏大学教育科毕业。① 然而,抗战期间,南京国民政府教育部为了全面控制高等教育,下令取消所有私立大学的教育学院,被视为大夏大学之骄傲的教育学院也未能幸免。这对大夏大学来说是个巨大的损失。为了统一全国各大学的课程设置,1938年9月,教育部召开了第一次全国课程会议,拟定了各大学"文、理、法三学院共同科目表"和"文、理、法三学院各学系课程整理办法草案"。对国民政府统辖区的各高等学校(包括私立大学)的课程设置,作出了原则性规定:"全国大学各院系必修及选修课程,一律在部规定的范围内,参照实际需要斟酌损益。"从而,对私立大学的课程设置进行了限制。

国民党政府企图控制高校、以党治校的行径,遭到了包括私立大学在内的广大高校师生的强烈反对。教育部在1941年度工作成绩考察报告中不得不承认:"一年之中,或因人事之纠纷,或因学生行为之失控,或因行政措施之失当,风潮竟有八九起之多。现行训育制度在全校设一训导长,辅之以导师,更有军事管理以资协助,但究以实际,训导长大都难以负责,导师根本多不管事,而军训不独等于虚设,实为一无可讳言之失败。"② 这也说明了政府过于干预私立大学内部事务这一政策的负面影响。

二、中国近代私立大学得到了地方政府的大力资助

中国近代私立大学除得到了中央政府、教育部等资助外,还得到了地方政府的大力资助。这与当时中国社会的变迁有直接关系。

---

①郑通和.忆大夏大学开创初期缔造之艰难.载《学府纪闻:私立大夏大学》.第22页,台北南京出版有限公司,1982年。
②《教育部三十年度工作成绩考察报告》(1941年).载台北《革命文献》,第214页,1972年。

1. 传统中央集权财政体制的瓦解及中央教育财政能力的削弱。清代前期的教育财政体制是中央集权的财政体制。大臣可以向皇帝呈递奏折，皇帝拥有财政收支的最后决定权，中央一级没有牵制皇帝财政权力的机构存在。地方财政无独立地位可言。清政府的财政收支都有相对固定的额度，并由《会典》《则典》等法典式文献予以规定，没有十分特殊的情况，均不得突破法典所规定的额度和范围。

在这种财政体制下，地方财政依附于中央而存在，无独立地位。虽然教育是地方的重要事务之一，但由于受经费所限制，地方在教育上所发挥的作用有限。维持地方教育事业的费用来源主要有中央财政拨款、地方公费、民间筹资三种。中央财政拨款主要用于地方教育管理、科举考试、官学经费等，属于专款专用，没有节余。地方公费是个很模糊的概念，地方公费由地方政府筹集。一般来说，地方政府主要通过以下几种途径筹集地方公费。一是向百姓征集。向百姓征集一般要得到士绅的同意。如周凯在襄阳筹集地方公费时与士绅约定："凡大小村庄集镇可以设立义学者，各就该处共相集议，或一家好善乐施，或众人集腋成裘，无论银钱地亩捐输之多寡，合计每处以四五百金为率，至少亦需二三百金……如有力者建盖固善，否则于各村庄适中之地，或以公所权作馆舍，或于庙宇暂借空房，先行延师授读，俾贫民子弟皆得就近赴馆，早知礼仪。"①二是地方政府将其掌握的财物投入地方教育。如将诉讼田、罚罪田、绝户田、无主田等拨为学田。三是百官捐俸。这带有个人捐款性质，不是严格意义上的地方公费。通过以上途径获得的地方公费十分有限，不能充分发挥地方

---

① 璩鑫圭. 中国近代教育史资料汇编·鸦片战争时期教育. 第319—320页，上海教育出版社，1990年。

政府在教育方面的作用。

鸦片战争后,国家财政形势十分严峻,国家职能急剧扩张,封建传统的财政体制已无法满足这一变化的需要,财政入不敷出。特别是在镇压太平天国起义的过程中,中央财政状况更是捉襟见肘。在这种情况下,中央政府只好授权各省积极筹措资金以便"剿灭叛乱"。于是,地方政府掌握了财政大权,至此,中央集权的封建财政制度土崩瓦解。

第二次鸦片战争、中日甲午战争和八国联军的入侵,使清政府赔款偿债及军费不断增加,清政府财政濒临崩溃的边缘,中央财政能力进一步削弱。北洋政府时期,军阀混战,财政收支十分混乱。地方军阀各自为政,不断发生地方截留中央税款现象,中央财政能力不断下降,中央财政日益被地方侵蚀。特别是从 1921 年到 1928 年,直系军阀和奉系军阀先后当权,不仅各省解款无望,就连关税、盐税都被各地截留自用。中央财政状况进一步恶化。

2.地方政府财政能力的增强为其资助私立大学奠定了基础。传统财政系统中,省级财政依附中央财政而存在,没有独立的财政权力。战乱不断使各省督抚从中央财政中逐渐获取一部分财政权力,特别是在平定太平天国起义中,中央授予了地方政府筹饷之权,地方财政能力不断加强。1853 年,由于军需紧急,开销大增,中央允许各省建立厘金局,自行筹饷。1854 年,户部又奏请各省财政为军事服务,咸丰帝批示:以本省之钱粮,作为本省之军需。允许地方政府自行调用藩库、运库、关库经费作为军饷,各省有自行筹款之权和自由用饷之权。太平天国起义被镇压后,清廷屡次欲裁撤厘金和杂捐,但如潘多拉的盒子一旦打开就无法收回,中央再也收不回下放的财政权力。

洋务运动时期,省财政能力进一步扩大。洋务企业的收支活动是中央无法控制的,各省认为,洋务企业的利润属于自筹款项,与中央无关。此项费用可以自由动用,不行奏销。甲午战争以后,中央财政出现巨额亏空。由于中央在一定程度上要利用和依靠各省筹集和支付新增加的国家经费,只能允许各省有筹集资金的权力。1894 年以后,各省相继招商开办官银号,投资金融业,所获利润由各省支配。中央失去了对于省财政的控制和管理能力,省财政获得了独立地位并逐渐加强。

清末民初兴起的地方自治思想和分级办学的思想,将发展教育的职能不断分解给地方政府。同时,地方政府也将教育作为发展本地经济、文化的工具,根据自身利益的需要不断推进教育发展。从而使省级教育财政能力进一步增强。

清末民初,中国仿效西方国家的地方自治制度,不断增加地方政府管理本地事务的职能和权力。地方自治章程确定地方自治经费由罚金、公产、公益捐等构成,地方有权在正税的边缘上筹集教育经费。地方自治的实行,不仅使地方逐渐产生教育经费的预决算制度,使地方教育经费受到较正规的约束,而且也使地方教育经费有一个可预期的、较稳定的来源。更重要的是,这项制度极大调动和激发了地方办教育事业的积极性和主动性。但袁世凯上台后,不能容忍地方独立财政的存在,继解散国会、省议会后,于1914 年 2 月 3 日下令停止地方自治制度。地方自治的取消,导致不少地方教育事业的倒退。1916 年,江苏教育界资深人士认为:地方自治取消后,江苏各县教育经费渐渐变更,虽然省政府迭令教育经费不得移作他用,但各县挪移教育款产,随地皆有。① 很多省都出现了类似江苏省的情况。

---

①对于江苏教育现状之感论.载《教育杂志》第8卷,第2号,第38页,1916年2月15日。

1919 年的《新教育》杂志发表了《教育与地方自治》一文,认为地方自治实为共和国教育行政之基础。1920 年 10 月,全国教育会联合会第六届会议呈请国务院、内务部和教育部《请从速恢复地方自治以固教育根本案》,指出自取消地方自治以来,地方教育费大都为县知事挪移、侵蚀,人民无从过问,教育经费左支右绌。若恢复地方自治,则监督县教育行政者有县议会,监督市乡教育行政者有市乡议会,地方教育经费不至如以前那样被挪移。只有恢复地方自治,教育经费才能独立。① 可见,当时地方自治思想已深入人心。

近代的分级办学思想也对地方政府财政能力的增强起了推波助澜的作用。中国近代分级办学的思想萌生于中日甲午战争以后。郑观应、康有为等较早提出了分级办学的思想。1884 年郑观应提出:"考试之法将若何? 窃谓中国自州县省会京师,各有学宫、书院,莫若仍其制而扩充之,仿照泰西程式,稍为变通,文武各分大中小三等,设于各州县者为小学,设于各府省会为中学,设于京师者为大学。"②郑观应提出了将学宫、书院改造成三级学校机构的设想。1895 年,康有为也提出了与郑观应相似的构想,他提出地方设立艺学书院,经过书院学习并通过考试的学生进入省学,经过省学学习并通过考试的学生进入京师学习。③ 1898 年 1 月,康有为在《上清帝第六书》中再次提议分级办学,1898 年 7 月又上奏:大学须有中学、小学的基础,可以将省会之大书院改为高等学堂,府、州、县书院改为中学堂,义学和社学改为小学堂。几天后光绪帝上谕各省、府、直隶

①阅全国教育联合会议决案赘言.载《教育杂志》第 13 卷,第 3 号,第 3 页,1921 年 3 月 2 日。
②郑观应.考试.载朱有瓛.中国近代学制史料第一辑(下册).第 12 页,华东师范大学出版社,1986 年。
③康有为.上清帝第二书.载朱有瓛.中国近代学制史料第一辑(下册).第 470 页,华东师范大学出版社,1986 年。

州、县,分别将书院改为大、中、小学堂。

分级负担教育经费的模式由此而来。1903 年,袁世凯、张之洞明确表示了分级负担教育经费的思想。他们提出:"东西各国公私大小学堂,多者不下数万区,如皆由公家筹款建立,安得如许经费? 大抵高等教育之责,国家任之,普通教育之责,士民任之。"①地方自治及分级办学和分级负担教育经费的实施进一步推动和加强了地方财政能力。

地方政府财政能力的加强为其资助私立大学奠定了经济基础。

早期开办的复旦公学和中国公学得到了地方政府较大的资助。复旦公学在开办之初得到了校长马相伯的旧交、两江总督周馥的支持,在马相伯的要求下,周馥很爽快地答应从库银中拨付 1 万两为复旦的开办费,并划吴淞营地 70 余亩为校园。② 1906 年,复旦经费再度紧张,时任总督端方从库银中拨月银 1400 两为正式开销,学校得以渡过难关。③ 不久,总督端方经过考察,认为学校办理较好,于是又拨给学校大洋 2000 元。④

中国公学开办之初同样得到了政府的资助。学校建校之始经费极其紧张,在多方求助无效的情况下,干事姚洪业以身殉校,投江自尽。全社会震动极大,迫于舆论的压力,加之郑孝胥、熊希龄的劝说,第二年,两江总督端方允于丁未年起每年由两江捐 12000 元,又拨吴淞公地百余亩为校园。次年,在大清银行营口经理罗诒先生的斡旋下,营口银行借助中国公学银 10 万两为建筑校舍之用。后来,湖北、浙江、四川、江西各省相继

①袁世凯、张之洞奏请递减科举折.载璩鑫圭,唐良炎.中国近代教育史资料汇编·学制演变.第525 页,上海教育出版社,1991 年。
②宗有恒,夏林根.马相伯与复旦大学.第 29 页,山西教育出版社,1996 年。
③陈学恂.中国近代教育大事记.第 150 页,上海教育出版社,1981 年。
④宗有恒,夏林根.马相伯与复旦大学.第 30 页,山西教育出版社.1996 年。

补助常款,故宣统末年公学每年常款有 2 万余元。① 除此以外,这一时期的其他私立大学也不同程度地得到了政府的资助。政府资助虽对当时很多私立大学的开办起了至关重要的作用,但当时政府资助私立大学并非自觉,有的是因为与办学者关系密切,有的是迫于舆论的压力。

焦作工学院的创办和发展中,河南地方政府发挥了重要作用。英国福公司开办焦作路矿学堂,更多的是河南地方政府努力交涉与积极督促的结果,不仅如此,河南地方政府还给予了焦作工学院大量的经费资助。1921 年,河南实业厅向学校补助了试金仪器大洋 2000 元;1930 年,河南省政府教育款产管理处给焦作工学院补助 6000 余元;1931 年,河南省政府教育款产管理处决定每月给焦作工学院补助 2000 元,全年 24000 元;1937 年 3 月,中央庚款董事会补助焦作工学院建筑费 13000 元等。② 解放前夕,在通货膨胀、物价飞涨的情况下,河南省政府给予了学校大量的物质支持,才使学校得以维持。

武昌中华大学创办初期,湖北省政府将粮道旧署划为学校永久校舍。20 年代初期,在湖北省长兼督军萧耀南的慷慨资助下,中华大学得以盖起了一栋办公大楼和四栋学生宿舍。直到 30 年代,中华大学仍然持续不断地得到湖北省教育厅的补助。③

海南大学创办初期,当地县政府将约 500 亩的农田拨给学校作为农场,解放前夕,海南大学经费紧张,学校面临困境,在海南地方政府的帮助下,学校发起组织了"海大之友会",旨在募集经费,维持和推动海南大学的发展。

---

① 胡适.中国公学校史.载《学府纪闻:私立中国公学》.第 7 页,台北南京出版有限公司,1982 年。
② 邹放鸣.中国矿大九十年.第 18、24、30、35 页,中国矿业大学出版社,1999 年。
③ 娄章胜,郑昌琳.陈时教育思想与实践.第 112、355、366 页,华中师范大学出版社,2001 年。

在近代中国,广东省成为北京、上海之外私立大学数量最多的省份,这与广东地方政府对私立大学的大力支持是分不开的。广东地方政府十分重视发展地方教育事业,包括私立高等教育。广东的私立大学都不同程度地得到过当地政府的资助。广东国民大学和广州大学在发展中长期得到广东省政府的经费资助。如广东国民大学于民国"二十一年三月,广东省政府议决,自二十一年度始,由省库拨给津贴本校经常费每年二万四千元"。① 抗战时期,广东政府统一部署了私立大学迁往后方的工作,并给予了巨额经费补助。鉴于战争爆发后,家在战区的粤籍学生经济来源中断,广东省政府特别制定了《补助专科以上学校战区粤籍学生贷金章程》,从 1940 年 9 月起,广东国民大学、广州大学等粤省私立大学的学生得到了广东省政府的贷金补助。抗战胜利后,广东省政府竭力帮助本省私立大学迁校复员,拨出 40 亩公地给广东私立中华文法学院作为校地。②

第四节　教育经费的其他来源

除社会捐款、学费、政府补助外,私立大学的经费来源还有学校财产(基金利息)收入、杂项收入等。财产收入包括公债利息、基金利息、房租地租、校田进款、校办产业经营所得等。如二三十年代南开大学的经费来源达 10 项之多,包括学生缴费、公债利息、基金利息、房租地租、罗氏基金团补助费、中华教育文化基金委员会补助费、太平洋国际讨论会专题研究

---

① 广东国民大学概览.1933 年。
② 第二次中国教育年鉴　第五编　高等教育　第四章　公私立专科学校概况.第 256 页,台北宗青图书公司,1991 年。

补助费、校田进款、财政部河北财政特派员公署补助费、特别捐款等。[①] 其中基金利息为南开大学的一项重要收入。江苏督军李纯去世后,将遗产的四分之一(元年公债票 2188000 元——每百元合现洋 22.85,又现洋 48 元整)捐赠给南开大学,学校以这笔资金购买公债股票,使基金"永久存储,发商生息,以资利用"。[②] 这些基金利息在抗日战争全面爆发后的学校困难时期,对学校的发展起了很大作用。

此外,有些私立大学通过购买公债股票、炒股、收取基金利息、房租地租和校田进款,以现有资本进行投资经营,以财生财。如上海立信会计学校校长潘序伦将所创办的立信图书用品社、立信会计师事务所及专科学校三者融为一体,事务所与图书用品社除为学校提供师资、实习基地和教材之外,并将营业收入给学校用来补充学校经费。另外,学校每年都大做买卖黄金、美钞、股票的生意,收入颇丰,大大改善了学校经费紧张的状况。

为了获取更多的经费,一些私立大学利用自身的力量走出了一条兴办产业之路。抗战全面爆发后,北京民国大学被环境所迫,一再向后方转移,损失惨重,在这生死存亡的关键时刻,校长鲁荡平突发奇想,从 1943 年 8 月起,民国大学开始以私人的力量,自力更生,兴办产业,先后创办了机器锯木厂、机器碾米厂、运输部、机器厂、砖瓦厂和农场,这些厂矿的兴办增加了学校收入,改善了学校办学条件,学校从而增设了农工学院,培养工农业高级专门人才。[③] 总之,财产收入是很多私立大学的一项经费来源。表 12 显示了 20 年代末 30 年代初一些私立大学的财产收入情况。

---

① 王文俊等. 南开大学校史资料选. 第 136 页,南开大学出版社,1989 年。
②《南开周刊》第 2 期,1921 年 4 月 6 日。
③ 教育部派员视察私立民国大学的报告及有关文件. 南京第二历史档案馆,第五全宗,第 2002 号档案。

表 12　20 年代末 30 年代初一些私立大学的财产收入及所占比例(单位:元)①

学　校	1928 年	1929 年	1931 年	1932 年	1934 年
大同大学	3171(3.2%)	3003(1.9%)	3250(2.6%)	6437(7%)	15041(9.5%)
大夏大学	5080(2.2%)	3713(1.3%)	3719(0.9%)	10595(3.8%)	14100(4.9%)
武昌中华大学	1956(1%)	4069(1.2%)	35420(8.3%)	32150(8.4%)	31764(12%)
南开大学	79727(45%)	98910(44.9%)	59351(17%)	*	80608(15%)
上海法政学院	267(0.4%)	334(0.4%)	—	536(0.4%)	—
厦门大学	—	5146(1.9%)	4925(2%)	6845(2.7%)	6761(2.3%)
南通学院	1419(1.4%)	1253(1.2%)	200000(64%)	1253(1.2%)	22441(9.7%)
中国学院	—	196(0.1%)	—	196(0.1%)	—
朝阳学院	9462(7.2%)	19057(13.2%)	—	19057(13%)	29537(21%)
广州法政专门学校	258(0.3%)	138(0.2%)	*	*	*
上海法学院	—	—	29480(19%)	2344(1.9%)	7755(6.1%)
福建学院	*	*	70216(75%)	72216(76%)	44120(75%)
武昌艺术专科学校	8375(10%)	12446(10.4%)	*	*	*

说明:"—"表示财产收入为零;"＊"表示未找到统计数据。

　　从表 12 可以看出,一些私立大学的财产收入占学校总收入的比例较大,如福建学院 1931 年、1932 年、1934 年的财产收入分别为 70216 元(75%)、72216 元(76%)、44120 元(75%);南通学院 1931 年的财产收入是 200000 元,占总收入的 64%;南开大学 1928 年、1929 年、1931 年、1934年的财产收入分别为 79727 元(45%)、98910 元(44.9%)、59351 元(17%)、80608 元(15%)。除福建学院、南开大学等个别私立大学外,绝

①资料来源:(1)教育部高等教育司.全国高等教育统计.表 68、71,中华民国十七年八月至二十年七月(无出版者及页码);(2)教育部.二十一年度全国高等教育统计.第 57、58、131、132 页,商务印书馆,1935 年;(3)教育部统计室.二十三年度全国高等教育统计.第 54、55、132、133、200、201 页,商务印书馆,1936 年;(4)第一次中国教育年鉴　丙编　教育概况.学校教育概况.第 87—140 页。

大多数私立大学的财产收入占学校总收入的比例都很低。有些私立大学的财产收入为零。

此外,杂项收入也是私立大学的一项收入。杂项收入指捐款、学费、政府补助、财产收入等以外的收入。不同学校杂项收入来源不尽相同。为了弥补教育经费的不足,私立大学采取多种措施增加学校收入,如开办暑期学校、夜校、短期培训班等。这样既满足了不同层次学习者的需要,为广大在职青年提供继续学习深造的机会,也为学校增加了收入。

为了满足广大自学者的需要,在沈恩孚、黄炎培的支持下,上海美术专科学校于1915年首次开设了暑期美术进修班。1920年正式开办暑期学校,接受中小学美术教师、工艺音乐教师的进修,进修人数最多时达500多人。[1] 既为教师增加了收入,也为学校积累了办学资金。1937年,上海美术专科学校接受教育部委托,对14个省市的初中劳作教师进行暑期培训,并开办了劳作专修科,为中学培养劳作方面的师资。南开大学于1922年开始办暑期学校,学生共704人(男626人,女78人),学生籍贯遍布全国各省,见表13。

表 13　1922 年南开大学暑期学校学生籍贯[2]

直隶	山东	奉天	河南	浙江	四川	安徽	热河	广东	湖北	吉林	陕西
296	56	18	34	28	34	29	4	33	9	11	29
湖南	江苏	福建	陕西	广西	黑龙江	江西	贵州	朝鲜	不详	总计
9	31	11	15	1	3	6	3	2	42	704

---

①周川,黄旭.百年之功——中国近代大学校长的教育家精神.第64页,福建教育出版社,1994年。
②王文俊等.南开大学校史资料选.第20页,南开大学出版社,1989年。

南开大学的暑期学校每位学生所缴费用如下:杂费1元;学费每绩点3元;选习化学者每门另交实验费3元,预偿费各5元,未损坏仪器者退还;膳食费:7月6日至8月5日,每日两餐者5元5角,午餐者2元8角;宿费2元。共计收入5447.4元,除去开支外尚余2382.7元。①

一些私立大学还通过开办夜校这种教学方式来满足社会需求,同时也为学校挣取了办学经费。不少学校的夜校学生甚至超过了日校学生。广州大学建校之初衷是满足失学青年继续求学的需求,学校最初开办夜班,日后才逐渐办起了日班。1927年广东国民大学为适应社会需求,仿照欧美大学创设了第二学院,"一时有志之士,乃至小学教员,云集景从",报名的学生接踵而来。② 这所学校开设了夜校,其学生数量超过了日校学生,其中尤以法律、经济、教育等专业人数居多,大多数学员30岁左右,有的甚至50岁,学员中大多数是公务员、中小学校长及教师。由于这些在职人员学习勤奋刻苦,学业成绩并不比日班逊色,因此,入学人数日增。

立信会计学校采取了多种形式办学,既满足了社会需要,也为学校增加了收入,使立信会计学校逐步发展成为全国知名的会计学校。校长潘序伦兼任暨南大学商学院院长之时,国内民族工商业已在发展,迫切需要改革会计制度,社会急需懂得经营管理的人才,于是潘序伦在1927年春辞去了公立大学教授职务,设立了"潘序伦会计师事务所",并在事务所内设立会计补习夜校,这是他兴办会计学校的开始。1928年扩大会计补习夜校,改名为"立信会计补习学校",到第二学期开学前,报名的人很

①《南开周刊》第41、42、45期,1922年9—10月。
②广东国民大学十周年纪念册·校史概略,第7页,1935年。

多,于是潘序伦决定把训练班从事务所里独立出来,成立会计补习学校。先后开设初级、高级商业簿记,高等会计,银行会计,公司会计,成本会计,政府会计,审计学等课程。① 这一时期的立信会计学校为了适应不同人的需要,采取了多样化的教学方式。

1. 补习夜校。这主要是为了适应业余人员的需要而开办的。学生都是各企业和机关的在职人员,年龄比较大,三四十岁的很多,甚至还有59岁的老学生。其中一部分是旧会计人员为适应改账需要来学习的,一部分是适应社会对西式会计人员日益增长的需要而来学习的。

2. 函授学校。面向全国各省市乃至香港、澳门和南洋群岛招生,参加学习的人数很多,影响很大。

3. 晨校、星期日校。这是为不能读夜校的在职职工,利用早晨和星期日的休息时间,研习会计而开办的。

4. 日校。又称"速成科"。主要对失学失业青年和外地专门来沪求学的学生而设,一般经济比较困难,年龄比较大,要求短期速成,开办时规定三学期毕业。

5. 专科学校。这是正规的高等学校,经过入学考试,择优录取。

6. 高级职业学校。这也是正规学校,投考学生须初中毕业或有同等学力,三年毕业。

7. 训练班。这是依照解放前旧教育部《短期职业训练班办法》开办的,规定学习年限为一年以上。立信曾办高级会计职业训练班(高中毕业程度入学,一年毕业)、中级会计职业训练班(又称初级会计职业训练班,

---

①潘序伦.立信会计学校的创办和发展.载钟叔河,朱纯.过去的学校.第401页,湖南教育出版社,1982年。

初中毕业程度入学,一年毕业)、会计职业训练班(初中毕业程度入学,三学期毕业)。

需要说明的是,立信会计学校无论采取何种办学方式,都坚持严格的办学方针。校长潘序伦在向教育部申办此类学校时,就将该校办学方针归纳为:"管教务期严格,学生学验并重,出路必予保障。"在实践教学中,学校始终坚持严格的教学管理制度。首先在学习时间上,保证每学期授课二十个星期,上课时一律点名,规定在一学期内学生缺课三分之一以上,不能参加期终考试,迟到早退三次作旷课一次。其次,在考核学生成绩方面,立信会计专科学校所属的各类学校都严格实行考试,补习学校规定 70 分为及格,不及格者不准毕业。[①]

为了能使学生毕业后胜任会计实务工作,学校坚持严格实用的教学方针。要求各门课程除讲授理论外,特别重视习题练习。还实行助教改卷制度。还用会计竞赛、加强珠算练习等方法,训练学生的基础技能。更重要的是,学校经常组织学生去工商企业和政府机关参观、实习,派成绩突出的学生参加查账实习。此外,学校还在会计事务所附设"会计职业咨询所",让学生参加。学生通过这些实践,不仅加深了对所学知识的理解,能更好地应用于实践,而且也扩大了就业机会,当时许多实习生被机关、企业留用。[②]

总之,各私立大学通过不同方式为学校筹集资金,这些收入都属于杂项收入。表 14 列出了 20 年代末 30 年代初一些私立大学的杂项收入情况。

---

①潘序伦.立信会计学校的创办和发展.载钟叔河,朱纯.过去的学校.第 404 页,湖南教育出版社,1982 年。
②钟叔河,朱纯.过去的学校.第 403—405 页,湖南教育出版社,1982 年。

表 14　20 年代末 30 年代初一些私立大学的杂项收入及所占比例(单位:元)①

学　校	1928 年	1929 年	1931 年	1932 年	1934 年
大同大学	5054(5.1%)	8305(5.3%)	1307(1%)	13546(15%)	42593(27%)
大夏大学	152016(64%)	—	803(0.3%)	45613(16%)	7017(2.4%)
光华大学	32103(10.3%)	36842(12%)	31035(11%)	14284(4.6%)	4840(1.9%)
武昌中华大学	558(0.3%)	1276(0.4%)	3148(0.7%)	24564(6.4%)	19560(7.2%)
南开大学	5904(3.3%)	7362(3.4%)	2251(0.6%)	*	5543(1.1%)
厦门大学	17593(5.4%)	16746(6.3%)	17684(7%)	19697(7.7%)	20612(6.9%)
复旦大学	7788(5.4%)	5203(2.7%)	5203(3%)	15641(8.4%)	22631(10.5%)
南通学院	13773(13%)	16859(16%)	17214(6%)	16859(15.6%)	14400(6.3%)
中国学院	807(0.4%)	577(0.3%)	*	577(0.3%)	39964(14.1%)
朝阳学院	4644(3.6%)	6921(4.8%)	6921(5%)	6921(4.8%)	12224(8.7%)
上海法学院	6139(7.7%)	6736(6.6%)	42480(4%)	4837(4%)	20519(16%)

说明:"—"表示财产收入为零;"＊"表示未找到统计数据。

①资料来源:(1)教育部高等教育司.全国高等教育统计.表 68、71,中华民国十七年八月至二十
年七月(无出版者及页码);(2)教育部.二十一年度全国高等教育统计.第 57、58、131、132 页,
商务印书馆,1935 年;(3)教育部统计室.二十三年度全国高等教育统计.第 54、55、132、133、
200、201 页,商务印书馆,1936 年;(4)第一次中国教育年鉴　丙编　教育概况　学校教育概
况.第 87—140 页。

第四章
中国近代私立大学教育经费的管理

　　能否科学、合理、高效地管理教育经费，直接影响着私立大学的发展。为了更好地管理教育经费，就必须建立相应的经费管理体制。私立大学的经费主要用于两方面。一是学校创建时的开办费，创建一所学校要购买或租赁校舍，购置仪器设备、教学用具等，需要大量资金。这部分资金主要在学校开办之初使用。另一个是学校的经常费用，学校建成后为了维持其正常运转，需要各种经常费用，如教职员工的薪俸、学校办公费、添置设备费、修缮费、水电费等，本文将对私立大学的经费管理体制和经常费用的使用情况进行分析。

第一节　中国近代私立大学教育经费管理体制

　　"体制"一词原是生物学上的一个概念,指生物器官的配置形式。后引申为国家机关、企事业单位的组织制度。如果将体制的概念延伸到学校经费管理的话,那么私立大学经费管理体制即是指私立大学内部在经费分配和使用中的组织机构设置、隶属关系及各组织机构间权限划分等方面的制度。可见,谈到经费管理体制,必然要涉及学校内部的机构设置。私立大学与公立大学内部机构设置的最大不同是前者设有董事会这一机构,而后者没有。而私立大学董事会与校长在经费管理权限方面的划分,是构成私立大学经费管理体制的核心。

　　清末,政府对私立大学的设立和管理采取放任自流的态度,因此,各私立大学的经费管理体制互不相同。有些私立大学在不同时期的经费管理体制也不同,很多学校的经费管理体制经历了一个变化过程。

　　中华民国成立后,按照当时有关法律法规的规定,公、私立大学实行不同的经费管理体制。就公立大学而言,1912 年 10 月 24 日北洋政府教育部公布的《大学令》及 1917 年 9 月 27 日公布的《修正大学令》都规定:"大学设校长一人,总辖大学全部事务。"[1]可见,当时的公立大学经费管理实行"校长负责制"。为了借鉴私立大学的董事会制度,1924 年北洋政府教育部颁布的《国立大学校条例令》规定:"国立大学设校长一人,由教

---

[1]中国第二历史档案馆.中华民国史档案资料汇编　第三辑　教育.第 109、108 页,江苏古籍出版社,1991 年。

育总长聘任。大学设董事会,审议学校计划、预算、决算及其他重要事项。董事会由例任董事(校长)、部派董事(由教育总长从部员中指派)和聘任董事(由董事会推荐、呈请教育总长聘请)组成,董事会由校长召集。"①可见,按照当时的规定,从 1924 年起公立大学也要设立董事会,实行"董事会协助下的校长负责制"。但这种欲在公立大学中设立董事会的制度,由于一些公立大学的反对并未得到贯彻执行。当时公立大学经费管理仍然实行"校长负责制"。

就私立大学而言,1913 年 1 月 16 日北洋政府教育部公布的《私立大学规程》规定:"私立大学如系一人设立者,即以设立者为代表人;如系二人以上设立者,应推举一人为代表人,其他非负完全责任之发起人及赞成人,均不在代表之列。"②按当时的规定,私立大学的董事会为决策和权力机构,校长由董事会聘任。因此,有学者把当时私立大学经费管理体制描述为"董事会聘任下(或协助下)的校长负责制"或"董事会主导下的校长管理制(或负责制)"等。用一种管理体制来概括当时所有私立大学的经费管理体制是不恰当的。因为从实际情况来看,当时私立大学内部机构设置可谓五花八门,虽然政府规定私立大学应该设立董事会这一机构。但还是有相当一些私立大学未设董事会这一机构,有些私立大学虽然设立董事会,可董事会形同虚设,名不副实。仅就董事会与校长间的关系来看,通过研究发现,就有多种管理体制。如"董事会聘任下的校长管理制""董事会主导下的校长管理制""虚拟董事会下的校长负责制"等。加之由于举办者与私立大学之间复杂的关系以及举办者对私立大学的不同

---

① 中国第二历史档案馆.中华民国史档案资料汇编　第三辑　教育.第 173 页,江苏古籍出版社,1991 年。
② 中国第二历史档案馆.中华民国史档案资料汇编　第三辑　教育.第 142 页,江苏古籍出版社,1991 年。

态度,在实践中私立大学形成了多种经费管理体制。尽管这些管理体制在科学化、规范化、制度化等方面还很不完善,存在这样或那样的不足,但它给近代大学经费管理体制和运行机制注入了民主、开放、创新的时代气息与活力,也证明了中国近代私立大学在学校经费管理体制方面有一定的自主性和独创性,对我国当今民办大学有一定的启示。

1."师生共同管理"体制。所谓"师生共同管理",是指学校没有设立诸如董事会或校长之类的权力机构或最高管理者,学校的一切事务包括教育经费,都由师生组成的联合会来共同管理。这是在特殊时期内比较少见的一种经费管理体制。实行这种管理体制的代表学校是清末的中国公学。中国公学"最初的时代,纯然是一个共和的国家","中国公学的组织是一种民主国的政体。公学的发起人多是革命党人,故学校成立之时,一切组织多含有民主政治之意,全校的组织分为执行与评议两部。执行部的职员都是评议部推举出来的,有一定任期,并且对于评议部要负责任。评议部是由班长和室长组成的,有监督和弹劾职员之权。开会时,往往有激烈的辩论,有时到点名熄灯时方才散会"。他们都"以大公无我之心,行共和之法"。①

中国公学建校之初,学校的各项工作实行的是名副其实的民主管理,胡适1952年12月23日在中国公学校友会在台湾为他举行的欢迎会上回忆当时的情况时说:"……当时我们母校的教育制度,有着一点独特的作风,这种作风便是民主制度在教育上的试验,当时校内并不设校长,而由三位干事共同负责处理校务,成为学校'行政机关'。另外由全体同学推举班长、室长,实行自治,并且选举评议员,组织评议会,成为学校的'立法机关'。一切校务虽由干事负责执行,但必须先经评议会通过,完成

---

①胡适.四十自述.第64页,香港远流出版公司,1986年。

'立法程序'。就是聘请教员也得经过同学的同意。……这段为民主的教育制度而奋斗的历史,在中国教育史上也有其应有的地位。"①不幸的是,这种共和制度实行了九个月就修改了,修改的原因大约有以下几种:一是因为发起的留日学生逐渐减少,而新招来的学生逐渐增多,已不是当初发起时学生之间完全不分界限的情形了;二是因社会和政府对于这种共和制度都很疑忌;三是因为学校既无校舍,又无基金,有请求官款补助的必要,所以不能不避免外界对于学校内部的疑忌。鉴于以上原因,学校的办事员在1906年冬天请郑孝胥、熊希龄等10人修改了学校章程,1908年春学校正式设立董事会。于是学生主体的制度就变成了董事会主体的制度。董事会根据新章程,选举郑孝胥为监督(后改为校长),一年后郑孝胥辞职,董事会又推举夏敬观为监督。② 从此,私立中国公学开始了"董事会聘任下的校长管理制"。

2. 校长负责制。实行这种经费管理体制的私立大学,只设校长而未设立董事会。如果学校设立了董事会,该校的经费管理体制就不能称为"校长负责制"。因为按照法律规定,只有董事会才是学校的法定代表,才能对政府和社会负责。而由董事会聘任的校长只行使管理学校的职能,而不能代表学校,更不能向政府和社会负责。中华民国成立以前的复旦公学等学校实行的是这种经费管理体制。复旦公学在建立之初,其创始人马相伯被师生公推为校长,当时学校没有设立董事会这一机构,学校经费的使用等事项实际上是马相伯一人说了算,学校经费管理等事项实行校长负责制。但校长马相伯实行的是一种民主管理的方式,复旦公学继承了震旦学院的管理模式,在校务管理方面实行学生自治制度,学校内

---

① 胡适. 回忆中国公学. 载《胡适作品集》第26集,第195—196页,香港远流出版公司,1986年。
② 胡适. 追忆在中国公学的生活和公学发生风潮的经过. 载《学府纪闻:私立中国公学》. 第99—100页,台北南京出版有限公司,1982年。

部事务由学生自己管理,学校财务公开,在他监督下,从学生中选出总干事一人,会计一人,其余干事由学生每学期互相推选,轮流担任。[①] 当时日本大阪新闻曾评论复旦为"革命的学校",上海英文《大陆报》亦赞许复旦学生"最富民主精神"。在学生自治制的推动下,学生自办食堂、合作社、储蓄银行等,以管理同学经济生活;而后还有"民主法庭"的设立,以解决同学间的纠纷事故。1907 年马相伯东渡日本,校长一职由严复担任,严复被认为"是中国近代自由主义教育的先驱者"。他早年留学英国,受英国自由主义思潮耳濡目染的影响,其思想中自由主义成分可想而知。自由主义思想大师穆勒名著《论自由》就是严复翻译的。他将穆勒的自由主义教育思想翻译为:"盖所恶于国家之教育者,彼将立一格焉,以陶铸一国,使务归于冥同,如一拢之禾,如一丘之貉,顾其所立之一格,非必至美善者也。……就令而效,其势亦将以劫持人心,而成拘墟束教之大弊。"他赞同"择术从师,与一切学业之程","宜任其民之自谋",并认为"治学之材与治事之材,恒不能相兼",主张"治学治事宜分二途",表现了教育独立,民主管理的强烈愿望。就在《论自由》译作出版后不久,严复协助马相伯创办复旦公学并任校长。严复继承了马相伯民主治校的方略,对学校经费等实行校务公开、民主管理。马相伯、严复民主治校的方略对复旦大学其他继任校长影响很大,奠定了复旦大学民主治校的基础。

3. 董事会聘任下的校长管理制。这种经费管理体制有两点需要注意:第一,董事会与校长的关系是"聘任"而非"领导或主导"。在这种管理体制下,学校设置董事会为学校的最高权力机关,董事会对外代表学校。校长经由董事会聘任后,全权管理包括经费在内的学校一切事务。董事会不得干预校长的行政事务。董事会聘任校长但不能主导(或领

[①]宗有恒,夏林根.马相伯与复旦大学.第213页,山西教育出版社,1996年。

导）校长,因为校长具有很大的管理学校内部事务的权力。第二,这种管理体制表述为"董事会聘任下的校长管理制"而非"董事会聘任下的校长负责制"。"管理"和"负责"含义大相径庭,校长只能在学校董事会决策的范围内行使经费"管理"和使用的职能。他只能对董事会负责,而不能"代表"学校对社会和政府负责。

清末实行这种管理体制的私立大学有德文医学堂等学校。德文医学堂成立之初即成立董事会,宝隆医生被选为董事会总监督（董事长）兼学堂首任总理（校长）,全面负责学堂工作。学校下设医科监督和德文科监督,学堂开办初期,大多数学生属于德文科,该科在教学、管理上头绪较多,学校财务管理等事务实际上便由德文科监督具体负责,当时为德文科监督设助手一人,帮助他跑银行、买用品。当时实行这种经费管理体制的还有福建法政学堂和广东私立光华医学院等学校。福建法政学堂是援引浙江私立法政学堂之先例,于1911年3月由福建立宪派人士在福州创立的,当时学校设有维持会（董事会）及代表人（董事长）和学堂监督（校长）。

中华民国成立后,很多私立大学都实行这种管理体制。以复旦大学为例,复旦公学校长马相伯退休后,董事会聘请李登辉继任校长。李登辉的治校策略是"民主治校"。学校经费等事务由师生共同管理,学校于1924年设立"行政院",统一管理学校一切事务。行政院由校长、教务主任、各科系主任、大学教授会、中学部主任、中学教员会代表组成。预决算三百元以上支出须行政院作出决定。在经费使用上,李登辉一向发扬民主作风,尤其是重大开支都经过大家反复讨论、研究。正像他说的那样"大家的意见,就是我的意见"。1947年李登辉去世后,陈望道（1952年至1977年任复旦校长）在《悼李老校长登辉先生》中说:"先生是复旦传统的象征,也是校长的最好典型。……先生曾以服务牺牲解释复旦精神。先生自己就是服务的、牺牲的,同时也是民主的、和平的,专为青年发展、中国的进步办教育的。……我们祝愿先生的崇高精神永永远远在复旦，永永远远在人间。"①

4. 董事会下的校长负责制。在这种经费管理体制下,学校办学者(或办学者之一)担任校长,由担任校长的办学者(们)聘请社会知名人士组成学校董事会,董事会名义上代表学校并聘任校长,实际上学校一切事务由校长负责。这种经费管理体制下,校长不但是学校的创办人(或创办人之一),而且校长本人在社会和学校师生中具有很高的威望。校长在经费的使用上具有很大的权力。南开大学即属于这种管理体制。南开大学成立时即成立董事会,校长名义上由董事会聘任,实际上张伯苓是无可争议的校长人选。因为张伯苓是南开大学的缔造者之一,在教育界和广大师生中有极高威信,又有丰富的办学经验,他与南开大学有着不可分割的关系。因此,南开大学的校长既与一般公立大学校长不同,也与其他私立大学校长不同,他与校董事会的关系与其他私立大学的校长与董事会的关系不同。南开大学董事会是张伯苓等人聘请的,董事会是实际存在并切实履行其职权的,但由于张伯苓本人的特殊背景和地位,董事会对校长张伯苓没有决定和支配权。张伯苓既是南开大学的总负责人,又是总设计师。② 鉴于此,南开大学经费管理体制与其他私立大学有些不同,实行董事会下的校长负责制。因为校长张伯苓的职务实际上不是董事会"聘任"的,董事会又不能"主导"校长,而张伯苓的地位和权力使得他能为学校"负责",因此,南开大学的经费管理体制不是"董事会'聘任(或主导)'下的校长管理制",而是董事会下的校长负责制。历史证明,张伯苓与南开大学已经密不可分,著名作家曹禺、老舍曾说过:"知中国者,便知

---

① 周川,黄旭. 百年之功——中国近代大学校长的教育家精神. 第75—76页,福建教育出版社,1994年。
② 南开大学校史编写组. 南开大学校史. 第104页,南开大学出版社,1989年.

道南开;知南开者,便知道张伯苓","知道有中国的,便知道有个南开。这不是吹,也不是谤,真的,天下谁人不知,南开有个张校长?! 不是胡吹,不要乱讲,一提起我们的张校长,就仿佛提到华盛顿,或莎士比亚那个样。"①

南开大学经费实行民主管理模式,学校具有真正的法人地位,学校在经费筹措和使用方面有较大的自主权。董事会是学校最高权力机构,负责有关学校发展和建设等重大问题的决策。校长张伯苓负责经费使用和管理等学校一切工作。他倾其毕生心血和资产创办了南开,把自己的一切全部维系在南开的一草一木上,但他并不把南开当作自己的私人所有。他常说:"学校不是校长的学校,是大家的学校。"②他还特别强调"私立学校不是私有学校"。③ 在治理学校时强调民主治校,不搞家长制,鼓励学生自治,号召师生参与校政。不能任人唯亲,而要任人唯贤。他提出"校务公开,责任分担,师生合作"的经费管理方针。成立了师生校务研究会,选举师生代表组成该会。后来他说:"学校一切事,不是校长一人号令,应大家共同商量,所以要大家同负责任。有了此种力量,才能一致的奋斗,况教育目的,不是饭碗,安有高过此的意思? 若要达到这种意思,非得全体一致的动作不可,所以校务要公开。"④

无锡国学专修学校也属于此种管理体制。1920 年冬,施肇曾(省之)捐资,创立无锡国学专修馆,唐文治出任馆长,从此,唐文治担任无锡国学专修学校校长达 31 年之久。学校在管理上沿袭了家长制的管理方式,校长唐文治综理学校一切事务,学校实行董事会下的校长负责制,下设秘

---

① 曹禺,老舍.张伯苓先生七十大庆.载上海《大公报》,1946 年 7 月 1 日。
② 《南中周刊》第 37 期,1927 年 12 月 12 日。
③ 刘兆吉.我心目中的张伯苓校长.载《张伯苓纪念文集》,第 99 页,南开大学出版社,1986 年。
④ 《南开周刊》第 1 期,1921 年 4 月 1 日。

书、教务、总务、训育四处,另设三个委员会:教训军合一委员会,招生委员会和毕业考试委员会。董事会不干涉校长经费使用权力,唐文治在师生中具有很高的威望和权威。

5.“虚拟”董事会下的校长负责制。所谓“虚拟”董事会,是指学校为了立案或应付教育主管部门的检查,虽然成立了董事会机构,但由于种种原因,董事会未真正履行其职责,即董事会“有名无实”。董事会在学校建立、发展及经费使用和管理等方面所起的作用“名不副实”,有“挂名”之嫌。这种经费管理体制下,一般都是办学者自任校长。学校经费使用等一切校务由校长负责。武昌中华大学前期即属于这种管理体制。武昌中华大学创办伊始,由于教育总长汤化龙与陈宣恺私人关系较好,陈宣恺被聘为董事长,但这个董事长只是“挂名”,未行其责,此后,一些知名人士为抬高自己的名声要求当校董,但此时的校董人数虽多,均系“挂名”。1920年学校欲向教育部立案,必须申报校董事会名单,此时才开始组织成立校董事会,但校董的任期未定,开会缺乏记录,很不正规。学校董事会于1928年才正式成立。① 成立后的董事会也未真正履行其职责,因为此时董事会的成立主要是为了立案而“应付”教育部。绝大多数校董仍系“挂名”。

成立于1912年11月23日的上海美术专科学校也属于这种管理体制。上海美术专科学校成立的最初几年未设立董事会,由创办人刘海粟自任校长,此时学校实行校长负责制。后来学校为了在教育行政部门立案,于1919年成立了董事会,蔡元培应刘海粟之请担任校董事会主席,当时蔡元培为北大校长,事务繁忙自不必说,根本无暇顾及上海美术专科学校。因此,蔡元培这个校董事会主席系“挂名”而已,当时学校也聘请了

①王秋来等.中华大学.第31页,华中师范大学出版社,1993年。

其他一些"挂名"董事,但上海美术专科学校从创办到经费的使用和管理均由校长刘海粟全权负责。学校实行的是"虚拟"董事会下的校长负责制。

实际上,在近代中国,相当一部分私立大学实行的都是"虚拟"董事会下的校长负责制。这些学校大都是创办人自任校长,董事会"有名无实"。

难怪时人曾说:"私立学校都设有校董会,普通多系创校人自兼校长,把自己的儿女、至亲、好友列为校董。这样的董事会,当然是校长的御用机关。他日,创校人去世,董事会可以顺利通过创校人的儿子当选校长。这个学校便由父传子、子传孙地把校产如私产般的传受下去。"①

6. 董事会主导下的校长管理制。这种经费管理体制下,董事会对外代表学校并负责,董事会负责筹集经费,董事会负责制定和审核经费的预、决算。校长由董事会聘任并执行董事会的决议,校长的经费使用权力受到董事会的种种限制。如同济医工专门学校(同济大学前身)与外界交往都以董事会的名义进行,校长要对董事会负责,贯彻执行董事会的决议。根据 1917 年 3 月华德董事会制定的"办事规约",华籍校长的主要职责是:(甲)与德教务长共理教务;(乙)管理各宿舍及监察各课堂之秩序,核准学生的请假;(丙)监理本校各种收支款项;(丁)组织汉文教学,监理汉文教员事宜。"办事规约"还规定:"言语科(即德文科)、医科、工科、德教务长及三科之各教员仍属于原设之华德董事会,其内部之组织亦归该华德董事会监理","各学生履历册由德教务长保存","学费等项清册由华校长保存"。总之,在华人校董会掌权期间,学校经费等大权基本上仍由德国人掌握。校长的职权是受到种种限制的。②

---

① 郭荣生. 我从南开学到了些什么. 载梁吉生. 张伯苓与南开大学. 第 184 页, 山西教育出版社, 1995 年。
② 翁智远. 同济大学史第一卷. 第 19 页, 同济大学出版社, 1987 年。

7. 委员制。"委员会"制的经费管理体制一般都是学校在特殊时期或发生特殊情况下,学校实行的临时经费管理体制。大夏大学于 1924 年9 月 22 日开学,开学以后,因董事们散处各地,集会很难,致使无法推举校长,于是由欧元怀、王毓祥等教授组成了校务行政委员会,处理经费等一切校务,到 10 月中旬,学校事务日趋繁忙,于是校务行政委员会增加到八人,采取分工负责制,以维持学校事务。至 11 月 20 日,董事会推举马君武博士为校长,1926 年冬马君武辞职,学校又实行"委员会"制,董事长兼任委员会主席,直到 1928 年 3 月,学校又实行董事会聘任下的校长制。

创办于 1925 年 9 月的私立广东国民大学,创办之时实行校长负责制,第二年冬改校长负责制为委员制,设委员 7 人,成立大学委员会,推举张景耀为委员长,学校事务由委员长集体讨论决定,学校实行集体领导制。这种管理体制只实行了一年,后又改为校长负责制。

1927 年 3 月 23 日,阮尚介校长因压制学生运动,遭到学生的强烈反对,被迫提出辞职。学校由师生员工推派代表,组成了临时校务维持会,这个维持会由教职员代表 6 人,学生代表 4 人,工人代表 2 人共同组成。6 月 5 日,学校召开校董会议,要求政府委派校长接管学校,如至暑假结束时,尚未有新校长前来接管,则校董会为债务所逼迫,唯有自行处理校产,变价抵偿,以释重负。① 国民党中央政治会议上海分会委派许陈琦、孟心如接管学校职权,他们从 6 月 30 日接收同济大学印信和卷宗册开始,花了十多天时间,完成了接收任务,并开始筹备秋季开学事宜,至此,成立 3 个多月的临时校务维持委员会完成了其使命。

---

① 同济大学档案 520 - 35 - 981。

第二节 中国近代私立大学教育经费的使用

如上所述,私立大学的经费主要用于学校创建时的开办费和经常费。本节只讨论私立大学经常费的使用问题。私立大学的经常费主要用于教职员薪俸、办公费、设备费、特别费、附设机关费等方面。下面分别予以介绍。

一、教职员薪俸

无论公立大学还是私立大学,教职员薪俸都是一个最重要支出项目,现以 1929—1930 年度为例来说明教职员薪俸在公、私立大学支出中所占的比重,见图 2。

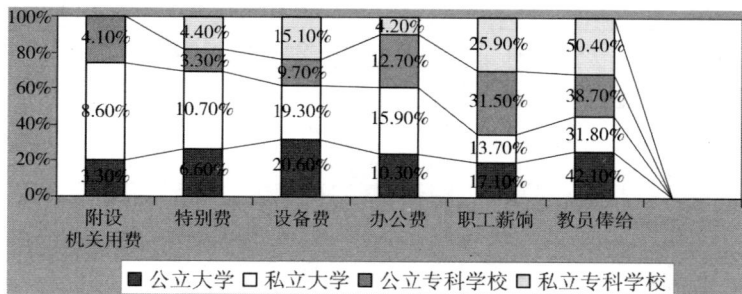

图 2 1929—1930 年度公、私立专科以上学校经费支配百分比①

说明:上图的"私立大学""私立专科学校"均包括教会大学。

从图 2 可以看出,1929—1930 年度,全国公立大学教职员薪俸占学

①教育部高等教育司.全国高等教育统计.中华民国十七年八月至二十年七月(出版者及时间不详)。

校总支出的 59.2%;私立大学教职员薪俸占学校总支出的 45.5%;公立专科学校教职员薪俸占学校总支出的 70.2%;私立专科学校教职员薪俸占学校总支出的 76.3%;就具体学校而言,很多私立大学教职员薪俸占学校总支出的 50% 以上。现以 20 年代末 30 年代初的一些私立大学为例,来说明教职员薪俸在学校开支中所占的比重,见表 15。

表 15　20 年代末 30 年代初部分私立大学教职员薪俸及占总支出比例(单位:元)①

学　校	1928 年度(%)	1929 年度(%)	1931 年度(%)	1932 年度(%)	1934 年度(%)
大同大学	59886(60.7)	76942(49.4)	89132(65.2)	64800(70.9)	73336(45.9)
大夏大学	87280(37.5)	121218(61.4)	138794(32.7)	152162(54.1)	166048(53.5)
光华大学	134845(43.1)	98012(31.8)	93862(32)	102047(32.2)	106040(42.6)
武昌中华大学	69478(36.4)	152538(46.2)	149760(35)	124260(32.6)	97640(36.2)
中国公学	71482(75.5)	81881(62.3)	81881(64)	*	24198(65.6)
南开大学	87819(43.4)	105633(43.9)	121529(38)	176340(47)	231521(41.6)
上海法政学院	50319(74.2)	62898(74.2)	62898(74)	96679(72.2)	*
厦门大学	215115(83.1)	187421(72.3)	161308(70)	196181(70.1)	189861(60.6)
复旦大学	82181(51.8)	116827(59.5)	116827(50)	127801(60.7)	159863(65.1)
南通学院	59683(56.7)	61786(56.4)	72500(23.4)	61786(56.5)	111512(48.4)
中国学院	70408(34)	117745(62.9)	117745(62.9)	117745(62.9)	137092(48.2)
朝阳学院	91300(68.7)	99165(72)	99165(72)	99165(72)	84925(63.1)
广州法政专门学校	34748(50.8)	39428(65.5)	*	*	*
上海法学院	40204(50.8)	47980(47.2)	59520(56.3)	47193(38.9)	42959(35.9)
武昌艺术专科学校	52380(62.8)	103980(87.2)	*	*	*
福建法政专门学校	38960(78.3)	38080(78.2)	*	*	*

说明:"*"表示未找到统计数据。

　从表 15 可知,很多私立大学教职员工的薪俸开支占了学校开支中相

---

①资料来源:(1)教育部高等教育司.全国高等教育统计.表 69、72、98,中华民国十七年八月至二十年七月(无出版者及页码);(2)教育部.二十一年度全国高等教育统计.第 57、58、131、132 页,商务印书馆,1935 年;(3)教育部统计室.二十三年度全国高等教育统计.第 54、55、132、133、200、201 页,商务印书馆,1936 年;(4)第一次中国教育年鉴　丙编　教育概况　学校教育概况.第 87—140 页。

当大的比例。福建法政专门学校、武昌艺术专科学校、厦门大学、上海法政学院等学校教职员的薪俸几乎都占到了学校总开支的 70% 以上。实际上,当时很多私立大学教职员工的薪俸开支比例都高于同类的公立大学。但这并不能说明私立大学教职员薪水高于公立大学,相反,当时私立大学教师薪俸较低。这里所指的教师薪俸较低,不是与社会其他行业相比,而是与公立大学比较而言。民国成立后,历任国家元首,无论是真诚还是虚假或者别有用心,至少在表面上对教育在国家发展中的地位和作用还是肯定的,教师特别是大学教师的薪俸与其他行业相比,并不算低。以抗战前为例,大、中、小学教师的模糊平均月薪分别为 220 元、120 元、30 元,而同期一般工人的月平均工资约 15 元。[1]　当然,不同时期,教师及其他行业待遇处于经常变化之中,这不在本文研究之列。

除个别私立大学外,大多数私立大学教师待遇都低于同时期同类的公立大学。清末的复旦公学经费比较紧张,教师的待遇菲薄。[2]　同样,中国公学成立时经费也极其紧张,很多教师纯属尽义务。

中华民国成立后,政府规范和加强了对公、私立大学教师的管理。1912 年 10 月 24 日教育部公布的《大学令》规定:"大学设教授、助教授","大学遇必要时,得延聘讲师"。[3]　1912 年 11 月,教育部公布了《公立私立专门学校规程》,其中规定:"凡具有下列条款资格之一者,得充公立私立专门学校教员:一、在外国大学毕业者;二、在国立大学或经教育部认可之私立大学毕业者;三、在外国或中国专门学校毕业者;四、有精深之著述经中央学会评定者。如教员一时难得合格者,得延聘相当之人充之,但须

---

①据上海总工会编《上海工运志》(评审稿)第 141 页记载:民国十六年至二十五年(1927—1936 年),经济较发达的上海工人的月工资大致为 14～15 元,中学教员月收入 100～200 元,小学教员 30 元左右。

②宗有恒,夏林根. 马相伯与复旦大学. 第 30 页,山西教育出版社,1996 年。

③教育部公布《大学令》(1912 年 10 月 24 日),载中国第二历史档案馆. 中华民国史档案资料汇编　第三辑　教育. 第 109 页,江苏古籍出版社,1991 年。

经教育总长认可,其认可之效力,以在该校任职时为限。"①1913 年 1 月
16 日教育部公布的《私立大学规程》,规定了与上述法律条文相似的内
容,凡具有下列条件之一的,可以成为私立大学教员:"一、在外国大学毕
业者;二、在国立大学或经教育部认可之私立大学毕业,并积有研究者;
三、有精深之著述经中央学会评定者。如教员一时难得合格者,得延聘相
当之人充之,但须经教育总长认可。"②

在规范和加强了对公、私立大学教师的管理的同时,教师待遇有所提
高。但私立大学教师的待遇较公立大学教师的待遇仍然偏低。以 20 年
代前后公、私立大学教师工资为例,当时除个别学校如厦门大学和中法大
学经费较充足,教师待遇较高外,绝大多数私立大学教员薪金都低于公立
大学。1917 年 5 月 3 日公布的《国立大学职员任用及薪俸规程令》,将教
师分为正教授、本科教授、预科教授、助教、讲师、外国教员等几类。正教
授、本科教授、预科教授、助教的薪金各分六级。他们的薪金见表 16。

表 16　1917 年 5 月 3 日公布的《国立大学职员任用及薪俸规程令》规定的教师薪金③

级别	正教授	本科教授	预科教授	助教	讲师	外国教员
第一级	400	280	240	120		
第二级	380	260	220	100		
第三级	360	240	200	80	每小时 2 元至 5 元	薪金以契约定之
第四级	340	220	180	70		
第五级	320	200	160	60		
第六级	300	180	140	50		

①教育部公布《公立私专门学校规程》(1912 年 11 月),载中国第二历史档案馆.中华民国史档
　案资料汇编　第三辑　教育.第 119 页,江苏古籍出版社,1991 年。
②教育部公布《私立大学规程》(1913 年 1 月 16 日),载中国第二历史档案馆.中华民国史档案资
　料汇编　第三辑　教育.第 142—143 页,江苏古籍出版社,1991 年。
③教育部公布《国立大学职员任用及薪俸规程令》(1917 年 5 月 3 日),载中国第二历史档案馆.
　中华民国史档案资料汇编　第三辑　教育.第 166 页,江苏古籍出版社,1991 年。

除此之外,还规定教授每连续任职五年以上,得赴外国考察一次,以一年为限,除仍支原薪外,并酌支往返川资。教职员若因病废或年满60岁自请退职者,给予终身恤金。恤金依其退职前薪俸的百分比确定,服务满10年者发给10%,15年者发给20%,20年者发给30%,25年者发给40%,30年以上者发给50%。①

相比之下,大多数私立大学教师工资比公立大学要低。以当时工资水平还算不错的复旦大学和南开大学为例,当时复旦大学校长李登辉的工资每月才200元,此外别无任何津贴。复旦专任教授的工资每月亦为200元,而且一年只支11个月的薪水,另一个月的薪水,以开办暑期学校的收入补足。其他教师和职员的工资更低。② 当时南开大学教授的工资在180元左右,助教和讲师的工资更低。20年代末,公立大学教师工资又有所提高。根据教育部规定,1927年公立大学教员月薪:教授为400~600元,副教授260~400元,讲师160~260元,助教100~160元。③ 同1917年5月北京政府的规定相比,大学教授最高月薪从400元增加到600元,助教的最低月薪从50元增加到100元。图3显示了1929年公、私立大学教师工资情况。④

图3所显示的私立大学教师工资包括了教会大学教师的工资,如果去掉教会大学教师的工资,私立大学教师平均工资将更低。可见,公立大学教职员平均薪金要高于私立大学教职员平均薪金。

---

①中国第二历史档案馆.中华民国史档案资料汇编 第三辑 教育.第167页,江苏古籍出版社,1991年。

②复旦大学校史编写组.复旦大学志第一卷(1905—1949).第108—109页,复旦大学出版社,1985年。

③第一次中国教育年鉴 乙编 教育法规.第64页,台北宗青图书公司,1991年。

④教育部高等教育司.全国高等教育统计.中华民国十七年八月至二十年七月(出版者及时间不详)。

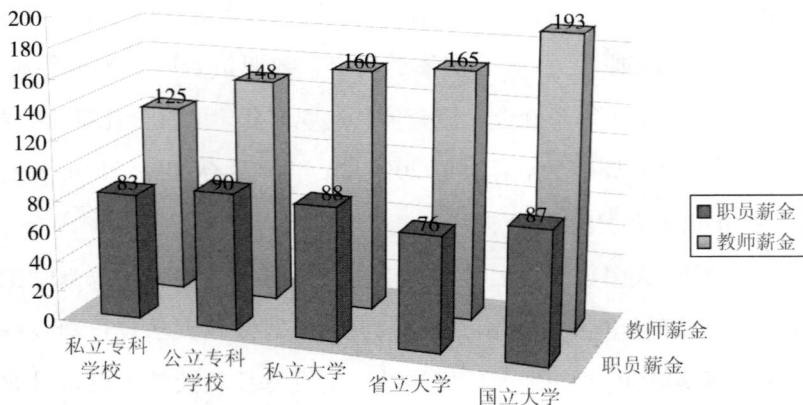

图 3　1929 年公私立专科以上学校教职员每人平均月薪(单位:元)

说明:上图的"私立大学""私立专科学校"包括教会大学。

　　30 年代以后,公私立大学教职员薪金差距进一步拉大。1931 年,个别公立大学教职员最高薪金竟然接近月薪 2000 元(主要是外籍教师),很多公立大学教职员最高薪金都在 500 元以上。而私立大学中除广州大学教职员最高薪金 600 元、厦门大学教职员最高薪金 500 元外,其他私立大学教职员最高薪金大多在二三百元之间。[①] 以 1934 年为例,公立各大学的最高工资为:北平大学为 460 元,中央大学为 360 元,清华大学为 500元,北京大学为 500 元,北平师范大学和广西大学均为 500 元,河南大学为 300 元,江苏教育学院为 320 元,东北大学为 240 元;私立各大学的最高工资为:广东国民大学为 400 元,南开大学和大同大学为 360 元,光华大学为 340 元,厦门大学为 330 元,南通学院为 310 元,大夏大学、焦作工学院和广州大学为 300 元,武昌中华大学、福建学院为 240 元,朝阳学院

——————————

[①]教育部.二十一年度全国高等教育统计.第 65、139 页,商务印书馆,1935 年。

为 200 元,民国学院为 160 元,中国公学为 150 元。[①]　总之,大多数私立大学教职员薪俸低于同类公立大学的教职员薪俸。

二、设备费

设备费是私立大学的一项重要支出,从学校的设备可以看出学校的办学条件和办学者对教学的重视程度。由于私立大学的经费一般都比较紧张,大多数私立大学的设备价值低于同类的公立大学。如中央大学 1929 年、1930 年设备价值分别为 489950 元、489950 元,北平大学 1929 年、1930 年设备价值分别为 176150 元、187850 元,北平师范大学 1929 年、1930 年设备价值分别为 35000 元、50000 元,清华大学 1929 年、1930 年设备价值分别为 275382 元、335415 元,中山大学 1929 年、1930 年设备价值分别为 139032 元、161841 元,河北大学 1929 年、1930 年设备价值均为 18488 元,河南大学 1929 年、1930 年设备价值分别为 224100 元、247900 元,河北工业学院 1929 年、1930 年设备价值分别为 47154 元、53460 元。相比之下,各私立大学的设备价值就比较少。厦门大学 1929 年、1930 年设备价值分别为 198700 元、199700 元,大同大学 1929 年、1930 年设备价值分别为 74841 元、77343 元,复旦大学 1929 年、1930 年设备价值分别为 48360 元、55560 元,光华大学 1929 年、1930 年设备价值分别为 59570 元、65785 元,大夏大学 1929 年、1930 年设备价值分别为 20415 元、27608 元,南开大学 1929 年、1930 年设备价值分别为 12580 元、15533 元,武昌中华大学 1929 年、1930 年设备价值分别为 7754 元、8984 元,南通学院 1929 年、1930 年设备价值分别为 81457 元、84732 元,中国

---

①教育部统计室.二十三年度全国高等教育统计.第 62—63、140—141 页,商务印书馆,1936 年。

公学 1929 年、1930 年设备价值分别为 6020 元、12520 元。①

不但私立大学用于购买设备的费用低于公立大学,而且私立大学用于购买设备的经费占总支出的比例也较小。以二三十年代为例,来说明私立大学设备费情况,见表 17。

表 17　二三十年代部分私立大学设备费及占总支出的百分比(单位:元)②

学　校	1928 年(%)	1929 年(%)	1932 年(%)	1934 年(%)
武昌中华大学	41962(22)	43572(13.2)	78212(20.5)	67826(25.1)
南开大学	56269(27.8)	53149(22.1)	110269(29.4)	152374(27.4)
光华大学	46090(14.8)	38056(12.3)	36975(11.7)	32611(13.1)
厦门大学	17616(6.8)	14863(5.7)	16285(5.8)	39058(12.5)
复旦大学	14664(9.2)	46388(23.6)	26978(12.8)	27697(11.3)
大夏大学	15754(6.8)	279611(26.6)	50475(18)	39957(12.9)
大同大学	11008(11.2)	27244(17.5)	11404(12.5)	49006(30.7)
中国公学	6527(6.8)	11426(8.9)	*	2804(7.6)
南通学院	11180(10.6)	15245(13.9)	15245(13.9)	94218(40.9)
中国学院	2025(1)	12164(6.5)	12164(6.5)	84223(29.5)
朝阳学院	9154(7.1)	12091(8.8)	12091(8.8)	21003(15.6)
上海法政学院	2360(3.5)	2950(3.5)	6343(4.7)	*

说明:"＊"表示未找到统计数据。

由表 17 可知,各私立大学之间设备费占学校总支出的比例相差较大。1934 年南通学院设备费为 94218 元,占经费总支出的 40.9%;1934

---

①教育部高等教育司.全国高等教育统计.表 8,中华民国十七年八月至二十年七月(出版者及出版年不详)。

②资料来源:(1)教育部高等教育司.全国高等教育统计.表 69、72、98,中华民国十七年八月至二十年七月(无出版者及页码);(2)教育部.二十一年度全国高等教育统计.第 59、60、133、134 页,商务印书馆,1935 年;(3)教育部统计室.二十三年度全国高等教育统计.第 56、57、134、135、202、203 页,商务印书馆,1936 年。

年中国学院设备费为84223元,占经费总支出的29.5%;南开大学、武昌中华大学等学校设备费占全年经费支出的比例也较大。另一方面,由于私立大学的经费一般都比较紧张,因此很多私立大学用于设备的费用很少,这影响了学校的教学质量。总的来说,私立大学设备、图书等不如同类的公立大学。

三、办公费

办公费是私立大学常年开支不可缺少的一个项目,由于经费紧张,大多私立大学尽量减少办公费用。但有些私立大学办公费仍然不低,详见表18。

表 18　20 年代末 30 年代初部分私立大学办公费情况(单位:元)①

学　校	1928 年(%)	1929 年(%)	1932 年(%)	1934 年(%)
大同大学	12936(13.1)	9140(5.8)	3349(3.7)	10009(6.3)
大夏大学	128069(55)	8778(1.9)	45597(16.2)	33315(10.8)
光华大学	131067(42)	101425(32.9)	102073(32.3)	29257(11.8)
武昌中华大学	14592(7.6)	27752(8.4)	25162(6.6)	11625(4.3)
中国公学	10684(11.3)	26559(22.3)	*	9065(24.6)
南开大学	33668(16.7)	40700(16.9)	34910(9.3)	41505(7.5)
上海法政学院	12642(8.7)	15802(18.7)	15917(11.9)	*
厦门大学	21809(8.4)	25190(9.7)	25454(9.1)	10134(3.2)
复旦大学	29302(18.5)	22128(11.3)	23223(11)	6065(2.5)

①资料来源:(1)教育部高等教育司.全国高等教育统计.表69、72、98,中华民国十七年八月至二十年七月(无出版者及页码);(2)教育部.二十一年度全国高等教育统计.第59、60、133、134页,商务印书馆,1935年;(3)教育部统计室.二十三年度全国高等教育统计.第56、57、134、135、202、203页,商务印书馆,1936年。

续表

学　校	1928 年(%)	1929 年(%)	1932 年(%)	1934 年(%)
南通学院	6222(5.9)	6661(6.1)	6661(6.1)	12440(5.4)
中国学院	41336(20)	37841(20.3)	37841(20.3)	42590(7.6)
朝阳学院	27023(22.7)	25445(18.5)	25445(18.5)	28657(21.3)
上海法学院	12556(15.8)	10292(10.1)	7768(6.4)	7445(6.2)
武昌艺术专科学校	11760(14.1)	8160(6.8)	*	*
福建法政专门学校	2918(5.9)	2743(5.6)	*	*

说明:"*"表示未找到统计数据。

　　由表 18 可知,由于各私立大学情况各异,故各学校间办公费用相差较大。同一所学校不同年度的办公费用相差也较大。如大夏大学 1928 年的办公费用为 128069 元,占学校当年总支出近 55%,而 1929 年的办公费用仅为 8778 元,仅占学校当年总支出的 1.9%;同一所学校相邻年度的办公费用如此悬殊,实在不多见。光华大学的办公费也较多,1928 年、1929 年、1932 年、1934 年的办公费分别为 131067 元(占学校当年总支出 42%)、101425 元(占学校当年总支出 32.9%)、102073 元(占学校当年总支出 32.3%)、29257 元(占学校当年总支出 11.8%)。大部分私立大学办公费用维持在较低水平,办公费占其经费总支出的比例较小。

四、附设机关费

　　中国近代一些私立大学除维持学校正常运转而设置一些机构外,还设有一些附设机关,如有些私立大学附设中小学、校办工厂等。这些附设机关的开支即为附设机关费。以上几种开支与附设机关费的不同点是,前者是所有学校的必需开支,后者并不是所有学校的必需开支,大部分私立大学没有附设机关,也就没有此项开支。而且除个别私立大学外,附设机关费占总支出的比例较小。武昌中华大学的附设机关费较多,1928年、1929年、1932年、1934年分别为64966元(占总支出的34%)、106330元(占总支出的32.2%)、145460元(占总支出的38.2%)、81560(占总支出的30.2%);光华大学1929年、1932年、1934年分别为60643元(占总支出的19.7%)、65464元(占总支出的20.7%)、78728元(占总支出的31.7%);南通学院1928年、1929年、1932年、1934年分别为23235元(占总支出的22.1%)、20704元(占总支出的18.9%)、20704元(占总支出的18.9%)、2800元(占总支出的1.2%);厦门大学1929年、1932年、1934年分别为5108元(占总支出的2%)、20195元(占总支出的7.2%)、35151元(占总支出的11.2%);南开大学1934年为70000元(占总支出的12.6%);复旦大学1932年为5853元(占总支出的2.8%);大夏大学1929年、1932年分别为2411元(占总支出的0.5%)、900元(占总支出的0.3%)。①

五、特别费

特别费是除了教职员薪俸、办公费、设备费、附设机关费用等以外的费用。顾名思义,特别费是学校正常开支以外或学校发生特殊情况下而使用的费用。此项开支的显著特点是具有不确定性。招待费、困难学生救济等属于特别费。

---

①资料来源:(1)教育部高等教育司.全国高等教育统计.表69、72、98,中华民国十七年八月至二十年七月(无出版者及页码);(2)教育部.二十一年度全国高等教育统计.第59、60、133、134页,商务印书馆,1935年;(3)教育部统计室.二十三年度全国高等教育统计.第56、57、134、135、202、203页,商务印书馆,1936年。

表19　20年代末30年代初部分私立大学特别费支出情况(单位:元)①

学　校	1928年(%)	1929年(%)	1932年(%)	1934年(%)
大同大学	14829(15)	42614(27.3)	11790(12.9)	27270(17.1)
大夏大学	1958(0.8)	43079(9.7)	32028(11.4)	13674(4.4)
光华大学	—	10301(3.3)	9852(3.1)	2000(0.8)
武昌中华大学	—	—	7782(2)	11318(4.2)
中国公学	6157(6.5)	8340(6.5)	＊	824(2.2)
南开大学	24369(12.1)	41040(17.7)	53434(14.3)	60700(10.9)
上海法政学院	2475(3.7)	3094(3.7)	14969(11.2)	＊
厦门大学	4206(1.6)	26508(10.2)	21940(7.8)	38904(12.4)
复旦大学	32518(20.5)	11135(5.7)	26820(12.7)	51870(12.1)
南通学院	4984(4.7)	5080(4.7)	5080(4.6)	9500(4.1)
中国学院	93174(45)	19109(10.3)	19109(10.3)	15449(5.4)
朝阳学院	2000(1.5)	1000(0.7)	1000(0.7)	—
上海法学院	11621(14.7)	9255(9.1)	133461000(11)	61361(51.2)
武昌艺术专科学校	7200(8.3)	1920(1.6)	＊	＊
福建法政专门学校	5828(11.7)	6087(12.5)	＊	＊

说明:"—"代表特别费为零;"＊"表示未找到统计数据。

---

①资料来源:(1)教育部高等教育司.表69、72、98,全国高等教育统计.中华民国十七年八月至二
十年七月(无出版者及页码);(2)教育部.二十一年度全国高等教育统计.第59、60、133、134
页,商务印书馆,1935年;(3)教育部统计室.二十三年度全国高等教育统计.第56、57、134、
135、202、203页,商务印书馆,1936年。

第三节　中国近代私立大学教育经费
使用的特点

　　私立大学的经费筹集固然重要,但对于经费紧张的私立大学来说,有计划、高效、合理地使用经费也非常重要。如果不能有效地使用经费,就会造成很大浪费。许多优秀私立大学的校长善于运用公平、透明、灵活的机制,将资金运用到学校最需要的地方,他们既是筹款的高手,也是花钱的专家,而且他们还善于通过降低成本以减少收入与支出之间的差距,把有限的经费用到最需要的地方。归纳起来,私立大学经费的使用主要有以下特点:

一、压缩开支,勤俭节约

　　私立大学的经费来之不易,办学者们处处都要压缩开支,勤俭节约。这是很多私立大学通行的做法。中华大学就是勤俭节约的典范。该校校长陈时认为,在中国这样一个人口多、底子薄的国家办大学,特别是办私立大学,应该始终掌握"用穷办法"办教育的原则,要"清苦"办学,厉行节约。在经费使用上学校更是精打细算:"不该用的钱分文不能乱用。"①在保证教学质量的前提下尽量节约开支,不讲阔气,不比排场。大革命之后,武汉大学开始兴建新校舍,有人劝陈时:"你们学校在小龟山也有一块

---

①陈庆中.中华大学校长陈时的一生.载《武汉文史资料》第2辑,第80页,1985年。

地皮,是否打算把小龟山的房子盖起来,与武汉大学比一比?"他笑着说:
"我不是那样考虑的,学校如工厂,厂房差点不要紧,只要出的产品好就
行。小龟山能盖则盖,不能盖就算了。"①不仅比较"穷"的中华大学处处
节俭,就是当时在私立大学中比较"富"的厦门大学和南开大学,在经费
使用上也是"斤斤计较"。

厦门大学创办人陈嘉庚虽然腰缠万贯,但在学校经费使用上却"斤斤
计较"、精打细算。厦大建校初期兴建校舍时,时任校长邓萃英决定包工
包料,由美国商人在上海开设的代为设计、绘图和建筑的茂旦洋行来承
包。全部建筑工程包括工料在内,该洋行索要承包费高达一千数百万元
以上。陈嘉庚则认为包工包料太贵,不能这样浪费有限的开办费,表示要
自己购料雇工,并按照自己的设计来进行建筑。他后来在给当时厦门大
学基建负责人的信中指出,建筑厦大校舍……既要美观,又要节省,粗中
带雅即可。② 又说:"我已建之屋,若论坚固,二百年尚可保有余。若论外
观,则比上不如,若比下则过之。何必以有限之微财,而效欧美之富豪之
用资? ……盖当节省之财,以供校费,其实益为何如?"③

南开大学在经费使用方面也非常节俭,从校长张伯苓起,学校管理人
员都尽力减少开销,张伯苓每次到北京办事,为替学校省钱,总是坐三等
车,住在前门外施家胡同一家普通客店里,自带一包茶叶、一盒臭虫药。
他在学校上班没有汽车,只坐"洋车"。后来那辆车被两个东北籍学生偷
去玩时摔坏了,学校想替他换辆新的,他却说"不用换,还没有到把我漏下
去的程度"。④ 1930 年教育部视察员戴观应视察南开大学后说:"南开大

①宋汉炎.陈时.中国现代教育家传第五卷,第 230 页,湖南教育出版社,1987 年。
②陈嘉庚 1923 年 4 月 11 日给陈延庭的信,集美学校藏原稿。
③陈嘉庚 1923 年 4 月 3 日给陈延庭的信,集美学校藏原稿。
④南开大学校史编写组.南开大学校史.第 118 页,南开大学出版社,1989 年。

学设备虽受经济限制,然颇能以一文钱作二文钱用,如数学系近购有十三种曲面及曲线数学标本,为国内其他大学所不经见者。"①1932 年教育部一视察员来校视察,对南开大学勤俭办学深有感触,他说:"该校虽然经费支绌,但负责者将一文钱作三文用。"②

为了减少开支,减少浪费,南开大学实行严格的财务管理制度。南开大学的经费收入包括固定收入和非固定收入两种。固定收入包括学费、各种基金利息、房地租赁费、校田进款等。这部分收入一般作为学校常年经费使用;非固定收入包括政府补助、中华教育文化基金董事会补助、罗氏基金团补助、太平洋国际学会补助、社会临时捐款、特别捐款等。这部分收入很多被指定用作学校专项开支,不能挪用,并由助款机关定期来校核查所助款项之用途。学校对所有经费的保管、使用及核查都有严格的规定,与银行来往的支票及向银行透支的凭证,均实行"一支笔"制度,由张伯苓亲笔签字,由专人办理。学校财务上实行校务公开,制有详细的年度预算表和决算表,每年向校董会提出报告,并接受广大师生的监督。③

立信会计学校在当时的私立大学中更是以"小气"著称。该校经费来源主要靠学费和少许的杂费,而且在私立大学中,立信会计学校的学费是比较低的。立信补习学校学费的收取以各科每星期上课的时数为标准。初级班在一学期内每小时收学费一元五角至一元七角,中级、高级班每小时收学费二元至二元五角。这种收费标准,在当时的私立大学中是相当低的。这都是按没有贬值时的通用银圆或纸币计算的,后来货币迅速贬值,学费数额也按物价适当调整,但绝赶不上货币贬值的速度。在经

---

① 《南大周刊》第 87 期,1930 年 5 月 20 日。
② 《南大副刊》第 8 期,1932 年。
③ 南开大学校史编写组. 南开大学校史. 第 115 页,南开大学出版社,1989 年。

费紧张的情况下,学校以"精打细算,勤俭节约"而著称。支付教师工资是按小时计算,其中补习学校校长、教务主任、分校主任等,全是义务职,不支付薪金。教师都是业余兼职的,每授课一小时支薪一元。专任职员人数很少,所支薪金,在整个学期的工薪总额中,所占比例很低。立信补习学校在学生人数增至几千人时,总校的专职教务员只有二三人,校工只有一二人,分校都在晚间上课,主任都由教师兼任,每月略支数元补贴,分校校工,则由晚间出租教室的中小学原雇工友兼任,每月给予二三元补贴。总校、分校所用水电、文具、邮电、修理等费用,都是精打细算,不使有一点浪费。①

复旦大学为了压缩开支,实行严格的财务管理制度,实行财务公开,学校的每项收入及开支都定期张榜公布。按照学校规定,大宗开支凡超出 300 元以上者,都需要学校行政院讨论通过。② 可见其财务管理的规范和严格。

二、精简机构,少聘教职员

为了节省经费开支,很多私立大学都精简机构,尽量少聘教职员,特别是少聘职员,以提高工作效率的办法来节省经费。中国公学创办之初因经费困难,机构设置非常简单。每个机构所用职员人数减少为最低,很多机构的人员都是身兼数职,如秘书长及总务长(不支薪)系由校董兼任。学校教务长、秘书、书记、会计、事务、商务各 1 人,注册组 4 人,图书

---

①潘序伦.立信会计学校的创办和发展.载钟叔河,朱纯.过去的学校.第 406 页,湖南教育出版社,1982 年。
②吴道存先生访问记录.转引自复旦大学校史编写组.复旦大学志第一卷(1905—1949).第 109 页,复旦大学出版社,1985 年。

馆 2 人（其中 1 人半工半读），全校职工总计 14 人，平均每 44 个学生 1 个职员。到后来学生人数增至 1300 余人的时候，职员仍维持 14 个人，平均约 100 个学生 1 个职员。[1]

焦作路矿学堂开办时为了压缩开支，学校仅聘请了 5 名教习，而未聘请职员。[2] 同样，德文医学堂建校初期组织机构很简单，校长只设助手一人，帮助其办理各项事务。没有文书、会计、出纳等专职人员。[3]

中华大学也以"机构精简"而著称。学校的机构设置最为精简，建校初期，在校长之下设校监一人，辅助校长工作一人，直到 1921 年 3 月，学校才设教务处、总务处，后又设秘书室，充分发挥每个教职员工的潜力，全部人员控制在 30 人以内，就是到了鼎盛时期，学校的大、中、小学部共有学生千余人，可教职员工基本没有增加。

无锡国学专科学校作为一所有近 300 学生的学校，行政人员仅 10人，工作人员除教务主任、总务主任外，各行政机构仅设主办人员一人，没有一个冗员。

南开大学机构精简，人员精干，办事效率高，是有口皆碑的。学校的机构设置和人员配备都从学校的需要出发，在行政人员的聘用上力求精简、高效。南开"因系私立，经费竭蹶，用费务求其省，效率务求其高，故组织方面，分部甚简"。[4] 建校初期，校长下设大学部主任，下分教务、庶务、会计、训育、建筑等课，一般只有课员 1~2 人。当时，职员只有优乃如、华午晴、孟琴襄、张新波 4 人，第二年又新添了两人，其中有的还兼任中学的管理人员，当时学校草创，事务繁忙，不少事情只好约请学生兼任。30 年

①学府纪闻．私立中国公学．第 132 页，台北南京出版有限公司，1982 年。
②邹放鸣．中国矿大九十年．第 10 页，中国矿业大学出版社，1999 年。
③翁智远．同济大学史第一卷．第 3 页，同济大学出版社，1987 年。
④《南开学校一览》，1929 年。

代初,规模相近的大学,其职员大都多于南开大学。有的国立大学学生人数与南开大学相差无几,但职员却比南开大学多 3.7 倍。据 1931 年统计,国立大学职员与学生比为 1∶8.6,而南开大学则为 1∶14.6。① 那时,大学部主任下面主要由一个注册课和一个庶务课管理日常教学和后勤的具体工作。注册课只有一个主任亢乃如和两个课员。亢乃如还兼任校长办公室秘书。他们要负责公布执行教务会议的议决事项、安排授课时间表、办理学期考试并核算和公布考试成绩,掌理学生告假,襄助办理入学考试等事项。庶务课至多也仅 7 人,负责学校各种物件的添置及保管、校舍的保管与修缮、学校卫生的监督等事项。人员虽少,事情却办理得井井有条,每个职员都有明确的职责,奖优罚劣,功过分明。一切运转灵活,上下通达,调动自如。② 同时为了提高工作效率,学校强调健全规章制度,以法治校,"使各事均有一定之秩序"。由于学校管理工作始终遵循上述基本原则,所以,学校风气正,尤以精干、负责、效率高著称于世。

抗日战争时期的南开大学仍然保持着自己"勤俭节约"的传统,此时学校的办事人员仍然维持最低数量,要管理本校经费及南开师生的生活事宜,同时负责南开学籍学生的招考、注册、升留级、毕业等工作。③ 学校的各项开销尽量节俭,即便是后来改为国立大学,南开大学在行政管理上仍然十分"小气"。有人指出:南开"在各方面好打算,爱计较,拘谨小心,放脱不开。特别是在行政方面,真是活像治理家务,看财如命。听说汽油煤电涨价,立即就停开汽车,管理电火。它如一切开支,向不敢抱'反正是公款'的大方态度。私立如此,国立后仍然一样"。④

①南开大学校史编写组. 南开大学校史. 第 123 页,南开大学出版社,1989 年。
②《南开大学六十周年》(1919—1979). 第 10 页(内部刊物)。
③南开大学校史编写组. 南开大学校史. 第 250 页,南开大学出版社,1989 年。
④郭屏藩. 南开特性.《南开校友》第 3 号,1948 年。

复旦大学从建校开始一直到改为国立,始终贯彻机构精简的原则。早期的复旦大学,学生人数较少,行政组织十分简单,在校长(监督)下设立教务长一人管理教学、安排课程,庶务长兼斋务长一人,管理学校庶务、会计出纳等,并考验学生品行及学生宿舍等事务,设监学二人考察学生勤惰品行等。1917 年学校升格为大学后,学生人数逐年增加,行政组织虽相应有所增加和扩大,但所设立之组织及人员配备一切从需要和提高办事效率出发,决不设多余的机构和人员。此时学校在校长下设注册组(相当于教务处)、会计组、庶务组、卫生组、图书组等单位,管理学校教学、行政。复旦使用人力十分节约。学校对于增聘职员十分慎重,在事务繁忙的情况下,宁可提高原职员的工资也不另添新人。[1]

为了更好地发挥学校民主管理的作风,1924 年学校开始设立"行政院",统辖全校一切行政事务。学校为了发动教职工关心学校、提高学校办事效率、减少学校开支,还设立了各种委员会。例如审计委员会、建筑委员会、招生委员会、学生指导委员会、图书委员会、演说委员会、新闻委员会、出版委员会、卫生委员会、体育委员会、暑期学校委员会等。这样,既调动了各方面的积极性,又能够更好地做好工作。[2]

随着学校规模的不断扩大,各私立大学的职员人数也有所增加,但与公立大学相比,私立大学职员所占的比例仍然较小。现将 20 年代末一些公私立大学教职员情况做一比较。

---

[1]吴道存先生访问纪录.载复旦大学志第一卷(1905—1949),第 108—109 页,复旦大学出版社,1985 年。

[2]复旦大学校史编写组.复旦大学志第一卷(1905—1949).第 207—208 页,复旦大学出版社,1985 年。

表20　部分公、私立大学职员人数及所占教职员总数百分比(1928—1930年)①

公立大学	1928年	1929年	1930年	私立大学	1928年	1929年	1930年
中央大学	231(40%)	242(37%)	214(40%)	复旦大学	26(25%)	31(24%)	30(23%)
北平大学	211(27%)	209(22%)	182(22%)	厦门大学	21(26%)	14(19%)	12(17%)
北京大学	55(17%)	72(20%)	62(18%)	大同大学	9(14%)	7(14%)	8(15%)
北师大	56(31%)	60(22%)	105(23%)	中华大学	13(32%)	19(32%)	21(33%)
清华大学	48(37%)	75(39%)	85(38%)	光华大学	18(24%)	30(33%)	33(35%)
中山大学	261(64%)	282(64%)	283(61%)	大夏大学	27(21%)	36(29%)	47(34%)
浙江大学	53(37%)	125(42%)	130(38%)	中国公学	24(22%)	25(25%)	28(25%)
武汉大学	36(34%)	33(26%)	39(22%)	朝阳学院	22(15%)	23(15%)	23(13%)
河北大学	87(48%)	77(49%)	51(41%)	中国学院	26(18%)	42(24%)	59(29%)
河南大学	29(27%)	39(33%)	36(30%)	上海法学院	10(14%)	13(9%)	14(9%)

　　从表20可以看出,公立大学中,职员人数占教职员总数最低者为17%,中山大学连续三年职员人数占教职员总数达60%以上。很多学校职员人数占教职员总数在30%～50%之间。私立大学中,职员人数占教职员总数最高者仅为35%,最低者仅为9%。

　　根据第二次中国教育年鉴的有关统计资料,1947年国立大学学生81153人,职员8955人,职员与学生之比约为1∶9;与此同时,私立大学(包括教会大学)学生58156人,职员2598人,职员与学生之比约为1∶22.4。②

---

①教育部高等教育司.全国高等教育统计.表10,中华民国十七年八月至二十年七月(出版者及页码不详)。

②第二次中国教育年鉴　第十四编　教育统计.第6—9页,台北宗青图书公司,1991年。

与公立大学相比,不但私立大学职员占教职员总数的比例小,而且私立大学的生师比也比公立大学的生师比高。见表21。

表21 1928—1930年公、私立大学每百名学生之教职员数比较表(单位:人)①

公立大学	1928年	1929年	1930年	私立大学	1928年	1929年	1930年
中央大学	34.4	42.4	35.7	复旦大学	8.5	11	9.5
北平大学	29.9	30.3	31.7	厦门大学	35.6	58.1	32.4
北京大学	29.3	29.4	28.8	大同大学	16.7	12.6	11.3
北平师范大学	20.9	26.3	31.4	武昌中华大学	13.7	14.3	17
清华大学	25.7	37	38.2	光华大学	16.3	15.5	12.4
中山大学	25.2	35.6	37.8	大夏大学	13.4	16	13
浙江大学	42.8	74.8	67.9	南开大学	19.5	25.4	19.9
武汉大学	33.8	24	31.9	朝阳学院	7.2	7.6	7.7
同济大学	27.7	16.7	19.5	中国学院	14.4	11.4	11.1
山西大学	15.7	11.7	11.6	上海法学院	27.6	17	19
河北大学	50.1	35.8	36.5	中国公学	11.9	9.4	7.7
河南大学	15.8	13.8	16.2	上海法政学院	9.2	10.2	10.7

根据第二次中国教育年鉴的有关统计资料,1947年国立大学学生81153人,教师12755人,师生比约为1:6.4;而此时私立大学(包括教会大学)学生58156人,教师5102人,师生比约为1:11.4。② 如这时期的大同大学教职员与学生人数的比例是相当低的,1947年度教师105人,

①教育部高等教育司.全国高等教育统计.表16,中华民国十七年八月至二十年七月(出版者及页码不详)。

②第二次中国教育年鉴 第十四编 教育统计.第6—9页,台北宗青图书公司,1991年。

职员 38 人,学生 2254 人,师生比为 1∶21,而学生人数在上海 7 个大学中排在第二位。①

三、充分使用经费,该花的钱决不吝啬

勤俭节约并不意味着该花的钱不花。办学需要一定的条件和设备,如果过分"勤俭节约",该花的钱不花,就会影响办学质量。中华大学校长陈时在经费使用上虽然量入为出,精打细算,但他认为"该用的钱一个不能少"。学校必须花的钱就不能小气。学校经过十几年的发展,积累了丰富的办学经验,为了使学校得到进一步发展,1925 年春,学校新建了大礼堂并改建校门。此时学校经费比较充足,于是大兴土木,兴建校舍,先后建成了办公大楼、学生宿舍,随后又扩充了理化实验室,添置了大批仪器。为了更好地管理和使用经费,学校成立了募集基金委员会管理并使用经费。1933 年又购置理化仪器,扩充原有设备,购置大批图书,又建筑校内大楼。学校面貌焕然一新。②

无独有偶,南开大学虽然尽量节约开支,但在学校的建设上,校长张伯苓的态度却很坚定,该花的钱决不吝啬,不怕欠债。他认为一个教育机构的账上应该是赤字,任何学校当局如在年终银行账上还有节余,证明他是一个"守财奴"。因为他没有能利用这些钱办件好事。③ 南开大学正是按照这样的思想管理和使用经费的,从不因经费短缺而畏缩不前。学校每年的经费很少有剩余,还经常出现财政赤字。表 22 显示了从民国八年(1919)至民国十九年(1930)南开大学历年经费剩余情况,其把"经费用

---

① 上海文史资料选辑第 59 辑,第 140 页,上海人民出版社,1988 年。
② 王秋来等.中华大学.第 13 页,华中师范大学出版社,1993 年。
③ 南开大学校史编写组.南开大学校史.第 117 页,南开大学出版社,1989 年。

足用好"的指导思想可见一斑。

表 22　南开大学民国八年至民国十九年历年经费收支情况①

年度	收入（元）	支出（元）	剩余情况（元）
民国八年	85800	61779	24021
民国九年	24471	33558	−9087
民国十年	96526	75777	20749
民国十一年	84493	85713	−1220
民国十二年	92734	134735	−42001
民国十三年	138715	141278	−2563
民国十四年	125981	148111	−22130
民国十五年	160690	159754	936
民国十六年	107580	167548	−59968
民国十七年	177049	202125	−25076
民国十八年	220126	240521	−20395
民国十九年	250237	241922	8315

　　从表 22 可以看出，南开大学从民国八年（1919）至民国十九年（1930）的 12 年间，只有 4 年经费剩余，而且剩余数额都不多。

　　为了不断改善学校办学条件，南开在建筑校舍、添置设备方面毫不吝啬。1922 年至 1923 年间，在八里台建设新校舍约需建筑费用 36 万元，学校就向银行临时押借，后来才用捐款还上。正因为这样，南开大学的校园建设、教学设备，都有相当的规模和水平。30 年代初，南开大学的设备价值在 19 所私立大学中名列前茅，与 13 所国立大学相比，除不如中央大

---

①第一次中国教育年鉴　丙编　教育概况. 第 102—105 页，台北宗青图书公司，1991 年；又见王文俊. 南开大学校史资料选. 第 139 页，南开大学出版社，1989 年。

学、清华大学等学校外,远远超过北京大学等学校。所以,中外人士参观南开大学后,都对学校在困难条件下有如此的教学条件感到惊讶,认为是个"奇迹"。①

四、私立大学经费使用效率比公立大学高

衡量一所学校经费使用效率高低的一个重要指标,是每位学生岁占经费数(或称年经费消耗额)。生均岁占经费数(年经费消耗额)反映了某学校年教育经费总的消耗水平,即指每培养一个学生年经费消耗水平。以公式表示为:

生均岁占经费(年经费消耗额) = 全年经费数 ÷ 年在校学生数

统计资料表明,私立大学的生均岁占经费低于公立大学的生均岁占经费。见图4。②

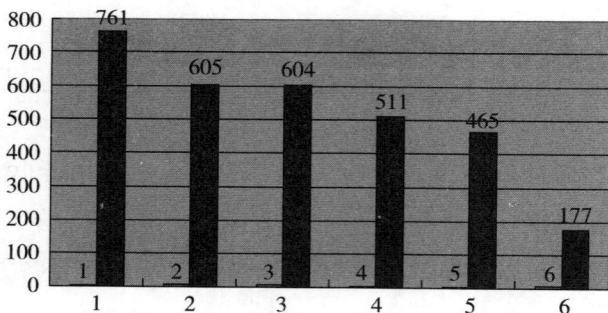

图4 1929年公、私立大学每生岁占教育经费比较图

说明:上图1、2、3、4、5、6分别代表国立大学、国立专科学校、私立大学(包括教会大学)、省立大学、省立专科学校、私立专科学校(包括教会大学)。

---

①南开大学校史编写组. 南开大学校史. 第117—118页,南开大学出版社,1989年。
②教育部高等教育司. 全国高等教育统计. 中华民国十七年八月至二十年七月(出版者及页码不详)。

图 4 显示了全国公、私立大学每生岁占教育经费数,其中私立大学和私立专科学校包括了教会大学,如果刨去教会大学,那么私立大学每生岁占教育经费数将会更低。表 23 列出了 1931 年部分公、私立大学的生均所占经费数。

表 23　1931 年部分公、私立大学生均所占经费比较表(单位:元)①

公立大学	生均费	公立大学	生均费	私立大学	生均费	私立大学	生均费
武汉大学	2374	交通大学	680	中法大学	4033	武昌中华大学	931
同济大学	2227	北平师范大学	673	南开大学	700	朝阳学院	81
清华大学	1883	四川大学	318	光华大学	427	中国公学	124
山东大学	1695	广西大学	19344	广东国民大学	356	福建学院	865
浙江大学	1399	东陆大学	4562	广州大学	535	南通学院	326
中山大学	1155	河南大学	850	厦门大学	529	民国学院	70
中央大学	1009	安徽大学	863	复旦大学	162	上海法学院	124
暨南大学	1000	山西大学	301	大夏大学	152	持志学院	114
北京大学	808	上海医学院	1917	大同大学	687	华北学院	136
北平大学	745	北洋工学院	574	中国学院	108	上海法政学院	94
江苏教育学院	685	上海商学院	641	焦作工学院	2197	正风文学院	521

由于长期以来政府对大学的投入毫无统制,造成了各大学间经费悬殊。不要说公、私立大学之间,就是各公立大学间的教育经费相差也很大。1935 年 11 月 5 日国民党四届六中全会通过的教育改革案中指出:"各校经费支配毫无统制,致相差过巨也。同一程度之学校,岁费与学生

---

①第一次中国教育年鉴　丁编　教育统计　第一章　学校教育统计.第 34—39 页,台北宗青出版社,1991 年;中国第二历史档案馆.中华民国史档案资料汇编　第五辑　教育.第 250—267 页,江苏古籍出版社,1994 年。

数之比例相差几不可以道里计,或岁糜巨帑,习于浪费,或无米而炊,踵肘并呈,苑枯悬殊,判若霄壤,有失均衡发展之道,影响教育效率甚大。"如同为国立性质,武汉大学生均经费达 2374 元,四川大学仅 318 元;同为省立性质,广西大学生均经费达 19344 元之多,东陆大学生均经费达 4562 元,山西大学 301 元;若以国立各大学生均经费与成绩优良经教育部立案之私立大学生均经费相比较,则相差更大。1931 年大夏大学经费为 176051元,生均经费 152 元;复旦大学经费 196478 元,生均经费 162 元;与国立武汉大学相差 15 倍左右,与省立东陆大学相差 30 倍左右。[①]

另一方面,公私立大学教育经费使用的效率也相差很大。由于私立大学经费筹集非常困难,迫使学校经费"尽量用在最需要的地方"。一方面勤俭节约,另一方面尽量提高经费的使用效能。勤俭节约可以说是大多数私立大学的一贯作风。

相比之下,公立大学就存在着严重的浪费现象。早在 1932 年,针对当时公立学校的浪费现象,教育部长朱家骅强调指出:"经费不足为一事,而经费之致用,未有合理的标准,则又是一事。现在全国学校,上至大学,下至小学,经费之致用,常有不合理之浪费现象,而大学与中学为甚。"[②]公、私立大学在使用经费时的节俭与浪费现象直接导致了经费使用效率的高低。上表列举的一些公私立大学 1931 年度生均所占经费数,已经部分说明了公私立大学教育经费使用效率的高低。虽然经费总投入及生均经费并不能完全说明其经费的使用效率,但它们却是一个重要的衡量指标。以中央大学与南开大学为例,这两所学校在当时的国立大学和私立大学中堪称"佼佼者",1931 年南开大学的经费只相当于中央大学的 14.

①《国民党四届六中全会通过的教育改革案》(1935 年 11 月 5 日),载中华民国史档案资料汇编 第五辑 教育.第 1052—1055 页,江苏古籍出版社,1994 年。
②陈能治.战前十年中国的大学教育(1927—1937).第 261—262 页,台湾商务印书馆,1990 年。

7%。但南开大学教师与学生的比例最高,是 1∶10.8,几乎等于中央大学的 2 倍。再以武汉大学及清华大学与南开大学比较,武汉大学及清华大学的在校学生与南开大学相近。1931 年度这三所大学的生均经费分别为 2374 元、1883 元、700 元,可谓相差很大。而这三所学校培养出来的学生数量和质量不相上下。像这样的例子还能举出很多。所以,当时国民政府教育部对南开大学考察后,认为学校"为私立学校之中'成绩卓著'者",各地也"对本校印象甚好"。① 天津当时更流传一种说法:天津卫有三桩宝:永利(化工厂,华北的重要工业基地)、南开和《大公报》。

私立大学以较少的生均经费培养了数量和质量与公立大学相近的学生,说明了私立大学经费的使用效率高于公立大学。私立大学经费的使用除以上几方面的特点外,还存在以下两个问题。

(一)经费的使用不合理

30 年代以前,政府没有关于私立大学教育经费使用的规定,学校经费的使用除指定用途的以外,基本上由学校自主决定。一些私立大学教育经费的使用出现了一些不合理现象,主要表现是,用于维持学校正常运转的各项开支比例不合理。

有些私立大学几乎将全部资金用于大而不当的校舍建筑费上,压缩和挤占了购置设备、改善其他办学条件等的费用;有些以赚钱为目的的"学店"连固定校舍都没有,常年靠租赁校舍来维持,每年要花去全部经费的五分之一乃至三分之一以上来支付校舍租金,剩余的经费连应付教职员的薪俸都很紧张,就更谈不上改善办学条件了,严重影响了教学质量。还有些私立大学的绝大部分经费用来支付教职员的工资,根本无钱

---

①校闻. 载《南开大学周刊》,第 80 期。

添置教学设备及改善办学条件。前文表 17 列举的 12 所私立大学中,其购置设备费占总支出的比例不足 15% 的,1928 年有 10 所,1929 年有 8 所。针对教育经费使用上的不合理现象,1929 年国民政府对大学进行整顿,规定大学或独立学院每年扩充设备费至少应占经常费的 15%,并规定大学行政经费不得超过经常费的 10%。1934 年国民政府教育部公布的《私立专科以上学校补助费分配办法大纲》及《支给办法》,都再次规定了私立专科以上学校经费分配统一标准,即每年扩充设备费至少应占经常费的 15%,每年行政费不得超过经常费的 10%。当时有很多私立大学连学校正常运转都成问题,根本达不到这个要求。

即使是经费比较充足的厦门大学,其购置设备的开支也很少。厦门大学 1928 年、1929 年、1931 年、1932 年购置设备的开支分别为 17616 元(占经费总支出的 6.8%)、14863 元(占经费总支出的 5.7%)、12550 元(占经费总支出的 5%)、16285 元(占经费总支出的 5.8%)。1933 年购置设备费仅为 1814 元(占经费总支出的 0.6%)。① 1934 年设备开支有所提高,为 39058 元(占经费总支出的 12.5%)。厦门大学历年设备费均达不到政府规定的标准。鉴于此,1935 年教育部对厦门大学进行了批评:"年来该校经费入不敷出,而用途分配也欠合理,因之校务现状未能充分进展。嗣后一面应由校董会设立清理并筹募确定基金,以固经济基础;一面应由学校撙节行政临时及杂项支出,并酌减附中经费,尽量增加设备费用,充实内容,以利教学"。②

(二) 经费管理混乱

1. 未设专门机构和人员管理经费。在近代中国,很多私立大学未设

---

①厦门大学十二周年纪念专号. 载《厦大周刊》第 12 卷,第 21 期,1933 年 4 月 6 日。
②《申报》十二版,1935 年 5 月 23 日。

专门机构和人员管理经费。清末的中国公学的经费由大家共同负责。他们都"以大公无我之心,行共和之法"。① 当时学校不但不设校长,而且未设专门机构和人员管理经费。在以后的很长时期内,学校的经费一直没有专门人员管理。

德文医学堂建校初期也没有会计、出纳等管理经费的专职人员,很多事情如跑银行、买用品、账目管理等都由各科主任亲自办理。② 焦作路矿学堂当时也没有专职的财务管理人员,学校一切行政事务、经费管理等均由校长一人总理。③ 由于未设专门机构和人员管理经费,使这些私立大学财务管理混乱。如20年代北京的民国大学、持志学院等都发生过办学者贪污校款的现象,严重损害了社会对私立大学的信任程度。

2. 经费预算制度不健全。清朝以前,中国没有经费预算制度。清末,中国模仿西方国家的经费预算制度来管理国家财政,预算逐渐发展成为中国近代一项重要的财政制度。有关资料显示,中国正式编制预算始于宣统三年(1911)。但当时清廷的财政预算是赤字和虚假预算,由于清政府财政濒临崩溃,各地方政府上报的数额只为应付局势。这一预算制度随着封建王朝的灭亡,终未实行,但却开启了中国预算制度的先河。

中华民国建立后,随着政府及公立大学经费预算制度的实行,一些私立大学也实行了经费预算制度。南开大学、复旦大学、厦门大学等很多私立大学都实行了经费预算制度。以厦门大学为例,1932年、1933年的经费预算见表24。

---

①胡适.四十自述.第64页,香港远流出版公司,1986年。
②翁智远.同济大学史第一卷.第3页,同济大学出版社,1987年。
③邹放鸣.中国矿大九十年.第10页,中国矿业大学出版社,1999年。

表 24　厦门大学 1932 年、1933 年的经费预算表①

经费预付部门	1932 年度（元）	1933 年度（元）
校长办公室	13116	19200
文学院	50136	50760
理学院	69000	68000
教育学院	39672	36144
法学院	36468	34560
商学院	17172	16692
高中	22140	23100
事务部	33960	51144
注册部	2688	4104
军训部	4416	4260
图书馆	9708	12108
体育部	2988	4575
合计	301464	324647

　　尽管一些私立大学实行了经费预算制度,但由于大多数私立大学经费来源不稳定,导致很多私立大学的经费预算是虚假预算,难以兑现。除此之外,很多私立大学根本没有经费预算制度,使得学校的发展缺少通盘考虑和整体规划,影响了经费的使用效率。

———————————

①厦门大学十二周年纪念专号.载《厦大周刊》第 12 卷,第 21 期,1933 年 4 月 6 日。

第五章
教育经费与中国近代私立大学发展的关系

　　学校各项工作的开展都以教育经费为基础。或者说教育经费制约或决定着学校各项工作。学校教育质量的提高要靠教师,而教育经费对教师队伍建设至关重要。"无钱难以留住教师"已是不争的事实。教育经费与学校教育质量之间存在着微妙的互动关系,一般来说,教育经费充足,教育质量就明显提高。学校办学质量的提升和学校声誉的提高,反过来又有利于学校经费的筹集。最关键的是,教育经费决定着私立大学的发展方向和命运。中国近代私立大学因经费困难而被其他学校兼并、改为公立甚至消亡的现象司空见惯。

　　总之,教育经费与中国近代私立大学的发展息息相关。本章重点讨论教育经费与私立大学教师队伍建设、教育经费与私立大学的办学质量、教育经费与私立大学的命运等方面的关系。

第一节　教育经费与中国近代私立大学教师队伍建设

私立大学教育经费直接影响着其教师队伍建设。由于私立大学教育经费大多比较紧张,因此,其教师待遇一般都低于同类公立大学的教师待遇。进而导致了私立大学教师队伍主要有以下两个特点。

一、兼职教师较多

教师兼职分校内兼职和校外兼职两种,本文所指的教师兼职系指后者。在近代中国,公、私立大学中都有兼职教师,但私立大学中教师兼职情况更为严重。其主要原因是私立大学经费紧张而导致教师工资较低。如复旦公学建校之初,其教师大多数是兼职,主要请上海各界社会贤达兼任。[①] 与复旦公学相似,中国公学成立时经费极其紧张,教师多系兼职。即使经费稍宽裕的德文医学堂,在开办时除三名专职教师外,其他教师均系兼职。[②]

北洋政府时期战乱不断,教育经费常被挪作军费,屡屡发生拖欠教师工资现象,加之教师待遇偏低,于是无论公立大学还是私立大学,都出现了大量大学教师兼职的情形。早在 1915 年 12 月北洋政府教育部发布的《大总统关于官吏不得兼充学校校长及限制兼任教员办法批令》中指出:

---

① 宗有恒,夏林根.马相伯与复旦大学.第 30 页,山西教育出版社,1996 年。
② 翁智远.同济大学史第一卷.第 67 页,同济大学出版社,1987 年。

"奉大总统谕:京师各学校校长、教员,有以行政、司法各官兼充者,殊与本职职务、教授时间两有妨碍。……教员向有专任、兼任之分,兼任教员系按钟点计算,所费较省,在校中为撙节经费起见,亦具苦心。而一校之中,兼任多于专任,究非良法。应由该部督饬各校长酌量办理,除教授勤恳、生徒翕服,及为学科必须者仍准延订外,余由校长慎选专员,一律更易,以重课程,是为至要。……一麟自莅任一月以来,连日往专门以上各校参观、听讲。其教员临时缺席者,所在多有,全级学生同时停课。推原其故,大都以官吏兼任者为多……"①

可见,当时大学教师兼职情况非常普遍。私立大学中教师兼职现象更是司空见惯。特别是以赚钱为目的而开设的一些"学店""野鸡大学",其教师几乎全部是兼职。当时大学教师兼职也是为生活所迫的无奈之举。一些高校为了自身的名誉和地位,还聘了很多政府官员,其中很多学术水平和教学效果达不到要求的标准。

国民政府建立后开始逐步规范大学教师队伍。针对一些教师"兼课太多,请假缺课,甚至以一人兼两校或同校两院以上之教授"的现象。教育部于 1929 年 6 月明令"大学教授应以专任为原则","凡国立大学教授,不得兼任他校或同校其他学院功课。倘有特别情形,不能不兼任时,每周至多以六小时为限,其在各机关服务人员,担任学校功课,每周以四小时为限,并不得聘为教授"。② 1929 年 7 月 26 日国民政府颁布的《大学组织法》也规定:"大学得聘兼职教员,但其总数不得超过全体教员三分

---

①《大总统关于官吏不得兼充学校校长及限制兼任教员办法批令》(1915 年 12 月),载中国第二历史档案馆.中华民国史档案资料汇编　第三辑　教育.第 73 页,江苏古籍出版社,1991 年。
②国立大学教授自十八年度上学期起应以专任为原则.载《教育部公报》第 1 卷第 7 期,第 39 页,1929 年 7 月。

之一。"①1933 年教育部公布的《私立学校规程》规定,私立大学的专任教员应该占教师总数的三分之二以上。实际上当时很多私立大学达不到这个标准。表 25 显示了 20 年代末一些私立大学的教员兼职情况。

表 25　20 年代末一些私立大学的教员兼职情况表②

校　别	教员总数(人)			兼校外职务者及百分比(保留整数)		
	1928 年	1929 年	1930 年	1928 年	1929 年	1930 年
大同大学	56	44	44	20(36%)	19(43%)	5(11%)
复旦大学	76	100	100	58(76%)	25(25%)	12(12%)
光华大学	57	62	62	22(39%)	20(32%)	20(32%)
大夏大学	101	86	90	52(51%)	30(35%)	28(31%)
南开大学	48	50	50	8(17%)	8(16%)	12(24%)
武昌中华大学	28	40	42	6(21%)	8(20%)	8(19%)
中国公学	86	75	83	60(70%)	45(60%)	62(75%)
上海法政学院	42	46	57	29(69%)	31(67%)	29(51%)
中国学院	117	133	144	92(79%)	103(77%)	107(74%)
上海法学院	135	133	142	103(76%)	55(41%)	59(42%)

　　办学质量低劣的私立大学几乎完全靠兼任教师来支撑局面,如当时在私立大学相对集中的上海兴建的一些私立大学,诸如上海法政学院、上海法学院、诚明文学院、新中国学院、民智新闻专科学校等学校,其教师几乎全部为兼职,其中新中国学院、民智新闻专科学校没有一位专任教师。就是一些办学成绩优良的私立大学也主要靠兼职教师维持学校的发展。下表显示了 30 年代初期一些私立大学教职员兼职情况。

---

①国民政府颁布《大学组织法》(1929 年 7 月 26 日),载中国第二历史档案馆.中华民国史档案资料汇编第五辑　教育.第 172 页,江苏古籍出版社,1994 年。
②教育部高等教育司.全国高等教育统计.表 11、12、83,中华民国十七年八月至二十年七月(出版者及页码不详)。

表 26　1932 年、1934 年部分私立大学教职员兼职情况表(单位:人)①

学　校	1932 年		1934 年	
	教职员数	兼校外职及比例	教职员数	兼校外职及比例
中法大学	200	60(30%)	100	49(49%)
南开大学	132	13(9.8%)	73	13(17.8%)
复旦大学	119	68(57.1%)	95	41(43.2%)
大夏大学	114	29(25.4%)	92	34(37%)
厦门大学	104	3(2.9%)	63	4(6.3%)
广东国民大学	83	20(24.1%)	70	27(38.6%)
光华大学	70	28(40%)	61	21(34.4%)
广州大学	65	12(18.5%)	52	12(23.1%)
大同大学	60	13(21.7%)	45	9(20%)
武昌中华大学	44	8(18.2%)	47	9(19.1%)
中国学院	189	133(70.4%)	150	117(78%)
民国学院	151	56(37.1%)	63	21(33.3%)
朝阳学院	113	—	68	40(58.8%)
持志学院	95	17(17.9%)	43	12(27.9%)
上海法政学院	91		47	23(49%)
中国公学	79	—	57	43(75.4%)
南通学院	69		62	6(9.7%)
焦作工学院	46	1(2.2%)	22	2(9%)
福建学院	36	1(2.8%)	14	3(21.4%)

　　从以上两表可以看出,私立大学中教职员兼职情况呈上升趋势。学校中兼职教师太多,不但给学校管理带来了困难,而且影响了学校的教学质量。对此,教育部一面责令私立大学应控制兼职教师的比例,一面对一

①教育部.二十一年度全国高等教育统计.第63—64、137—138页,商务印书馆,1935年;教育部统计室.二十三年度全国高等教育统计.第64—65页,商务印书馆,1936年.

些大学进行整顿。1933 年 12 月 28 日,教育部致复旦大学训令中指出:"兼职教员几占全数百分之八十,殊属不合,应切实减少,并选聘优良合格之专任教员。"①另据 1934 年 10 月 14 日的《大学新闻》报道,这一年,复旦大学的兼任教师达 95% 。②

关于复旦大学中教员的兼职比例,在半年多的时间内出现了三个数据:1933 年 12 月 28 日教育部致复旦大学训令中指出的其"兼职教员几占全数百分之八十";1934 年教育部统计资料为 59% (当时复旦大学共有教员 95 人,其中专人教师 39 人,校内外兼职者 56 人);1934 年 10 月 14 日的《大学新闻》报道,当时复旦大学的兼任教师达 95% 。此三组数据之所以有如此大的出入,笔者分析有三种可能:一是《大学新闻》或教育部统计数据有误;二是二者统计标准不一样:教育部可能以复旦大学在编正式教员为基数,而《大学新闻》可能把所有在复旦大学讲过课的教员都计算在内;第三种可能是问题出在复旦大学内部。因为当时没有一所学校愿意承认其兼职教师比例较高,复旦上报的兼职教师数据本身存在问题。事实虽无法澄清,但有一点是毫无疑问的,即当时复旦大学兼职教师比例确实很大。

1935 年 6 月 24 日,教育部致复旦大学训令中再次指出:"兼任教员数额尚嫌过多,应逐渐改聘专任,以符部定比率。"③同样,当时办得较好的立信会计专科学校,其兼任教师也占了绝大多数。尽管教育部三令五申,明令各私立大学减少兼职教师的比例,但收效甚微。根据第二次中国教育年鉴的统计,1947 年度第一学期,公立大学教师共计 15031 人,其中

①教育部致复旦大学训令(1933 年 12 月 28 日).载中国第二历史档案馆.中华民国史档案资料汇编 第五辑 教育.第 219 页,江苏古籍出版社,1994 年。
②《大学新闻》周报,1934 年 10 月 14 日。
③教育部致复旦大学训令(1935 年 6 月 24 日).载中国第二历史档案馆.中华民国史档案资料汇编.第五辑 教育.第 172 页,江苏古籍出版社,1994 年。

兼职教师有 1537 人,约占教师总数的 10%。与此同时,私立大学教师共计 5102 人,其中兼职教师有 1656 人,约占教师总数的 32%。[1] 这一统计数字尚包括教会大学,如果刨去教会大学,私立大学兼职教师的比例将会更大。

学校中兼职教师太多,给学校管理带来很多困难。教师队伍不稳定、教师流动频繁,一定程度影响了学校的教学质量,这也是中国近代私立大学教师管理中一直悬而未决的问题。

二、教育经费是影响教师队伍建设的重要因素,但不是唯一因素

(一)教育经费是影响教师队伍建设的重要因素

中国近代私立大学的发展表明,经费充足,教师待遇较高时,学校招聘教师就比较容易,教师队伍也比较稳定;经费短缺,教师待遇较低时,教师流失比较严重,师资队伍就不稳定。

中华大学在五四运动前后,经费较充足,在私立大学中教师待遇较高。学校利用经费较充足这个有利条件,广招四方贤士。不仅聘请了黄侃、刘博平等著名学者和施洋、恽代英、黄负生等进步教师到校任教,同时还聘请了康有为、梁启超、章太炎、蔡元培、杜威、何尔康、泰戈尔、顾维钧、胡适、李四光等一批中外大师到校讲学。使中华大学一度出现了"印泰戈尔,华蔡子民,政顾维钧,杜威哲学,康梁史经,一时鸿博,靡不莅临"的盛况。在军阀统治、封建思想禁锢的武汉,中华大学因其思想活跃、学术风

---

[1]第二次中国教育年鉴　第十四编　教育统计.第 8 页,台北宗青图书公司,1991 年。

气自由而吸引了不少优秀青年,不仅很快成为当时私立大学中的佼佼者,而且成为武昌著名的新文化运动中心和湖北地区五四运动的策源地。抗战期间,迁至重庆的中华大学再度出现群贤毕至、人才济济的盛况。当时学校聘请郭沫若教授甲骨文,卢前教中国文学史,太虚法师教佛学。先后到中华大学讲学的还有邹韬奋、邓初民、陶行知、冯玉祥、邵力子、李公朴等有影响的名人学者,使中华大学成为国民党统治中心的一个"民主讲坛"。为抗日战争培养了一大批有用人才。

20 年代中期的厦门大学经费较宽裕,原因是当时厦门大学的主要捐款人陈嘉庚的实业处于鼎盛时期。有强大的经济实力做后盾,陈嘉庚与校长林文庆决定重金礼聘教师,以"待遇吸引人才"。学校规定:教授月薪最高可达 400 元,讲师可达 200 元,助教可达 150 元,而且从不欠薪。当时使用的货币是银圆(大洋),25 元就能养活一个五口之家,当时复旦大学校长及专任教授的月薪最高仅 200 元,相比之下,厦门大学的待遇确实优厚。

再来看一看当时公立大学的情况。1926 年正值第一次国内革命战争时期,北京政府处于风雨飘摇之中,各公立大学经费无着,教职员工资经常拖欠,无法保障。"已到山穷水尽之势",北京八所高校(北大、北师大、女师大、农大、工大、艺专、法大、医大)校长被迫集体辞职,京沪等地教授学者纷纷另谋新职。在这种情况下,厦门大学重金礼聘教师的策略收到了不错的效果。从 3 月到 12 月,很多著名教授、学者到厦门大学任教。[①]

[①]厦门大学校史编委会.厦门大学校史第一卷.第 67—69 页,厦门大学出版社,1990 年。

林语堂	著名文学家、语言学家,美国哈佛大学文学硕士、德国莱比锡大学语言学博士,曾任清华、北大、北女师大教授,并兼北女师大教务长。
沈兼士	著名国学大师,原任北京大学教授兼北大研究所国学门主任。
鲁　迅	著名文学家,曾任北大、北师大、北女师大等校教授。
张星琅	历史学家,美国哈佛大学学士、德国柏林大学硕士,原任北京大学教授。
顾颉刚	北京大学文学学士,曾任北京大学研究所国学门助教,《国学季刊》编辑。
张　颐	著名哲学家,美国密歇根大学文科学士、博士,英国牛津大学哲学博士,曾任北大、北女师大教授。
史禄国	著名人类学家,俄国人,法国巴黎大学及俄国圣彼得堡大学研究生。
秉　志	著名动物学家,美国康奈尔大学动物专科毕业,美国威斯特生物研究院解剖学博士,曾任东南大学动物学正教授。
姜立夫	著名数学家,美国哈佛大学数学硕士、博士,原任南开大学数学正教授兼数学系主任。
胡刚复	物理学家,美国哈佛大学物理专科学士、博士,曾任东南大学物理系教授兼主任及大同、南洋、光华等大学物理教授。
朱志涤	物理学家,美国麻省理工大学物理学学士,宾夕法尼亚大学数学硕士、物理学博士,原任苏州东吴大学物理学正教授。
庄泽宣	教育学家,美国哥伦比亚大学教育学博士,曾任哥伦比亚教育院助教、北京清华大学心理学教授。
萧承恩	美国哥伦比亚大学文学硕士、纽约大学哲学博士,曾任上海沪江大学教授。
区兆荣	法学家,美国芝加哥大学哲学学士、法学博士。
林希谦	日本早稻田大学法学士、早稻田大学外交史研究生,曾任福建法政专门学校教授。
郑世察	会计学家,纽约大学商学硕士,曾任农商部特准会计师。
陈德恒	会计学家,美国哥伦比亚大学商学硕士,曾任光华大学、复旦大学商科教授及国民大学会计系主任。
陈其鹿	银行学家,美国哈佛大学商学硕士,曾任中国公学大学部及光华大学教授。
卢启宗	美国西北大学商学硕士,曾任芝加哥工商日报编辑。

　　除了从外面引进教师外,厦门大学还从本校毕业生中选聘优秀学生到国外深造,以备将来回校任教。厦门大学在建校之初就非常重视教师

的进修和培养。学校规定:"本大学得由校长酌派教授、助教或物色预定教授分赴欧美各国考察研究";"考察研究年限,教授不得过二年,助教不得过三年,预定教授由校长临时酌定";"考察研究期内,教授、助教除留学费外得酌给津贴,唯不得逾原俸之半";"考察研究期满,须将所考察研究之成绩报告本大学";"考察研究期满回校服务年限须倍其留学之年数"。①

校长林文庆认为"本校学生成绩优良者将来毕业后或能得留学外国奖学费优待,以为养成将来本校教授之材。现在本校有预定教授欧元怀君留学美国受本校之津贴"。② 此外,厦门大学还制定了《优待教职员规则》和《教职员养老金规则》,对在本校工作一定年限的教职员,并符合以上规则的教职员发放一定数额的恤金和养老金。这种做法在当时私立大学中还是很少见的。学校以此来鼓励教职员在厦大任教。

由于大多数私立大学经费较紧张,不可能拿出太多的钱给教师发工资。像厦门大学那样以重金聘请教师的方法,对绝大多数私立大学来说是做不到的。总的来说,与公立大学相比,私立大学在教师队伍建设方面处于劣势。即使是当时办学较好的南开大学和朝阳大学等学校,在教师队伍建设方面也曾面临严峻考验。

20 年代末的南开大学曾经发生较严重的教师流失现象。南京国民政府的成立使中国高等教育事业逐步恢复并走向正规。如当时的清华大学在罗家伦校长治理下,处于快速发展阶段。由于有庚子赔款这一得天独厚的资金来源,教师工资待遇较以前有了很大提高,而且规定教授每七年可以出国休假一年。在公立大学较高待遇的诱惑下,1929 年夏、秋两

①上海《民国日报》第七版,1921 年 3 月 30 日、31 日。
②厦门大学校史编委会.厦门大学校史第一卷.第 26 页,厦门大学出版社,1990 年。

季,在南开工作多年的许多骨干教员,或被国立大学高薪聘走,或因不满薪金水平悻悻离去,教师队伍发生了危机。① 这给南开大学的工作和学校名声造成了很大损失。

与南开大学相似,30 年代的朝阳大学也面临教师流失问题。当时的朝阳大学生源出现了较为显著的滑坡现象,而学费在当时的朝阳大学中占很大比例。生源的不足直接导致学校经费的短缺,教职员薪金发放顿感紧张。而此时的公立大学由于得到了政府较大的经费支持,教师工资不断上调。如当时的北京大学教师待遇较高,其法学院从朝阳大学"挖"走了很多教授。当时朝阳大学教授到其他公立大学"高就"的也不少。学校教师队伍出现了前所未有的不稳定现象。仅 1934 年就有很多教授离开了朝阳大学。将 1933 年和 1934 年两年朝阳大学的教职员名单进行比较,就可以清楚地发现当时的教师队伍流失情况。

1933 年,在朝大教师名单中所列教授有于光照、王觐、王家驹、余繁昌、沈逢甘、李浦、李祖荫、郁宁、朱文彬、邵勳、唐纪翔、陈瑾昆、程光铭、曾志时、张鼎乾、张映南、陶惟能等 17 人。② 到了 1934 年,教授人数锐减。在朝大教师名单中所列教授只有王觐、宋化龙、邵锋、郁宁、唐长风、唐小圃、陆崇玮、曾志时、万钟庆等 9 人。③ 教授人数去之近半。

广东国民大学教师工资长期主要靠学费支付,其他收入虽然名目繁多,但都是专款专用,因此,当学校生源不景气时,学校只能降低教师工资。当时,广东国民大学以课时计算薪酬,每课时 8 元,而当时的国立广州中山大学每课时 16 元,后来增加至 20 元。很多教师离开了私立广东国民大学到公立大学任教。抗战前夕的大夏大学经费困难,教师待遇较

①南开大学校史编写组.南开大学校史.第 145 页,南开大学出版社,1989 年。
②朝阳学院教职员录,1933 年。
③朝阳学院教职员录,1934 年。

低,有些教师经不起公立大学高薪的诱惑离校而去。可见,学校经费是否充足,教师待遇是影响教师队伍稳定的重要因素。

一个不可否认的事实是,与公立大学相比,私立大学在竞争中处于劣势。私立大学教师的待遇比不上公立大学,那么为什么还有这么多教师,其中包括当时著名教授、学者到私立大学任教呢?通过研究,笔者发现教师待遇高低虽然是影响教师队伍稳定的重要因素,但并不是决定因素。私立大学教师队伍受学校发展前景、私立大学校长(或管理者)的感情投入、学校待遇等多种因素的影响。

(二)事业留人、感情留人,加上待遇留人是很多私立大学稳定教师队伍的法宝

私立大学既然在工资待遇上无法与公立大学竞争,他们就靠"事业+感情+待遇"的多种办法来稳定教师队伍。当时的很多私立大学承认,光靠教师的工资待遇,是竞争不过清华、北大等公立大学的。应采取多种措施稳定教师队伍。

首先,私立大学靠"事业留人"。

南开大学就是靠"事业留人"的典范。20年代中期,北京、天津一带是当时学术中心,学术界很活跃。那时,一些刚刚回国的青年学者,都想在事业上有所贡献。他们对学术环境比较重视。他们觉得南开大学教员认真授课,很多教员有实学专长;招生严格,开设课程宁缺勿滥;学风朴实,学生学习勤奋,脚踏实地,不好高骛远。那些专心致力于学术研究的学者,都认为南开大学有利于自己的前途。李济、蒋廷黻、何廉等人都是以这样的眼光与抱负来南开大学执教的。当时,岭南大学致函何廉,聘请他为该校商学院院长,月薪为300元。但考虑到学术上的发展,他还是决定就任月薪仅180元的南开大学商科教授。此后,他在南开创办经济研究所,从事中国社会经济研究,坚持实地考察与统计分析,出版了大量的学术研究成果。他兼顾科研与教学，招收研究生，培养了一批优秀人才。同时，南开大学还对教师进行积极培养和提高。南开大学无论延聘留学海外的学者，还是选任国内的大学毕业生，都十分注重对他们的培养和提高，尽量为他们创造适宜的科研教学环境，而不是一味地强揽现成的人才。学校在师资建设上这一远见卓识之举，造就了不少优秀人才。很多刚刚毕业的青年，一方面得到本校教授的指导，一方面在南开承担教学与科研任务，成长较快，在很短的时间内就崭露头角。著名物理学家吴大猷对南开这一师资培养特色，极为赞赏。他晚年曾回忆道：

> 南开在声望、规模、待遇不如其他大学的情形下，藉伯乐识才之能，聘得年轻学者，予以研教环境，使其继续成长，卒有大成，这是较一所学校藉已建立之声望，设备及高薪延聘已有声望的人为"难能可贵"得多了。前者是培育人才，后者是延揽现成的人才。我以为一个优良的大学，其必需条件之一，自然系优良的学者教师，但更高一层的理想，是能予有才能的人以适宜的学术环境，使其发展他的才能。从这观点看，南开大学实有极高的成就。①

30 年代的焦作工学院可谓人才济济，学校聘请了许多国内知名学者担任学校教授。1934 年学校共有教师 30 名，其中教授 18 人，副教授 1 人，讲师及助教等 11 人。这些教授绝大多数曾留学欧美并在海外有一定的工作经验，在国内教学也很有成就；其余教员或曾经留洋，或毕业于国内清华、北大、北洋大学等名牌大学。他们多能"牺牲京沪平津优越之环境与国立大学优厚之待遇，来兹鄙壤，授此朴士，与其他教职员同仁实皆

---

① 吴大猷. 南开大学和张伯苓——大学和校长的特色. 载梁吉生. 张伯苓与南开大学. 第 117 页，山西教育出版社,1995 年。

重视友谊及本院之前途也"。① 这些教师之所以到焦作工学院任教,一个重要原因是他们看中了学校的发展前景和学术氛围。他们认为在焦作工学院能够发挥自己的专业优势,对自己将来的发展有利。教师们优良的人品和学问,为学生树立了榜样,"风尚所及,奢靡斯除"。一时间,焦作工学院在国内名声日振,被誉为"海内办理成绩较良的工校之一"。

南通大学的教师待遇并不高,但很多具有高学历、高职称的教师都愿意到该校任教。主要原因是他们感到在南通大学有较好的发展前景,在南通大学工作能发挥自己的专业优势。因为当时南通大学的农、医、纺是国内新兴专业,很有发展潜力。南通纺织专门学校是我国第一所纺织学校。学校以纺织专业为主而形成了学校的基本办学特色。学校的教学注重理论联系实际。根据教育部的视察报告,南通纺织专业"各生毕业后,均拨入大生纱厂,充当监工及技术助理等员,服务三年,始得外谋生计"。"以私立专门学校,……而能办有如斯成绩,在中国求之,殊不易得。且其安置毕业生,能以经验为重,著其入厂实习,尤得培养工业人才之要旨。"②注重实践的教学方式,使学校享有"全国第一纺织学府"的美誉。

因此,很多高学历、高职称的教师放弃了公立大学优厚的待遇而到南通大学任教。如农科首任科长李敏孚,在国外大学取得硕士学位,继任科长郭守纯,在美国康奈尔大学取得畜牧学硕士学位;教授郑步青、冯肇传、张通武等也都在国外大学取得硕士学位;其他不少教师也都有过留学经历。下表列举了当时学校一些教师的情况。③

---

① 邹放鸣.中国矿大九十年.第34页,中国矿业大学出版社,1999年。
② 潘懋元,刘海峰.中国近代教育史资料汇编·高等教育.第588—589页,上海教育出版社,1993年。
③ 南通学院毕业纪念刊(内部资料).第16—19页,1994年。

姓名	资历	职务或职称
刘禹声	教育部特聘织物设计学讲座	纺织科主任兼教授
诸楚卿	东京工业大学毕业,教育部特聘织物整理学讲座	染化系主任兼教授
王子宿	英国波尔敦工校毕业、工程师	纺织工程系主任兼教授
严仲简	美国纽必佛纺织专校毕业、工程师	教授
张训恭	英国利斯大学毕业、工程师	教授
孙君立	德国亚亨工科大学博士	教授
陈文沛	美国罗宛尔大学毕业、北京大学教授	教授
陈冠世	中国纺织染工业专校教务长、教授	教授
李世清	法国里昂高等化学工程师	教授
吴留青	美国明纳纱泰大学硕士,广西大学、浙江大学教授	教授
陆镜智	南洋大学学士、工程师	教授
施恩曦	日本东京帝国大学学士、工程师	教授
刘准业	美国华盛顿大学硕士、北平大学教授	教授
恽福林	中央研究院研究员、暨南大学教授	教授
李炳郁	美国宾夕法尼亚大学学士、国立商学院教授	教授
黄君吉	本校毕业、工程师	副教授
金叔平	日本东京工业大学研究科毕业	特约讲座
杨宽麟	圣约翰大学毕业	特约讲座
刘干虹	日本东京工业大学研究科毕业	特约讲座
郁楚曾	同济大学毕业、助教	特约讲座
乐嘉榭	清华大学毕业、致用大学教授	副教授

此外,为了充分发挥教师的专业特长,最大限度地激发教师工作的积极性,一些学校在教师分配上实行"按劳分配,多劳多得"的制度。20 年代前后的同济医工学堂(同济大学的前身)充分利用分配这个"杠杆"来调动教师工作的积极性。同济医工学堂的教师主要由中国教师和德国教师组成。不同时期中、德两国教师比例有所不同。1917 年华人校董接管学校之初,全校有 52 名教师,其中德籍教师 34 人,中国教师 17 人,罗马

尼亚教师1人。第一次世界大战后,1919年根据协约国的规定,德籍教师大部分被遣送回国。这一年全校教师共35人,其中本国教师25人,德籍教师9人,罗马尼亚教师1人。从1920年起,学校又陆续增聘德籍教师。1921—1925年期间,全校教师总数在40人左右,其中本国教师占1/4到1/3,德籍教师占2/3到3/4。[①] 德籍教师任教资格,在工科以在德国理工科大学毕业得有特许工程师证书,并有5年以上的实际经验为限;在医科,以曾在德国医科大学医科得有讲师以上的资格者为限。他们大都有博士学位,其中少数人是德国大学的教授。德籍教师担负的教学任务较重,加之大部分教师学历、职称高,因此工资待遇高;本国教师担负的教学任务较轻,在学历、职称上较低,因此工资待遇低。以1920年为例,在任课时数方面,德籍教师21人中,每周授课20~24小时者14人;授课16~18小时者3人;授课4小时者3人;还有1人担任实习工厂指导,每日工作8小时。本国教师12人,每周授课20小时者1人;授课13~19小时者6人;授课6~9小时者4人;还有1人担任实习工厂指导,每日工作7小时。在工资待遇方面,德籍教师21人中,月薪600~800元者5名;400~550元者6名;200~350元者10名。在12名本国教师中,月薪300元以上者1人;100~150元者5人;50~80元者6人。在上海吴淞,有设备较好的宿舍供德籍教师及其家属居住,如果住在上海市区,另有津贴。[②] 本国教师则没有这项待遇。当时有人评论说学校在教师待遇方面崇洋媚外,不公平。实际上这种说法欠妥,当时学校是按教师的学历、职称、工作量来计报酬,体现了"按劳分配,多劳多得"的原则。

其次,私立大学还靠"感情留人"。与公立大学相比,私立大学在竞

---

① 翁智远.同济大学史第一卷.第6、33页,同济大学出版社,1987年。
② 翁智远.同济大学史第一卷.第19、33页,同济大学出版社,1987年。

争中处于劣势。私立大学的管理者们或以自身高尚的人格魅力,或以高超的管理艺术和对教师的真情,赢得了广大师生的信赖。上文已经提到,五四运动前后,中华大学聘请了很多名人、学者到校任教讲学,除待遇较好这个原因外,另一个原因是校长陈时一向主张"尊师重教,唯才是举,宁缺勿滥"。陈时当校长二三十年都是尽义务,分文不取。他用自己"苦干"的实际行动和待人以"诚"的品质,团结了一批志同道合、热心于教育事业的人在自己的周围,充分发挥每个教职员工的潜力,使他们在艰难困苦的情况下不计报酬,埋头苦干,心系中华大学。陈时对老师们"以诚相见,以礼相待",既重视发挥大家的积极性,又设法帮他们在校外兼职,使其实际收入尽量不低于一般学校。他的"诚"感召了很多教员,其中,严士佳、邹昌炽、方宗汉等都是"风雨同舟数十载,含辛茹苦为育才"的教员。在中华大学为严士佳举行的 60 岁祝寿会上,严士佳说:

> 我到中华大学来,确实排除了一切外来引诱,高官厚禄,非我所求。抗战时,中华大学……在粮道街缺粮,在米市街无米,我这个教授越教越瘦。有人劝我改行,以优厚待遇相罗致,我不为所动,愿与中华大学共甘苦而不去。我想,换一个位置,可能钱多一些,可是"袁大头"(指光洋)不会对我发笑。而我的学生在街上碰着我,老远就笑眯眯打招呼。他们会高兴地喊:"严老师,我陪你老人家干一杯吧!"我自得其乐其乐融融。①

这种以苦为乐的风气洋溢于整个学校。就连门卫郑文启老师傅,从中华大学的校牌挂起到最后摘下,包括抗战期间学校西迁,他都坚守在自己的岗位上。② 正是这种和衷共济的精神,使得中华大学能冲破惊涛骇

---

① 吴先铭,殷象震.我们景仰的严士佳老师.载陈时教育思想与实践,第 292 页,华中师范大学出版社,2001 年。
② 宋汉炎.陈时.载中国现代教育家传第五卷.第 230—231 页,湖南教育出版社,1987 年。

浪,一步一步向前进。

对待有真才实学的教师,校长陈时谦让尊重,礼仪有加。在生活和工作上给予充分照顾。他常说:"校长将就教师不是丢脸的事。"章太炎的学生黄侃是个学富五车的著名音韵训诂专家,同时又是有名的"怪人"。他有个通宵读书,下午睡觉的习惯,上课常不能按时到校,讲起课来兴致所至,又常常忘了下课时间。掌握这个特点后,陈时就尽量把黄侃的课排在上午。还有,黄侃一般都乘人力车来校,常因时间紧迫而忘付车钱。陈时就预先把车钱放在门卫手上,嘱咐门卫替黄侃付车钱。陈时常开导对黄侃有意见的师生说:"我们要学黄先生的学问,不要学他的脾气。"①

南开大学同样对广大教职员工十分关心,学校处处散发着"家庭学校"的气氛。校长张伯苓不自私、不虚伪、不腐化,以诚待人,他懂得教师心理,善于养贤用贤,善于疏通和联络感情,努力为教师创造适宜的学术环境和生活环境。新校址一开辟,就把兴建教员宿舍列入第一期工程。在教员居住区还设立了俱乐部、草坪网球场等健身娱乐场所。新聘教师到校,要召开新教员茶话会。每到放假,学校都按惯例宴请全体教职员工,以酬谢大家一年的辛劳。这一切虽是小事,却融融和畅,使教师及其家人感到温暖。因此,南开的教职员工都与学校有着很深的感情,他们爱校如家,埋头苦干,兢兢业业。② 有的一家叔伯弟兄几人在南开当工人,很多职工终生为南开服务。③ 对此,国内教育界多有好评,时人曾评论:"南开大学……其教授待遇虽不优,而能奋勉从事;有教授在职十年,其他大学虽以重金邀约,亦不离去者。"④

---

①周川,黄旭.百年之功——中国近代大学校长的教育家精神.第103—104页,福建教育出版社,1994年。
②南开大学校史编写组.南开大学校史.第123—124页,南开大学出版社,1989年。
③南开大学校史编写组.南开大学校史.第123—124页,南开大学出版社,1989年。
④《庸报》,1930年5月14日。

再如刚刚创建的大夏大学经费困难,教师待遇低于公立大学,但学校对教师们非常尊重和信任,使许多著名教授、专家学者都乐意到这所学校来任教,抱有"乐育英才"、不计报酬的宏愿。如校长马君武不领校长职薪和讲课费,建校时还把自己的上海住宅借给大夏大学做贷款的抵押;朱经农教授是光华大学创办人兼教务长,为了支持大夏,不辞辛苦,不领教薪,抽出时间,风雨无阻地来大夏上课。学校在上海开办时,文学家郭沫若、田汉、邵力子,教育学家、史学家李石岑、何炳松,物理学家周昌寿、夏元瑮等先后担任过大夏教授。抗战期间,大夏内迁,许多著名教授随大夏历尽艰辛来到贵州。他们宁可放弃公立大学优厚的待遇,而对大夏大学不舍不弃,他们的无私奉献精神可见一斑。

校长对教职员的真情得到了他们的回报。教职员们以校为家,团结合作,表现了很强的内部凝聚力。如大同大学在学校建校之初,无基本办学经费,11 位立达学社社员不仅义务为学校授课、办事,而且还将在校外兼职所得收入的 20% 拿出来补助学校。此外,每遇到学校购地建房等事需要经费时,比较富裕的社员往往还要慷慨解囊。

同样,焦作工学院的师生团结合作,平日相处,犹如一家,一遇经费困难,即行减成发薪,紧缩开支,而教职员向未出过怨言,学生亦未有过动摇,能以同心同德,共济时艰。[1] 大夏大学建校初期,大家一条心、一股劲,当时学校请不起太多职员,所有刻印讲义、管理图书仪器及采购、庶务等工作,大部分由学生分任,多数是尽义务。[2] 1927 年,北伐军兴,上海一些大学相继关闭,唯独大夏大学按时开学,弦歌依旧。那时,学校所有的教职员都未曾拿到分文薪金。

---

①张仲鲁.焦作工学院始末.载钟叔河,朱纯.过去的学校.第 364 页,湖南教育出版社,1982 年。
②欧元怀.大夏大学校史纪要.载上海文史资料选辑第 59 辑,第 145 页,上海人民出版社,1988 年。

不仅私立大学的教师义务教学,而且职员和学生也常义务工作或向学校捐款。早年复旦公学在无锡惠山李公祠开学之时,经费无着,学校职员甘愿义务尽职,力任其难。① 校长李登辉主持校政以后,学校经费入不敷出,学校与教职员协商减少薪金,由于广大教职员对复旦怀有深厚感情,宁愿多做工作,少取报酬也毫无怨言。1917 年复旦公学升格为大学后,新建的建筑物,除第二宿舍和科学馆为富商郭子彬捐助外,其余均由校董、师生、校友零星募集而来,如学校的体育馆,即在 1926 年由学生自治会倡议,每位同学出钱七元,不足之部分由学校凑足,于 1928 年建成。② 广州大学初创之际,由于学校经费紧张,职员概不支薪,往返办公,自己反贴车费。

需要说明的是,私立大学在靠事业留人、感情留人的同时,也靠"待遇留人"。前文已经叙述,当时由于军费开支过大,教育经费极其紧张。很多公立大学经费无法保障,拖欠教师工资如家常便饭。当时南开大学教师待遇虽低,但保证月月按时发给薪俸,绝无拖欠。这在当时社会政治动荡不安的情况下,是十分难得的,也对教师有很大吸引力。蒋廷黻在回忆他最初到南开大学任教时曾经写道:"在我返国时,大多数学校都发不出薪水,老师无心上课,或者尽量兼课,因为薪水是按钟点计算的,某些老师成了兼课专家。这种情形在南开是没有的。张校长很严格,他按规定付酬,学校名气虽不算大,但学生和老师的出席率是极高的。"③总之,中国近代办学成功的私立大学,采用事业留人、感情留人和待遇留人等多种办法,来稳定教师队伍。

---

① 复旦大学校史编写组.复旦大学志第一卷(1905—1949).第 85—86 页,复旦大学出版社,1985 年。
② 复旦大学校史编写组.复旦大学志第一卷(1905—1949).第 108 页,复旦大学出版社,1985 年。
③ 蒋廷黻.蒋廷黻回忆录(七).载《传记文学》.第 30 卷,第 5 期,第 101 页,1977 年 5 月。

第二节　教育经费与中国近代私立大学的办学质量

一般来说,私立大学获取教育经费的多少与学校的办学质量成正比。在私立大学筹集经费的过程中,一个带有规律性的现象是:越是办学认真、成绩突出的学校,越能得到社会的信任和政府的重视,募捐的效果就越好。社会的捐助和政府的补助就越多。即使学费较高,学生也无怨言。教育经费比较充足的私立大学,其办学质量也较高。从而形成了学校办学与社会支持的良性循环。很多私立大学认识到,要想得到社会认可,得到较多的社会捐助,就必须提高办学质量。要提高办学质量,就必须严格教学管理。而那些不注重办学质量的私立大学,就得不到社会和政府的认可和承认,社会捐款和政府补助就会逐渐减少,最终导致学校倒闭。

一、办学质量高、学校声誉好的私立大学,社会捐款和政府补助就比较多,其教育经费就比较充足

南开大学始终注重办学质量,因此得到了社会的广泛信任。国内外各界人士、机关团体、政府等给予了南开大学大力资助。

为了提高教学质量,学校首先把好"入口"关,从招生开始就注意选拔优秀中学毕业生入学。学校设有由教务长、各院院长等组成的入学委员会,专门办理新生考试及入学事宜。学校对新生入学资格作出了规定,男女学生具有下列资格之一者得入本校各学院一年级肄业:(一)公立或

235

已立案之私立高级中学毕业生应本校入学考试及格者。(二)本校高级中学毕业生合乎免试条件者。(三)国内外公立或已立案之私立大学学生应本校入学考试及格者。学校对学生的平时学习要求严格,学生如遇疾病或亲丧而旷课者,须到注册课告假,如因病告假者须交验校医证书。学生告假经注册课允许后发给准假单,学生持此假单交由各教授查验毕,仍须将此单交还注册课存查。① 对学生阅读教学参考书和习题作业均有严格要求,例如,每次数学课必有习题;星期一的课程习题学生务必于星期三的课前交卷,而教授必须于星期五上课时阅毕发还;物理课程的实验,学生必须做详细的报告。这样的训练,学生当时从未以为苦,后来且多感念。②

此外,学校还坚持经常性的考查制度,有平时随堂测验、月考、期末考试等。南开大学的考试很严格,期末考试就像入学考试一样,各年级学生分别集中于一个大教室里,按号入座,由注册课职员监考,如有作弊,当场抓卷。每门课的成绩分甲(90 分以上)、乙(80~89 分)、丙(60~79 分)、丁(50~59 分)、戊(50 分以下)五等。丁、戊等为不及格,没有学分。就全学年来说,若第一学期得戊等,第二学期就不能继续学习。成绩为丁等允许补考一次。全年课程第一学期为丁等,第二学期为丙等或丙等以上者,第一学期的丁等即作为及格,不用补考。全年课程为丙等或丙等以上,而第二学期为丁等或戊等者,该课程须重习或全部补考。③ 学校对上述规定执行非常严格,任何学生不得通融。因此,不论 20 年代还是 30 年代,学校每年都有相当数量的学生补考或受到处分。如 1923 年第二学期,各门课程考试完全及格者 120 人,只占全校学生总数的 42% ,补考者

---

① 《私立南开大学学则》,载《天津南开大学一览》,1932 年。
② 王文俊等. 南开大学校史资料选. 第 72 页,南开大学出版社,1989 年。
③ 《私立南开大学学则》,载《天津南开大学一览》,1932 年。

86 人,成绩差受到警告者 15 人,成绩太差退学者 14 人,考试舞弊勒令退学者 1 人。南开大学的考试如此严格,淘汰率如此之高,在当时的大学特别是私立大学中是少有的。①

严格的考试制度有利于督促学生学习,有利于建立良好的教学秩序,但过于频繁的考试使学生压力过重。影响了学生的身心健康,给学生的学习带来了负面影响。如南开大学由于考试过于严格,"弄得一部分学生面黄肌瘦,满心惶恐,不现生机",②有的患神经衰弱或肺病,有的被迫中途休学,1930 年第二学期中途休学者 17 人,长时期不能上课而退学者 6 人,两者约占本科生总数的 8% ,还有的甚至走上绝路。1933 年理学院一名毕业生因法文过不了关而跳楼自杀。③

考试是一种手段,但不是目的。过分的严格同样达不到预期效果。私立大学应适当运用考试这一手段,不断探索科学的教学管理方式。

为了提高办学质量,南开大学还规定了严格的奖惩制度,各学院学生于一学年内,其学业成绩在各该学院中最优者,免除其下学年之学宿费。凡家境清寒、天资优秀、有志深造之学生,经本校特种入学考试及格后,得领受特种奖学金。凡以有奖学科为主修学程之学生,其成绩经该学科奖金委员会审查合格后,得领受该学科之奖学金。学校对差生实行惩罚制度,学生一学期内之成绩有六学分列戊等者,令其退学;学生一学年内成绩有十八学分不及格者,令其退学;学生第一学年之成绩有六学分列戊等者,而第二学年又有六学分列戊等并六学分列丁等者,令其退学;学生有品行不良者,令其退学。④

---

①南开大学校史编写组.南开大学校史.第172—173 页,南开大学出版社,1989 年。
②陈冠雄.我们商科里面的生活.载《南开周刊》第 87 期,1930 年 5 月 20 日。
③南开大学校史编写组.南开大学校史.第 173 页,南开大学出版社,1989 年。
④《私立南开大学学则》,载《天津南开大学一览》,1932 年。

　　南开大学不但注重平时的教学管理，而且还非常重视学科专业建设。经过几年的发展，南开大学逐渐认识到，私立大学要想生存下去，其学科专业设置必须紧密联系社会实际，办出学校特色。在这一点上，南开大学有着深刻的经验教训。

　　南开大学办学是先仿日本，后仿欧美。1918 年张伯苓在美国考察研究后说："考察与中国需要最宜之教育制度，结果获得两种需要者：一则英法美之制度，一则日德之制度。前者专为计划各人之发达，后者性近专制，为造成领袖及训练服从者之用（即服从纪律）。敝校南开，多半以是二者为圭臬。"[①]但仿照西方教育，就不能很好地与中国实际相结合。早在 1919 年 5 月，周恩来在给南开留日同学会的信中曾公开批评了张伯苓的这些做法："从中学三年级起，耳朵里不大听中国话了，除开国文还有一个中国先生讲中国话外，英文、代数、三角、几何、历史、地理、物理、化学……都是用英文教，用英国的教本"，"把一个中国青年搞成这个样，还有什么办法跟中国的实践相结合呢？"[②]学生也不满这种状况，1925 年 4 月，80 多名南开学生联名要求学校除外语课外，所有课程一律改为国语讲授，张伯苓总结经验教训，开始感到形式上的照抄照搬的弊病："此种教育既非学生之需要，复不适于中国之国情，等于小贩经商，行买行卖，中国将长此拾人余唾矣。"[③]从此，思想开始转变，强调实用科学教育，主张根据国情办应用学科。他的这种思想曾经遭到别人的非议，1951 年，他的得意学生黄钰生回忆当时的情景说：

①梁吉生，杨珣. 张伯苓先生的教育思想. 载《张伯苓纪念文集》，第 211 页，南开大学出版社，1986 年。
②梁吉生，杨珣. 张伯苓先生的教育思想. 载《张伯苓纪念文集》，第 211—212 页，南开大学出版社，1986 年。
③梁吉生，杨珣. 张伯苓先生的教育思想. 载《张伯苓纪念文集》，第 212 页，南开大学出版社，1986 年。

张先生又把实用——利用厚生当作科学的目的，关于这一点，三十年前伯苓不知道受了多少讥笑、讽刺和驳斥。南开大学成立的初期，正是"五四"的年代，那时候人们正在提倡科学，提倡新文学。张先生所创办的南开大学有文科而无中文系，于是乎人们就说张伯苓自己文笔不通，所以不注重中文，以致整个学校鄙俗不堪。那时候，学者们正在高唱纯科学、纯学问，为学问而学问，为研究而研究。张伯苓以实用为科学的重点，是把科学从崇高的地位拖到尘埃。张伯苓只配做一个职业中学的校长，不配做一个大学的校长。[①]

面对讥笑和讽刺，张伯苓没有退却，他从学校实际出发，坚持大力发展应用学科，走与中国实际相结合的道路。到1928年，在他的主持下，学校募款委员会颁布了《南开大学发展方案》，明确提出了"土货化"的办学方针：

何为土货的南开，已往大学之教育，大半"洋货"也。学制来自西洋，教授多数系西洋留学生，教科书非洋文原版即英文译本，最优者亦不过参合数洋文书而编辑之土造洋货。大学学术恒以西洋历史和西洋社会为背景，全校精神几以解决西洋问题为目标。就社会科学论之，此中弊端，可不言而知。社会科学，根本必以其具体社会为背景，无所谓古今中外通用之原则。倘以纯粹洋货的社会科学为中国大学之教材，无心求学者，徒奉行故事，凑积学分，图毕业而已；有心求学者，则往往为抽象的主义或原则所惑，而置中国之历史与社会于不顾。自然科学稍异，然亦不能谓洋货均能适用，更不宜为中国应永久仰给予洋货。地理、地质、气候、生物诸学，无不对环境而言。中国人在利用中国

---

①梁吉生.张伯苓与南开大学.第23—24页，山西教育出版社，1995年。

之天然环境,非有土产的科学不为功。此就科学之实用而言,但实用科学倘无锐进的理论科学为后盾,其结果不异堵源而求流。且今日国人思想之急需,莫过于科学精神与方法,故吾人可断言:中国大学教育目前之要务即"土货化"。吾人更可断定"土货化"必须从学术之独立入手。是故"土货化"者,非所谓东方精神文化,乃关于中国问题之科学知识,乃关于中国问题之科学人才。吾人为新南开所抱定之志愿,不外"知中国""服务中国"二语。吾人所谓"土货化"南开,即以中国历史、中国社会为学术背景,以解决中国问题为教育目标的大学。①

为了更好地适应社会发展和为社会服务,南开大学在20年代末增设了与工业发展关系密切的电机工程系、化学工程系和经济学院。电机工程系一反当时国内大学的电机工程系偏重理论、轻视中国工业实际的倾向,强调理论与实践并重,学生既求专门技术,又兼学管理能力。为了培养学生的实际业务能力,该系在天津电车电灯公司建立实习基地,请该公司工程师具体指导,并与该公司合作开设了电机工读门学程,开设两门课程:电机制造及工厂管理、设计及管理公共电气事业。第二学年暑假到公司所属工厂实习七周,第三学年到工厂实际操作。化学工程系是"应时势之需要",为培养"洽合中国环境"的化工实用人才,为谋求"中国化学工业之发达及其自治"而设立,同时设有应用研究所,系所合力,使学生受到基础理论、实践能力和科学研究三方面的系统训练。经济学院也是密切联系中国实际的教学单位,该学院因各国经济背景不同,教授经济学以使培养出来的学生本国化;同时该学院也非常注重研究,以达到教学相长的目的。鉴于此,该学院采用本国教材,不专采用西方教材;此外,学院还减

①《南开大学发展方案》,载《南开大学募款委员会计划书》,存南开大学档案馆,1928年。

少教课钟点,使教授能在其教课范围内,做个别有系统的研究。当时经济学界权威人士认为这个制度在当时的中国各大学中是个创举。

从以上叙述可以看出,南开大学办学质量的提高,靠的是严格的教学管理和紧密联系实际的学科专业设置。而没有像一些私立大学那样,靠"卖文凭"或盲目扩大招生之类有害社会和学生的行为来谋取钱财。旧中国的大学一般规模都比较小,在校学生也不多。二三十年代,一般大学的学生三四百人。这个时期南开大学的学生数量大体上也是如此。1921年至1928年在二三百人之间,1929年以后达到400人以上,抗战前夕有学生429人。与其他公、私立大学相比,南开大学的学生数量处于中间水平。就南大的师资和设备而言,在校生可以达到500人,但是,校长张伯苓办学不以赚钱为目的,而非常注重办学质量。当南开大学的学生达到400人以上时,张伯苓就明确表示:"今日南开在十年内,大学生决不扩大至五百名以上,庶良好之校风易于培养,而基础可以稳固也。"[1]南开大学重视办学质量,由此可见一斑。

严格的教学管理不但使学校取得了较好的成绩,也得到了教育部的赞赏。1930年4月,戴观应、冯友兰等代表教育部来校视察,对南开的教学管理赞不绝口,他们回南京后发表谈话:南开大学"其学生程度亦甚整齐。余等视察时,见商科二年级上经济课,男女生俱以英语笔记,敏捷正确,全班皆然。又文理科各班有在考试验者,据云该校临时考试极多,学生皆习惯自然,从未知有考试不合教育原理之新说"。[2] 当时有一个时期"一般大学,素少考试之说,教者更不敢以考试课学生",[3]而南开大学不怕"得罪"学生,考试依然如故。1930年第二学期,考试完全及格者237

①南开大学校史编写组.南开大学校史.第125页,南开大学出版社,1989年。
②教育部视察员对本校之评语.载《南开周刊》第87期,1930年5月20日。
③教育部视察员与张伯苓谈话.载《南大周刊》第83期,1930年4月22日。

人,只占全校学生总数的59%,补考者105人,因成绩差受到警告者28人,成绩太差退学者7人。[①]

高质量的办学和良好的社会声誉给南开大学带来了丰厚的回报。社会各界人士、机关团体纷纷向学校捐款,政府补助费也大大增加,学校经费收入逐年增多,学校经费收入总体上呈上升趋势,见图5。[②]

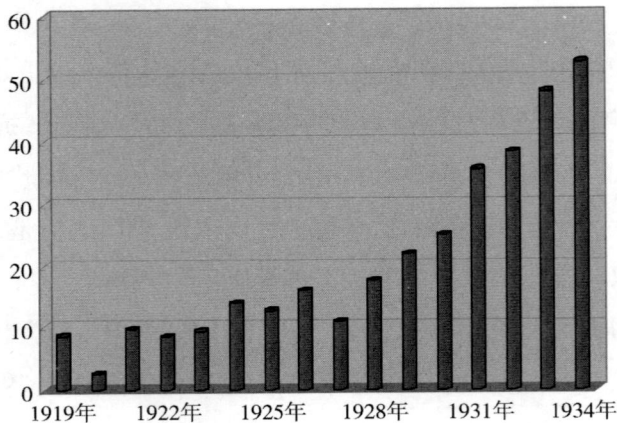

图5　1919—1934年南开大学经费比较图(单位:万元)

社会各界人士纷纷向学校捐款。学校曾得到北洋政府总统徐世昌、前总统黎元洪(时任中美实业公司董事长)赞助。交通银行董事长梁士诒、币制局总裁周自齐等也曾为南开认筹40万元公债票。[③] 学校还得到冯国璋、孔祥熙、阎锡山、曹锟等许多人的资助。[④] 由于南开大学办学成绩优良,社会声誉较佳,在私立大学中堪称"佼佼者"。因此,向其捐款的单位和个人较多。捐款在南开大学经费中占了相当大的比例,表27显示

①南开大学校史编写组.南开大学校史.第173页,南开大学出版社,1989年。
②据《第一次中国教育年鉴》丙编"教育概况"102—105页数据绘制。
③南开大学校史编写组.南开大学校史.第86页,南开大学出版社,1989年。
④李纯:南开大学正式成立祝词(1919年11月20日).载王文俊等.南开大学校史资料选(一九一九——一九四九).第12页,南开大学出版社,1989年。

了 1919—1934 年社会向南开大学捐款情况。

表 27　1919—1934 年社会向南开大学捐款情况表①

捐款者	时间	款额(元)	指定用途	备注
徐世昌	1919	16744.71	创办费	3 万元京钞
李秀山	1919	37165.76	创办费	自捐及代捐
王仲希	1919	100	创办费	
蔡虎臣	1919	2000	创办费	
袁伯森	1919	4790	理科	1 千英镑
交通总银行	1919	10000	创办费	
阎锡山	1919	5000	创办费	
陈光远	1919	1000	创办费	
黎元洪	1919	8010		七长公债 1 万元
李炳麟	1919	1000	购书价	1000 美元
严范孙	1919	2000	购书价	2000 美元
梁士诒、周自齐	1919	400000	创办费	公债券
李秀山	1920	190	创办费	自捐及代捐
王占元	1920	5000	创办费	
沈庆辉	1920	200	创办费	
南洋兄弟烟草公司	1920	10000	创办费	
蔡虎臣	1920	3000	创办费	
李秀山	1921	500000	基金	民国元年公债 218.8 万
李组绅	1921	20000	矿科常费	
李组绅	1922	10000	矿科常费	
李炳麟	1922	455	购书价	
严范孙	1922	2000	购书价	2000 美元
严范孙	1922	18130		捐地 5.18 亩
袁述之	1923	70000	建筑费	科学馆

①王文俊等.南开大学校史资料选(一九一九—一九四九).第 40—44 页,南开大学出版社,1989 年。

续表

捐款者	时间	款额(元)	指定用途	备注
李组绅	1923	45000	矿科常费	
靳云鹏	1923	10000	建筑费	
许静仁	1923	500	建筑费	
金伯平	1923	500	建筑费	
谭真工厂	1923	165	建筑费	
丁美英	1923	105	建筑费	
施雷德	1925	100		
何庆成	1927	1638.5		捐地32.77亩
卢木斋	1927	100000	图书馆建筑	捐图书2万册
李兴臣	1927		捐赠图书	7万册
张学良	1928	500	满蒙研究会	
张学良	1928	200000	基金	
陈芝琴	1929	30000	建设芝琴楼	
国内捐款	1932	24000	经济学院	匿名
国内捐款	1933	24000	经济学院	匿名
国内捐款	1934	25000	经济学院	匿名

其中捐款数额比较大的是爱国将领张学良。张学良十分敬慕张伯苓的抗日爱国精神,早在1916年张伯苓到奉天作《中国之希望》的演讲时,张学良"奇而往听,志气为之大振"。[①] 1928年1月14日,张伯苓向张学良致函:"……我公学识超卓,熟知乡国情形,敬请屈居名誉董事,以资指针而便策进,并请便中多为介绍,群策群力俾收大效。至费用方面,因会中工作甚多,所需孔繁,筹措无从,亦不能不设法一为呼吁。……务乞大力协助募集捐款,藉促该会前途之发达。"[②]张学良当即捐银洋500元,后

---

①张汉卿先生来校.载《南大周刊》,第100期,1930年。

②梁吉生,杨珣辑.张伯苓先生函稿——致张汉卿.载《天津文史资料选辑》第8辑,第201页,天津人民出版社,1980年。

来,他又捐款 20 万元,分 10 年交付,作为南开大学发展基金。①

　　除社会各界的捐款外,由于南开大学办学成绩突出,政府也给予了大力资助。1922 年北洋政府财政部开始给南开拨整理债券 90 万元的利息,每月约 4500 元。②

　　30 年代初至全面抗战前夕,政府对南开大学的资助约占其经费总数的三分之一,有的年份甚至超过了二分之一。如 1931 年南开大学的办学经费共计 355366 元,其中国省拨款 190000 元,占其经费总数的 53.5%。③ 1932 年国民政府给南开大学补助 62000 元,河北省教育厅补助英文系 18000 元,1933 年政府补助仍为 62000 元,加上地方政府补助,共计 253125 元,占当年学校总收入的 52.8%。1934 年政府对南开大学的补助有所提高。这一年度学校共获得 24 万元补助,除拨给南开中学 4 万元,南开女中 2 万元,并预留南开四部临时费 4 万元外,南开大学净剩 14 万元。④ 这一时期政府补助及社会捐款占其经费总数的比例很大。见表 28。

表 28　南开大学 1931—1934 年经费来源情况表(单位:元) ⑤

年度	岁入总额	国省款及百分比	捐助款及百分比	学杂费	租息	杂项
1931	355366	190000(53.5%)	62384(17.6%)	41380	59351	2251
1932	382489	80000(20.9%)	114559(30%)	39289	115217	33424
1933	479256	253125(52.8%)	110030(23%)	36983	40242	38906
1934	526232	240000(45.6%)	152031(28.9%)	38675	80608	5543

　　由于南开大学较高的办学质量和良好的社会声誉,也得到美国等外

①南开大学校史编写组.南开大学校史.第 114 页,南开大学出版社,1989 年。
②南开大学校史编写组.南开大学校史.第 90 页,南开大学出版社,1989 年。
③王文俊等.南开大学校史资料选(一九一九—一九四九).第 137 页,南开大学出版社,1989 年。
④南开大学校史编写组.南开大学校史.第 115 页,南开大学出版社,1989 年。
⑤陈能治.战前十年中国的大学教育(1927—1937).第 235 页,台湾商务印书馆,1990 年。

国一些组织和个人的不少资助。对南开大学捐助最多的是美国洛克菲勒基金会和太平洋国际学会。30年代以前,洛克菲勒基金会主要补助理科建设,如建筑费、设备费、教员薪金等,以后主要补助经济学院。太平洋国际学会主要补助东北问题研究会及经济研究委员会。此外,中华教育文化基金董事会、管理中英庚款董事会等也为南开大学捐款。

表 29 1923—1934 年南开大学接受境外捐款情况表①

捐款者名称	时间(年)	数额(元)	指定用途	备注
洛克菲勒基金会	1923	125000	建筑费及设备费	科学馆
洛克菲勒基金会	1923	1127	理科	
洛克菲勒基金会	1924	2900	理科	
洛克菲勒基金会	1925	4110	理科教员薪金	
施雷德	1925	100		
洛克菲勒基金会	1926	6800	理科	
中华教育文化基金董事会	1926	45000	理科	
中华教育文化基金董事会	1927	30000		
中华教育文化基金董事会	1927	4000	社会经济调查委员会	
洛克菲勒基金会	1927	5400	理科	
洛克菲勒基金会	1928	8500	理科	
中华教育文化基金董事会	1928	30000	理科	
中华教育文化基金董事会	1928	20000	图书馆	
太平洋国际学会	1928	80000	东北问题研究会	2000 美元
洛克菲勒基金会	1929	2600		

①王文俊等.南开大学校史资料选(一九一九——一九四九).第42—44页,南开大学出版社,1989年。

续表

捐款者名称	时间（年）	数额（元）	指定用途	备注
太平洋国际学会	1929	4000		
太平洋国际学会	1929	17600	社会经济研究委员会	8000 美元
太平洋国际学会	1930	30750		
中华教育文化基金董事会	1930	2000	理科	
太平洋国际学会	1931	20000	经济学院	
中华教育文化基金董事会	1931	10000	理学院	
洛克菲勒基金会	1932	8000	理学院	
洛克菲勒基金会	1932	60000	经济学院	
太平洋国际学会	1932	30000		
E. R. Hickoi	1932	100		
洛克菲勒基金会	1933	60000	经济学院	
太平洋国际学会	1933	30000		
中华教育文化基金董事会	1933	30000		
E. R. Hickoi	1933	100		
中华教育文化基金董事会	1934	30000		
太平洋国际学会	1934	15000		
E. R. Hickoi	1934	100		
管理中英庚款董事会	1934	20000	算学系设备	三年为期
洛克菲勒基金会	1934	60000	经济学院	

　　需要说明的是，以上捐款并非都是主动自发的，而是南开大学募捐争取的结果。南开大学在美国募捐主要通过募捐委员会进行。美国募捐委员会成立于 1929 年 6 月，贾德任该委员会主席，委员多系美国各界名人。1929 年张伯苓去美国募捐，在南开校友等的帮助下，由美国著名人士孟禄等联名印制为南开大学募捐书分发各处，一时颇有成效。纽约一位富

翁每年允捐 2000 美元,以五年为限,又有芝加哥一位女士每年允捐 1000 美元,也以五年为限。还有每年允捐 1000 美元者。①

应当指出,外国的捐款对于南开大学的发展无疑起了一定的作用,但并不是决定性的。正如美国著名学者费正清(John K. Fairbank)在其著作《伟大的中国革命(1800—1985 年)》(*The Great Chinese Revolution, 1800—1985*)一书中写道:"虽然南开得到了一些庚子赔款和洛克菲勒基金会的资助,但它主要是私人创办和资助的。"②同时,南开大学接受外国捐款一向坚持原则,即绝不接受先决条件而受制于人。1929 年底,张彭春去美国为南开大学募捐前曾明确表示:"此次出国之用意,虽不明言,大家必已知之。不过大家要知道,我们之募捐,既非投机性质,又非教会学校之受人限制。南开之所以为南开,自有它的荣耀之历史。余此次出去,最大之目的,是使外人认识南开,决不受任何有限制之募款,因为南开是靠着自己发展的。"③

还有一件事可以进一步说明南开大学的社会声誉。1944 年,南开校友总会发起"伯苓四七奖助基金"运动,原定募捐目标数量为 40 万加 70 万元,即 110 万元。取庆祝南开建校 40 年(南开中学创办于 1904 年)和张伯苓 70 岁诞辰之意。继而增至 280 万元,后来改为 470 万元,但由于社会捐款踊跃,活动结束时,捐款总数竟然超过 600 万元。实在是出人意料,创造了国内教育捐款之最高纪录。④

高质量的办学为学校争取了较多的经费,较充足的经费又极大地提

---

① 南开大学校史编写组.南开大学校史.第 112 页,南开大学出版社,1989 年。
② [美]费正清.伟大的中国革命(1800—1985 年).第 237 页,世界知识出版社,1999 年。
③ 校友会欢送凌张.载《南大周刊》,1929 年 12 月 10 日。
④ 张伯苓.四十年南开学校之回顾(1944 年 10 月 17 日).载《南开四十周年纪念校庆特刊》,1944 年 10 月 17 日。

高了学校办学质量。使南开大学成为中国近代私立大学的"领头羊"。

与南开大学相似,复旦公学也非常注重办学质量的提高。复旦在建校之初就非常注重教学管理,对教师、学生及教学要求很严格,当时学校聘请了一批名师,如李登辉、朱葆芬、薛仙舟等。他们教学认真,对学生要求严格,因此,学生学习刻苦,学风淳朴。为了提高教学质量,复旦公学非常注重教材的选用。学校一反当时一些学校使用浅薄外文课本的习俗。当时教英文所用的教材,大都是英国人教印度人用的,浅薄鄙俗,毫无意义。复旦公学所用教材大多数是名家所著。

为了提高教学质量,复旦公学在校长马相伯的主持下在教学内容和教学方法上进行了富有成效的教学改革。学校的教学既有别于公立大学,也不同于教会大学。马相伯认为,培养救国兴邦、振兴民族的人才,必须使他们习得"真的知识"和"活的学问",他反对把"读经"作为学校的主要课程,认为经学是空虚的形式,大家中了空虚形式的毒。他认为中国目前的危机在于科学的落后,要救国必先学习和振兴科学。要振兴科学,就必须改造中国封建教育制度,学习西方文明。他虽然提倡学习西学,但他又不赞成盲目学习西学,他鼓励青年学习西方先进科技,但他决不视传统文化为敝屣,这在当时"滔滔然有蔑视国文之恶风"的环境中可谓独树一帜,令国人刮目相看。

1905 年制定的《复旦公学章程》中规定,如发现学生"有意唾弃国学,虽录取亦随时屏斥"。他明确提出西学是为中国用的,是振兴中国的一种手段。他旗帜鲜明地反对不顾中国具体情况而全盘西化。马相伯能在一个世纪前提出这种教学思想实属难能可贵,他的这种思想对我们当前的教育改革也有一定的启迪。在教学方法上,复旦公学提倡格物穷理的教学法,反对中国传统教育中的不求甚解、形而上学的经学教育,提倡严谨、探求的治学态度。探讨符合中国学生实际的教学方法。马相伯一针见血地指出了当时洋人教学中存在的弊端："外国人在中国教我们青年的外国语文,简直有些颠顸。譬如,他们教英文,一开始就教文句,而不教拼法,弄的学生摸不着头脑。"①

学校教学中还强调因材施教。针对不少学生有很好的国文底子,学有所长,年龄较大,理解力、自制力、自学力较强等的特点,学校采用名儒师徒传授的方法,循序渐进。教学中还注重启发诱导,由浅入深。如在外语教学中,从最基础的拼读教起,逐渐使学生会独立地拼读外文。教数学时不仅教他们具体的验算技术,还着重教他们理解数学原理,引导学生进入科学研究的王国。学校特别鼓励学生的研究探索精神,每个星期日上午都要召集学生开演讲会,或研究学术,或探讨时事,鼓励学生畅所欲言,以训练学生的思维和表达能力。这也是当时复旦公学的一大教学特点。在马相伯的倡导下,复旦公学主张"自主之学",反对"奴隶之学""为人之学"。所谓"自主之学",表现在教育要独立自主,不受教会和封建专制政权的控制;在学校内部实行学术自由。学校在教学上虽然提倡严谨、认真,但绝不独裁。校园内弥漫着民主自由的教学气氛。不同意见通过讨论取得一致认识,反对拘泥于文字训诂和生硬灌输。他认为"科学之教授,尤当自由,否则徒读古书,物而不化,而所授与授法,皆故步自封,无以应世界维新之用"。

复旦公学校长马相伯不但对学生学习严格要求,而且对学生平时生活、锻炼也严格要求。有一次,复旦学生因对伙食不满而在食堂起哄,马相伯闻讯赶到,开诚布公地训诫说:"你们到此地不是来做大少爷,而是来

---

①马相伯,王瑞霖.一日一谈.第83页,复兴书局,1936年。

求学的,而且学生不应以家庭为家庭,而应以社会为家庭。"①

高质量的教学培养了一批高水平的毕业生。从 1905 年到 1911 年的 7 年中,复旦公学培养出了四届高等正科毕业生共 57 人。其中不少人后来成为著名的政治家、教育家、科学家和工程技术人员,如张大椿、胡敦复、邵力子、于右任、陈寅恪、竺可桢等。

由于教学严格,成绩显著,学校多次得到了清政府的资助。社会捐款也逐渐增多,使学校很快走上了良性发展的道路。

中华民国成立后,复旦大学继续坚持严格的教学管理。学校非常重视基础课的学习,特别是国文、英文、数学三科。为了让学生打好基础知识,校章规定:"国文一种,以尊重国学,特设专部教授",学生"至少须习完本级四年程度,方授与大学文凭"。同时规定"凡学生国文、英文、数学三科,须考试及格,方准升级"。为了保证学生的质量,复旦大学规定了新生入学资格:凡欲入大学本科者,须具有与本校大学预科毕业相当程度。欲入大学预科者,须具有中学卒业程度。投考者年龄须满十五岁以上为合格,如有不及此年龄而学识优异者,经本校考验特许,亦可录取。投考者须体格健全,品行端正。②

复旦大学还要求学生提供担保人。学校规定:凡投考录取者,应于开学前三日偕同保证二人,随带印章来校填具入学保证书,投交监学。考取者之亲友或同乡,如在沪上为学界商界中人皆可为保证人。保证人必须填写保证书存于校内。现将复旦大学志愿书及保证书样式列于下面。③

---

① 关于震旦与复旦种种.载马相伯,王瑞霖.一日一谈.第 85 页,复兴书局,1936 年。
② 1920 年修订《复旦大学章程》,载复旦大学校史编写组.复旦大学志第一卷(1905—1949).第 118—121 页,复旦大学出版社,1985 年。
③ 1920 年修订《复旦大学章程》,载复旦大学校史编写组.复旦大学志第一卷(1905—1949).第 122 页,复旦大学出版社,1985 年。

复旦大学入学志愿书

学生　　　年　岁　　　　　　　住所

今承复旦大学允许入校肄业,一切规则情愿服从遵守,如有违背等情,听凭照章开除、记过,特具志愿书是实。

署名

年　　月　　日

复旦大学入学保证书

保证人　　　年　岁　　　　　　住所

今学生　　　　　　承复旦大学允许入校肄业,一切规则愿服从遵守,如有重疾欠费等情,概由保证人承认照料理楚,此据。

保证人印

年　　月　　日

　　复旦大学还严格请假制度,学校规定凡学生因有疾病或有要事不能上课,须报告监学请假,否则不得擅自旷课或私行离校。逢星期六下午及星期日,准许学生外出,但必须回校住宿,若家在附近,预向监学请假者,则可于星期一早晨上课前到校。学生遇父母丧及婚姻等重要事,须将家信呈请监学查存,由监学酌定假期。若遇患病须回家调治者,应由监学察看情形方准请假,病愈回校。各学科每星期修业时间有五时或六时者,准每月请假三小时,每星期有三时或四时者,准每月请假两小时,逾期不到不给分数。①

---

①1920 年修订《复旦大学章程》,载复旦大学校史编写组.复旦大学志第一卷(1905—1949). 第 127—128 页,复旦大学出版社,1985 年。

　　为了更好地管理学生,复旦大学规定了奖惩规则。学校将奖励分为四等:四学年内总平均分在 85 分以上者,列最优等毕业;四学年内总平均分在 75 分以上者,列优等毕业;四学年内总平均分在 65 分以上者,列中等毕业;四学年内总平均分在 60 分至 65 分内者,列寻常毕业。按等次分别给予金章、书籍、银杯、银盾、金银奖牌等。对违反学校规定者分别给予训诫、记小过、记大过、开除四种。以下事项给予训诫:于各堂有犯规之事者;对于教职员有失礼之事者;对授课自修时为蹴球游戏者;在校内蹴球游戏者。以下事项给予记小过:未经请假或请假未经允许不上课者;请假逾期者;妄骂夫役不自约束者;训诫至三次者。以下事项给予记大过:假出在校外为不规则游戏者;谩骂同学好勇斗狠者;未经监学允许擅自外出或外宿者;于校内各处乱秩序者。以下事项给予开除:犯部章禁令各条者;行为不端损害本校名誉者;侮辱教职员者;记大过三次者。①

　　复旦大学对学生学习情况的考核极其严格,凡考试作弊者试卷立即作废,学分取消,并要记过。凡是考试成绩优良者,则给予奖励。当时有人这样描述复旦考试的情形:"复旦的考试在国内各大学里,可以说是'别开生面,独树一帜'。凡是来复旦参加过入学考试的,没有一个不说'复旦的考试真厉害'。复旦每学期考试分为两次,一次是期中考,一次是期终考,或称大考,两次考试都是采集中制,全校两千余同学都集中在大礼堂参予考试,不准夹带不准偷看,违者记大过一次,扣三学分。所以在复旦,莫说研究、商量,就是头稍微一转动,当时就记你一大过,扣三学分,所以复旦同学进了'考场',绝大多数能遵守考试纪律。考试的时候,教务长那一副铁也似的面孔,真是令人骇怕,上课号一响,像狮子吼'不要

---

①1920 年修订《复旦大学章程》,载复旦大学校史编写组.复旦大学志第一卷(1905—1949).第
　129—130 页,复旦大学出版社,1985 年。

说话',从他喉头里发出来的声音响彻全场,闹轰轰的声音马上静下来。……"①

自20年代始,复旦学生即以成绩优异而享誉国内外。复旦学生入美国加利福尼亚大学、华盛顿省立大学、康奈尔大学、芝加哥大学、密歇根大学、斯坦福大学等都不须经过正常考试,入学便能和美国学生一样学习,凡复旦的学分一律承认。②

复旦大学提高办学质量的另一个经验是联系社会实际,发展学校特色学科。由于当时经济发展落后,产业不发达,大学整体上处于盲目的无序竞争状态,如何适应社会需要在专业和课程设置上走出新路子,避免与公立大学直接竞争,集中办好某些学科专业,以增强竞争力,提高学校知名度,成为私立大学生死存亡的关键问题。近代中国那些办得成功的私立大学都在专业设置方面积累了丰富的经验。它们能够适应社会发展的需要,创设应用学科专业。满足了社会要求,为学校的生存和发展奠定了基础。为了避免与公立大学学科设置重复,当时一些私立大学力图办出符合自己学校特色的学科专业。

1917年,复旦扩充为大学后,密切注视经济和社会发展的需要,注重应用学科建设。根据当时国际、国内商业发展及上海民族工商业对商业人才的需要,在国内首创商科。而北洋大学、北京朝阳大学、中国大学、武昌中华大学等到1918年才设置商科。③ 20年代,复旦大学的商科迅速发展,1924年商科学生人数达301人,几乎占全校学生总人数的三分之二,

①复旦大学校史编写组.复旦大学志第一卷(1905—1949).第395页,复旦大学出版社,1985年。
②周川,黄旭.百年之功——中国近代大学校长的教育家精神.第72—73页,福建教育出版社,1994年。
③教育部公布全国大学概况(1918年),载中国第二历史档案馆编.中华民国史档案资料汇编第三辑 教育.第176页,江苏古籍出版社,1991年。

系科扩充为银行金融系、工商管理系、会计学系、国际贸易系四个系。①为了避免与公立大学的学科重复，复旦大学力图创设那些应用性强、有自身特点的新专业。如当时东南大学的文科下设国文、历史、外国语文、政治、经济和哲学 6 个系，而复旦大学根据经济发展和社会需要，文科设立了政治学系、社会学系、新闻学系、法律学系、市政学系、教育学系、土木工程系。②

　　30 年代的复旦大学为了全面提高学生的素质，模仿欧美大学的普遍做法，大量开设选修课，学校鼓励学生多修课程以扩大知识面，到 1930 年全校开设的选修课共有 260 多种，数量之多居上海各大学之冠。③ 学校相继成立了统计系、统计专修科、茶叶专修科、合作学系、银行专修科、农艺学系、农业化学系等。其中很多学科属国内首创。一直到 1949 年，还是国内培养茶叶方面人才的唯一高等学校。创设与社会发展相适应的应用学科专业，使复旦大学受益匪浅，受到了社会的广泛关注和支持，得到许多捐助和投资用来聘请高水平的教授、建筑校舍、添置仪器及图书设备。如茶叶专修科、银行专修科主要由实业部门投资兴办。在北洋军阀和国民党反动统治时期，民不聊生，生产落后，科学不发达，许多理论学科的学生"毕业即失业"，在社会上没有出路。但是，应用学科由于经济部门求才若渴，复旦大学土木建筑、银行金融等系科的毕业生往往"供不应求"。④

　　一向注重联系社会实际的复旦大学从 30 年代开始，进一步明确提出了为社会服务的办学理念，认为"纯科学的研究，为知识而求知识的研究，

---

①复旦大学校史编写组.复旦大学志第一卷(1905—1949).第 392 页,复旦大学出版社,1985 年。
②复旦大学校史编写组.复旦大学志第一卷(1905—1949).第 392 页,复旦大学出版社,1985 年。
③《复旦毕业纪念刊》,第 189 页,1930 年。
④《复旦五日刊》,1930 年 3 月 31 日。

在大学中诚然也占有一个位置,然而,我们学校特别重视国家社会的迫切需要。我们以后当致力于解决现代社会实际的问题,而不专崇尚经院式的理论研究"。①

由于复旦大学办学成绩显著,学校曾多次得到教育部和当地政府的补助。如抗战全面爆发前夕的 1937 年,国民政府决定由行政院每年补助复旦经费 18 万元。② 政府补助的这个数额对复旦大学来说是空前的,相当于复旦平时的一年收入。政府对复旦大学的补助令很多私立大学"垂涎三尺"。殊不知,复旦大学之所以能得到政府如此优厚的"关照",完全是复旦大学长期以来注重提高办学质量、学校声誉不断提高的结果。

同济大学也正是由于注重办学质量,才使学校在危难之际得到了教育部和地方政府的补助,从而避免了被兼并或倒闭的命运。

德文医学堂(同济大学的前身)在教学方法上注重理论与实践相结合,仿照德国医科大学的教学制度,注重培养学生的研究能力。在教学中学校重视实验,医正科十分重视临床实习。在工科方面,按照德国工科大学的教学方式,学校很重视学生的工厂实习,设有模拟工厂,初进工厂的学生每周必须在工厂实习三天,教师经常在工厂中给学生讲解实验原理。此外,学校还聘请工业界的名人到学校开设讲座。当时的德文医学堂对教师要求也很严格。学堂开办之初,有些兼职教师缺乏教学经验,不认真备课,还经常迟到、早退,对这些教师,学校严加管理。经整顿后,大部分教师教学态度认真,受到学生的尊敬。为了严格管理起见,德文医学堂对个别教学不认真、不负责任、不受学生欢迎的教师予以辞退。如当时的德

---

①复旦大学校史编写组.复旦大学志第一卷(1905—1949).第 392—393 页,复旦大学出版社,1985 年。
②见复旦大学历史档案 1892 号;又见吴南轩.复旦大学受赠太湖大雷嘴校地文献.载台湾《复旦通讯》第 30 期。

籍教师辛德勒教学不认真，对学生毫不关心，教学方法简单粗暴，经常利用口试百般刁难学生，动辄令学生退学或降级，他教的班级被诅咒为"阎王班"。而且蓄意侮辱中国，他还要求学生蓄发留长辫子，脱下西装穿大褂。他的所作所为遭到学生强烈抵制。愤怒的学生举行罢课，加上学校对辛德勒的做法也不满，于是辞退了辛德勒。[①]

　　同济医工学堂（由德文医学堂改名而来）经过几年的发展，到1915年达到了德国国内医科大学的水平。学校教学实行目标管理，形成了不同于其他私立大学的教学管理特色。学校的平时教学管理及考试按照德国大学执行。平时上课不实行点名制度。学校发给每人一本小册子，每学期入学时，由校方盖上学校收讫章，然后由各科教师写上入学日期并签名，期终时同样办理。如学生对某门课缺课太多，就在附设栏内注明，主持毕业考试的教师就会引起特别注意。由于平时上课教师反复讲，一再问，讲究教学方法，所以课堂教学效率高，课后复习容易，学生一般不会任意旷课。关于考试制度，德文科各班每节课开始均进行口试，以考查学生对所讲授内容的掌握程度，以此督促学生预习和复习，以便教师有的放矢地组织好教学。每学年结束时都要组织一次笔试，以决定升留级。医预、医正两科毕业班，均只在毕业时才考试一次。医预科由各科教师分别口试，教师们评议学生能否升入医正科。那时，医正科尚无毕业论文制度，由各任课教师带领学生施诊，以此考查学生是否具有独立施诊的能力，然后再约期进行口试，由教师们评议成绩。合格者由校长最后审定，发给毕业文凭。各门课程口试成绩，不计平均分数。如考十门课，九门合格，一门不合格，必须重新温习这门课，在三个月后补考，及格后才能得到毕业

---

①翁智远.同济大学史第一卷.第6—7页,同济大学出版社,1987年。

证书。①

同济医工学堂不断改革和完善教学制度。教学方法上注重理论联系实际,着重培养学生自由研究能力,崇尚务实、严谨、勤思的学风。德籍教师授课采取演讲式,着重讲清概念、规律,启发诱导,不拘泥于书本上的讲解,也不发讲义。有些教师讲课内容善于结合个人实践经验,自由或即兴发挥之处甚多。讲课时尽量利用各种教具,包括实物、标本、挂图等。这样学生在课堂上不但能听到还能看到,有利于加深对课堂内容的理解和记忆,使课堂教学生动活泼,有较大的吸引力。学堂重视实验和实习课。要求教师对学生不但要授以书本知识,而且要教会其观察,再自己动手,做到知行合一、知行相济。医正科很重视临床实习。三年级毕业班随教师施诊,低年级学生站在周围观看、旁听。内科方面,先由教授做临床讲演,介绍有关发病原因、病史、病变的可能等,然后由学生具体了解病人的情况,提出治疗方法,由教师审核和评价。外科方面,小手术由三年级学生动手,大手术由院长做,学生轮流做副手,负责写下病人的病历及施行手术的状况。此外,妇产科、儿科等临床课程,也坚持一定的实习制度。②

1917 年,第一次世界大战进入第四个年头,2 月 3 日,美国宣布与德国断绝外交关系,第二天又要求中国采取对德一致行动。3 月 14 日,中华民国政府正式宣告与德断交。这样一来,由德国人举办的同济医工学堂的经费面临枯竭的危险,而学校师生仍想维持学校的私立性质。此时政府的态度就显得十分重要。

为了维持学校的发展,在此危难之际,政府伸出了援助之手。1917 年北洋政府教育部与江苏省商定,每月由国库拨给同济医工学堂 11000

---

① 翁智远.同济大学史第一卷.第 5 页,同济大学出版社,1987 年。
② 翁智远.同济大学史第一卷.第 5 页,同济大学出版社,1987 年。

元,江苏省拨给 4000 元,共计 15000 元的补助费。[①]

政府之所以帮助同济医工学堂渡过了难关,是因为学校有较高的办学质量和良好的社会声誉。因此,从某种意义上来说,是同济医工学堂自己挽救了自己。

从 1917 年 3 月下旬起,同济医工学堂结束了德人办学的阶段,进入了中国人办学的新的历史时期。这一时期,同济医工学堂随着从医工专门学校向大学过渡,各项制度进一步建立和健全,逐步形成了本校的教学特色和严谨求实的学风。学校注重基础理论教学,陆续开设了一些在德人办学时期尚未开设的课程,包括细菌学、生理化学、毒物学等。课程由浅入深,循序渐进。使学生掌握基础理论扎扎实实,有利于加深领会和掌握各门专业课程。同时,学校特别重视实习环节,提高学生的动手动脑能力。医预科第一学年每周安排解剖学课程 6 小时,解剖实习 10 小时。第二学年,除有解剖实习外,每周还开设 6 小时的生理学课程,安排生理实习 3 小时;配合每周 2 小时的组织学课程,安排显微镜实习 2 小时;配合 2 小时化学课,安排化学实习 3 小时。医正科更强调学生的实习。每周一、三、五下午 5 点半到 7 点半为外科实习期,小手术由三年级学生承担,大手术由高年级学生充当主治医生的副手;每周二、四为内科实习时间。寒、暑假期间,经医科领导批准,学生可随从各科医生进行实习。工科学生第一学年首先要在本校工厂实习,每个工种都要学会,以便为以后各门功课的学习打下实践基础。学校对学生的实习环节要求非常严格。如机械科的学生绘制机械图,必须由草图、零件图、装配图、实体图、总体图到施工明细图,画上几百张,技艺要求也须达到德国二等或三等技工的水平,才能参加毕业考试。在放假前,工科教师为学生拟出一些实习题目。

[①] 翁智远. 同济大学史第一卷. 第 19 页,同济大学出版社,1987 年。

要求土木科的学生计算某处的石桥、铁桥和钢筋水泥桥的承受力,设计某城市的自来水厂或铁路、公路等工程。……这样经过几年严格训练而培养出来的工程师,就具有精益求精、一丝不苟的作风,真正做到图画得精确,机器操作熟练,指导技工有方。①

经过几年的发展,同济办学质量进一步提高。较高的办学质量使学校打算进一步提高学费数额(当时同济学费在公、私立大学中算是比较高的)。1922 年 5 月校董会议决,暑假后把医科、工科和德文补习科的学费增加 50%,中等机械科的学费增加 12.5%。学生看到布告后推派代表向校长和校董反映实际困难,常务校董沈恩孚说:"学校经费不足,只有取之于学生,虽学生无力负担,但利害相权,宁令学生失学,不能令学校因此关门。学校犹商店,学生无异顾主。如嫌物价昂贵,不妨另购别货,同济在外名声甚好,不得已时,自有新生入校。"②学生针对这种"学府大门八字开,有志无钱莫进来"的滥调,向校方进行了严正交涉,经过学生多次据理力争,才使在校学生维持原来缴费标准。

这件事情说明了两个问题:一是当时同济的办学质量和社会声誉确实比较好;二是提高学费应该充分考虑学生的接受能力。

创建于 1912 年的武昌中华大学,于 1915 年得到教育部正式认可升为大学后,学校非常重视教学质量的提高。学校很重视学科建设,逐渐发展为学科门类齐全的综合大学,其中包括中、小学部及大学部。大学部分三科:文科,设中国文学系、外国文学系、教育学系、政治学系、法律学系和附设师范专科;理科,设数学、物理、化学和附设农艺学四系;商科,设工商管理、会计、银行、经济和附设农业经济五系,在全国影响很大。

---

①翁智远.同济大学史第一卷.第 28—29 页,同济大学出版社,1987 年。
②《民国日报》,1922 年 6 月 11 日。

在重视学科建设的同时,中华大学还十分注重教学管理。由于严格教学管理,学校声誉极佳,深得各省信任。外省如吉林、云南、四川等的很多学子慕名而来学校投考;山东、山西、福建、河南等省都督,江西、广东、黑龙江等省教育司或提学使等函电保送学员来校学习。这种情况在当时私立大学中是少有的。1914 年教育部虞铭新、程良楷来校视察,认为中华大学组织健全,教学得法,学生成绩优良,为湘鄂所罕见。严格的教学管理使学校取得了较好的成绩。1917 年教育部首次举行选拔留学生考试,全国共录取几十名学生,中华大学就占了五名,在各公私立大学中名列第二,预科班学生夏维海名列第二。中华大学以优异的成绩被誉为长江各省私立大学之冠。①

由于突出的办学成绩,学校赢得了社会各界人士的广泛信任。人们纷纷向学校捐款,捐款成为中华大学最重要的经费来源。1928 年、1929年、1931 年、1932 年、1934 年,中华大学得到的社会捐款分别为 135000 元(占总收入的 70.7%)、258000 元(占总收入的 78.1%)、300000 元(占总收入的 70.4%)、244780 元(占总收入的 64.3%)、126000 元(占总收入的 46.7%)。②

同时,较高的办学质量也使中华大学不断得到政府补助。中华大学是 20 年代末 30 年代初连续多年获得政府补助的少数私立大学之一。1928 年和 1929 年,在许多私立大学,包括复旦大学、南开大学、厦门大学、光华大学、大夏大学等较著名的私立大学没有得到政府补助的情况下,中华大学分别得到了政府 14985 元和 15385 元的补助;1931 年、1932

①王秋来等.中华大学.第 4 页,华中师范大学出版社,1993 年。
②教育部高等教育司.全国高等教育统计.表 68、71,中华民国十七年八月至二十年七月(无出版者及页码);教育部.二十一年度全国高等教育统计.第 131—132 页,商务印书馆,1935 年;教育部统计室.二十三年度全国高等教育统计.第 54、55、132、133、200、201 页,商务印书馆,1936年。

年、1934 年,中华大学分别得到 31792 元、14580 元、41967 元的政府补助费。[①]

一向以"办学严格"著称的朝阳大学,也是由于高质量的办学而不断得到教育部的补助。时人评价朝阳大学"在许多私立大学中名列第一"。[②] 民国初年,教育部曾主办全国性的专科以上学校学生成绩展览大会,朝阳大学积极参加并获得了好评。1915 年 11 月 26 日,朝阳大学按照教育部的要求,呈送了学校大学预科专门部成绩品以备采择,并附送该校甄择学生成绩品规则。这一展览会于 1916 年 4 月 15 日在手帕胡同前学术评议会内开幕。由于此次评奖标准以理工科院校为主,得分前 10 名均为理工科院校。朝阳大学在所有参展的 68 所高校中名列第 29 位,所得奖励为"获特别奖状一张"。名次虽不算太靠前,但在同类院校中却名列前茅,得分为 76.5 分,在所有参展的 27 所公、私立法政专门学校中名列第 3 位,仅次于山西公立法政专门学校(78.7 分)和浙江公立法政专门学校(77.5 分)。[③]

朝阳大学良好成绩的取得有赖于学校平时对学生的严格要求,学校对待考试十分认真,学生必须刻苦学习才能取得优良成绩。学校每学期都要张榜公布学员成绩,教师教学认真,学生学习刻苦。每年毕业的学员参加全国司法官资格鉴定考试及格率往往高达 90% 以上,居全国各法律大学之冠;参加全国高等文官考试的及格率也居全国各法律大学之首。朝阳大学为社会培育了一批法学家和大批法官,有"无朝不成院"之说。

[①] 教育部高等教育司. 全国高等教育统计. 表 68、71,中华民国十七年八月至二十年七月(无出版者及页码);教育部. 二十一年度全国高等教育统计. 第 57、58、131、132 页,商务印书馆,1935年;教育部统计室. 二十三年度全国高等教育统计. 第 54、55、132、133、200、201 页,商务印书馆,1936 年。

[②] 王逸云. 二十年代的朝阳大学. 载熊先觉,徐葵. 法学摇篮——朝阳大学. 第 20 页,北京燕山出版社,1997 年。

[③] 杨昂博士论文(2005 年):学风、世风与民国法学,第 48—49 页。

学校在学习纪律、考试规则等方面要求极严,校风就是埋头苦读、规矩、庄重,强调语文深度,提倡法律文书字斟句酌,力求严谨。[1]

朝阳大学因其教育质量高,学校声誉好,学校管理人员办事认真,从民国三年(1914)9月起,不断得到教育部的奖励。1934年朝阳大学由于办学成绩突出,得到了教育部8000元的补助费。据1934年《朝大校刊》记载:"本校补助费八千元,昨奉教育部12285号令议决,已由审委会审议决定,并奉呈行政院核审备案。"[2]教育部12285号令议决原文及补助数额如下:[3]

查本年度私立专科以上学校补助费之给予,业经依照《补助费分配办法》大纲第六条组织审查委员会审议决定呈奉行政院备案⋯⋯该校补助费项目及金额如下:

全校补助额共 8000 元				
科别	费别	补助项目	补助数额	各科补助额
法科	设备	图书	8000	80

二、教育经费比较充足的私立大学,其办学质量也较高

教育经费比较充足的私立大学,有较多的钱改善办学条件,其办学质量也较高。厦门大学就是一个明显的例子。30年代以前的厦门大学经费比较充足,其经费主要来自陈嘉庚的捐助。1921年陈嘉庚捐助厦门大

①中国人民政治协商会议北京市委员会文史资料研究委员会.朝阳——法学摇篮.第138页,中国人民大学出版社,1992年。
②校闻.载《朝大校刊》,1934年10月13日。
③《教育公报》,1934年。

学开办费 100 万元。这个数字在当时来说是非常大的,为学校的发展奠定了良好的基础。当时,正值陈嘉庚实业的鼎盛时期。1925 年底,陈嘉庚公司拥有的橡胶园扩展到 15000 多英亩,购置的地皮扩展到 100 多万平方尺,开设的大型机械化橡胶制品厂、生产加工厂以及黄梨、绞米、木材、饼干、皮革、肥皂、药品、冰糖等工厂发展到 30 余所,设立的商店及遍布世界的分支机构发展到 100 多家,雇用的职工达 20000 多人,仅 1925 年一年就获利 800 万元,实有资产总额达 1200 多万元。有如此强大的经济做后盾,极大保障和促进了厦大的发展。①

为了不断提高教学质量,学校进一步加强了教学管理。1927 年重新修订了教学管理制度,学生学业成绩的评定及毕业考试,均按照有关规定严格管理。各门课的成绩分平时试验及学科试验两种,成绩分甲(最优)、乙(优等)、丙(及格)、丁(补考)、戊(重修)五等,最后成绩由教师根据平时及学科试验的成绩决定之。凡学生缺课时数在授课总时数五分之一以上者,不得参加学科试验。凡两学期继续之学科如其第一学期之最后成绩在丁等,得准其继续学习第二学期之功课,如第二学期之最后成绩在丙等以上时,则其全学年之成绩作为及格;如其第二学期之最后成绩仍在丁等时,须补考其全学年之功课;如其第二学期之最后成绩在戊等时,须重修其全学年之功课。凡学生因特殊事情(至亲重病或死亡、本人有病——须有医生的证明)不能参加学科试验时,应向各该科主任请假,并经各该科主任准假后,方能按规定时间补考;倘若未经准假擅自旷考者,该生对于该项学程应重修之。凡学生考试舞弊屡戒不悛者应即除名。②

厦门大学对入学手续也作出了规定,报考时须交履历书及符合条件

---

① 厦门大学校史编委会. 厦门大学校史第一卷. 第 66 页,厦门大学出版社,1990 年。
②《厦门大学学生通则》,载 1928—1929 年度《厦门大学商科布告》。

的毕业或修业证书。新生入学试验合格,还须经体格检查。学校专门设立卫生处负责学生体检。新生试验合格而体检不合格者,照样不能入学。新生入学时必须先缴正、副保证人盖印签名之保证书。正保证人以学生之亲属为限,副保证人以在厦门确有资产、职业、经本大学认为适当者为合格。非厦门本地学生之副保证人,得由中等以上学校校长、各地教育局长或教育会会长、省会或商埠之殷实商户充任之。保证人对该学生在校中一切事务均须负责。如正、副保证人死亡或丧失资格时,应即呈报,且照规定条件另觅保证人,重缴保证书,若经过三个月该学生尚不呈报者,查明后立即令其停学。①

为了奖励品学兼优的清寒学生,学校设陈嘉庚奖学费额若干名,分甲乙两种,甲种每名免交学费外,每年另有津贴 20 元;乙种免交纳学费。新生入学试验成绩突出而家境贫寒,经入学试验委员会推荐者,同样可以享受奖学费。品学兼优但家境富裕的学生,由学校发给奖学证书,不享受奖学费优待。除奖学费外,学校还设陈嘉庚补助费 10 名,专门补助闽南籍学生。学校严肃校规校纪,还制定了惩戒条例。惩戒方法有六种:训诫、记过、停止应享权利、停学、退学、除名。凡学生违犯校规者、对教职员无礼者、旷课或屡次请假者、其不正当行为与校内风纪有关者,由校长或各该科主任予以训诫,令其悛改。凡犯有上述各项情节严重,或曾经训诫仍不悛改者,得予以记过。凡学生对于所习各种功课敷衍塞责,屡诫不悛,或在教室、实验室违背教员命令及言动无礼者,担任教员认为必要时,得命其对所受功课暂时停学,并将详细情由及停学日期函达各该科主任转告该生知悉,在停学处分终止或取消时,所停钟点均作为缺席论。凡学生成绩或品行过于恶劣时,学校得随时停止其原享之各权利。凡一学年内

———————————

①《厦门大学学生通则》,载 1928—1929 年度《厦门大学商科布告》。

所习绩点(学分)有二分之一以上在戊等或三分之二以上在丁等以下者，预科学生满三学年尚未能毕业者，应令其退学。凡不法行为或品行不端与本大学秩序或名誉有重大关系者、一年内记过三次者、考试舞弊屡戒不悛者，应即除名。[①]

严格的教学管理使厦门大学很快从前两次的学潮阴影中走了出来，学校重新走上了正常发展的轨道。鉴于厦大"办理完善，成绩斐然"[②]，福建省教育厅同意学校立案申请，于1927年11月下旬转呈国民政府大学院审处。大学院派员调查后认为厦大"基金充裕，成绩甚佳，各种设备亦极完善，方之他处，有过无不及，立案一事，当可不成问题"[③]。

除了严格的教学管理，厦门大学也非常注重发展特色学科。厦门大学地处侨乡，同海外在历史和地理环境上都有密切联系，而且其经费也得到海外侨胞的大力支持，因此，学校将服务华侨作为重要任务之一。当时海外华侨遇到了两个问题，就是子女的受教育问题和获得谋生能力的问题，鉴于此，厦门大学最早开设的两个专业就是师范、商学两个专业，这两个专业在厦门大学整个私立的16年期间，都是学校的重点专业，在社会上有很好的声誉。另外，学校临海，在海洋的教学和科研方面有特殊的便利条件，学校利用这一优势，由动物学系和植物学系合并而成的生物学系的教学和科研领域在全国颇有名气。生物学系收集、保存的各种动植物标本的数量和种类在当时居全国之冠，其中文昌鱼标本不仅供应国内各大学，还出口欧美各国。后来，厦门大学生物学系与中华教育文化基金董事会联合在厦门举行暑期生物研究会，以后又连续举行了三届，同时又在厦门联

---

① 《厦门大学学生通则》，载1928—1929年度《厦门大学商科布告》。
② 《厦大周刊》，1927年11月26日。
③ 《厦大周刊》，1928年3月3日。

合发起成立中华海产生物学会,从事有经济价值的海洋生物研究。[①]

经过陈嘉庚和厦门大学广大师生的共同努力,到 20 年代后期,学校各方面都有了一定的基础,而且形成了面向华侨、面向海洋、注重实用、注重研究的办学特色。当时有人认为,能专心从事研究者,在华北有南开,在华南有厦大。当时厦大被誉为"南方之强"。到了 30 年代,厦大已成为全国著名的大学之一。

20 年代末 30 年代初,陈嘉庚企业连年亏损,学校经费开始紧张。由于厦门大学办学成绩突出,在国内外有了一定影响,加上陈嘉庚倾家兴学精神的影响,1927 年以后,一些爱国华侨,如黄奕住、曾江水、叶玉堆、李光前、黄廷元、陈六使、陈延谦、李俊承及新加坡群进公司,都陆续捐款资助。1932 年至 1933 年厦门大学 60 多万元经费,就包括曾江水捐的 15 万元和叶玉堆捐的 5 万元。

由于厦门大学出色的办学质量,得到了国民政府的特殊照顾,当时厦门大学的声誉与日俱隆,到 1926 年办国学院时,可说已达顶点。当时,全中国都注视着厦门大学,中国政府见它成绩优异,每年特别拨给津贴国币九万元,这是在当时中国任何大学所得的最高数目了。1930 年国民政府决定按月由财政部向厦大补助五千元。[②] 1933 年 1 月 18 日,福建省政府决定,从当年 7 月起每月向厦大补助五千元。[③] 据统计,1929—1937 年,中央与地方政府给予厦门大学的津贴与基金接近百万。[④] 1935—1936 年度,厦门大学的总经费 38 万多元,中央与地方政府给予的补助约 15 万元,约占其经费总数的 40%。见表 30。

[①] 王增炳,骆怀东.教育事业家陈嘉庚.第 113 页,教育科学出版社,1989 年。
[②] 天津《大公报》,1930 年 6 月 24 日。
[③]《申报》十二版,1933 年 1 月 18 日.
[④]《申报》十四版,1937 年 5 月 27 日。

表 30　1935—1936 年度厦门大学经费来源①

来源	经费（元）
1. 南洋捐款	122390
2. 国民政府补助费	27500
3. 教育部补助费	81406
4. 福建省政府补助费	41601
5. 厦门市政府补助附小	270
6. 中英庚款董事会补助费	10000
7. 中华教育文化基金董事会补助	3000
8. 洛克菲勒基金会补助	2791
9. 学生缴费	54651
10. 其他	39457
合计	383066

　　与厦门大学相似，抗日战争全面爆发前，私立焦作工学院也正是由于较宽裕的教育经费的支持，才使学院名声日振，被誉为"海内办理成绩较良的工校之一"。

　　焦作工学院的常年办学经费主要由英国福公司和中原公司提供。自1915 年起，英国福公司每年为学校提供白银 5000 两，不足部分由中原公司补助。1916 年中原公司资助焦作工学院常年经费 2000 元，1919 年学校改办专门正科后，中原公司将常年补助经费增至 7000 元，1920 年又增为 10000 元。公司还于 1920 年和 1921 年两年分别为焦作工学院提供特别补助大洋 5000 元。1921 年，河南实业厅向学校补助了试金仪器费大洋 2000 元。1920 年至 1921 年，中原公司资助学校设备费 10000 余元，使

---

①厦门大学校史编委会.厦门大学校史第一卷.第 121—122 页，厦门大学出版社，1990 年。

学校教学实验设备在原有基础上有所改善。[①] 图书室藏书有所增加。化学实验室、物理实验室、试金室、冶金实验室、制图室等均可满足教学及学生实验之需要。教学条件较以前有很大改善。

1926 年后，福公司和福中总公司相继停办，焦作工学院的经费即由中原公司完全承担。1930 年，中原公司对学院增加了拨款，所拨经费每月达 3200 元。从 1931 年到 1932 年，焦作工学院的学生人数不断增多，学生宿舍不敷应用，为了自主建校舍，中原公司向学院临时增拨了 3 万余元建筑费。1931 年 2 月，中原公司改组，李文浩被委任监督，他热心教育事业，将中原公司拨给焦作工学院的经费由每月 3200 元增至每月 8419 元。同年 9 月起，河南省政府每月补助学院 2000 元，全年即为 24000 元，加上其他各种渠道的临时补助，学院全年经费可达 14.5 万元。与此同时，中原公司股东胡汝麟、王敬芳两位先生又向学院捐赠股票 10 万元，作为学院基金，所得利息逐年滚存，20 年后可达百万之巨。[②]

30 年代以后，政府增加了对焦作工学院的补助，如 1932 年，焦作工学院得到国省库款 145419 元的补助，占当年学校经费总收入的 89.2%；[③]1934 年得到国省库款 79000 元的补助，占当年学校经费总收入的 58.1%。[④]

1935 年底，中原公司的整顿收到明显成效，"四个一百万"的目标顺利完成，公司扭亏为盈、起死回生，为焦作工学院提供了更加充足的经费，使焦作工学院进入了鼎盛发展时期。[⑤]

由于焦作工学院属于工科院校，必须有完善的仪器设备才能保证办

---

① 邹放鸣.中国矿大九十年.第 13—19 页,中国矿业大学出版社,1999 年。
② 邹放鸣.中国矿大九十年.第 24—30 页,中国矿业大学出版社,1999 年。
③ 教育部.二十一年度全国高等教育统计.第 57—58 页,商务印书馆,1935 年。
④ 教育部统计室.二十三年度全国高等教育统计.第 54—55 页,商务印书馆,1936 年。
⑤ 邹放鸣.中国矿大九十年.第 18—37 页,中国矿业大学出版社,1999 年。

学质量。因此,学院时时不忘改善、扩充学院的设备。1932 年至 1933 年,学校采取了一系列措施竭力扩充设备。向美国耐火砖公司订购了大批采矿冶金地质仪器;接受了中原公司所赠的无线电收音机;从汉阳周恒顺制造机器总厂定制了全套煤气发生炉。1932—1933 学年度购置的各项设备价值大洋 50330 元,比以前所有设备总价值还多 3095 元。[①]

较宽裕的经费和良好的设备条件为焦作工学院办学质量的提高奠定了基础。

为了提高办学质量,焦作工学院非常重视学科及课程建设。根据办学宗旨——"养成采矿冶金专门人才",学校设置了比较完备的课程。先办预科,修业年限定为三年,三年预科设置的课程有国文、英文、算术、代数、几何、三角、物理、化学、地质、矿物、图画、音乐、体操等 13 门,每周 36 学时。[②] 1921 年学校更名为福中矿务大学,预科开设国文、英文、数学、物理、化学、体育等。本科一年级的课程有解析几何、微积分、高等物理、化学分析及实验(定性)、地质学、矿物学、岩石学、冶金学大意、地形图、工程制图平面测量及实习;二年级的课程有高等物理及实验、化学分析及实验(定量)、采金属矿学、冶铜学、冶铅锌学、试金术、压气学、汽机学、应用力学、材料力学、制图;三年级的课程有采金属矿学、冶钢铁学、水力学、建筑规划、动机厂规划、机械学、电气工学、岩石学及岩石鉴定、地质测量、矿山测量及实习、工业经济;四年级的课程有国语应用文写作、英语应用文写作、矿床学、选矿学、选矿规划、采煤学、冶金银学、合金学、电气传送法、工厂管理法、矿山法规、矿物实习。[③]

1923 年,张仲鲁任校长,他对学校过去的办学经验进行了认真总结,

①邹放鸣.中国矿大九十年.第 29—30 页,中国矿业大学出版社,1999 年。
②邹放鸣.中国矿大九十年.第 13 页,中国矿业大学出版社,1999 年。
③邹放鸣.中国矿大九十年.第 19 页,中国矿业大学出版社,1999 年。

进一步充实和完善了学校的课程设置。认为在中国当时的情况下，由于诸多原因，矿业不振；而学生所学功课又过于专深，毕业后往往无处施展，很不实用。针对这种情况，他与几位留美回国专攻采冶的教授反复研究，参考了许多美国大学的矿冶科系课程，结合中国实际情况和学生就业要求，重新对学校课程进行了调整，在原来课程的基础上，主要是把采矿、冶金、地质、土木、机电等重要科目及凡是在当时国内用得着的东西尽量编排在课程表内，进行宽口径培养，意在使学生门门都学，样样都懂，以增强学生毕业后就业的适应能力。[1] 实践证明，学校的这种做法极为有效，由于学校课程设置全面，焦作工学院的毕业生以"博学"著称，比较受用人单位的欢迎。

焦作工学院在教学管理方面也具有一定特色，学校实行学分制，每周安排课程 24～33 学时，本科四年共 205 个学分。学生成绩分为甲、乙、丙、丁、戊五等。90 分以上者为甲等，每个学分记 3 个优点；80 分以上者为乙等，每个学分记 2 个优点；70 分以上者为丙等，每个学分记 1 个优点；60 分以上或在 70 分以上而未学完全者为丁等；不到 60 分者为戊等，无学分，该课程须重学。[2] 学校采取严格的教学管理措施。规定学生无端旷课记过一次，且教员得酌减缺课学生之成绩；旷课一星期者记过二次；旷课逾两星期者即令其退学。学校要求学生束身自爱，勤勉向学，规定如有性行不良、成绩过劣、旷课太久、紊乱秩序及有不名誉行为之一者，轻者记过，重者立令退学，绝不宽贷。凡学生品行、功课或身体经某教员认为不满时，可随时斥出班外，如有两门或两门以上被斥出班外者，即由校长责令退学；曾记过三次者，即令退学。[3] 学校强调注重平时学习，对学生学

---

① 张仲鲁.焦作工学院始末.载钟叔河,朱纯.过去的学校.第 357—358 页,湖南教育出版社,1982 年。
② 邹放鸣.中国矿大九十年.第 19 页,中国矿业大学出版社,1999 年。
③《福中矿务大学规程》(1920),存中国矿业大学(北京)档案馆。

习情况考试形式不拘,观察、报告、习题、口试、笔试都可以作为确定学生成绩的方法。学校的教学管理采取目标管理—学分制的方法。所有学期考试、学年考试、毕业考试等一律取消,学生毕业至少须取得 200 个学分、220 个优点。[①]

为了使学校得到更好的发展,1931 年的焦作工学院对学科及课程进行了改组。改组后设采矿冶金和土木工程两科,分为采矿系、冶金系、路工系和水力系四系。取消预科,本科学制 4 年,开设的采矿、冶金、地质、土木、机电等主要课程,多是参考美国一些大学和国内各工程院校的课程而设置,实行学分制。改组前本科 4 年共修 210 学分,改组后依照教育部规定最多修 152 学分。[②]

此外,焦作工学院作为一所工科院校,学校高度重视学生的实践环节,并且积极争取社会各界的大力支持。学生于肄业满 3 年后须去国内各大矿厂实习一年方准予毕业。修学旅行及校外实习均趁假期分别举行。如 1932 年 6 月底,焦作工学院采冶科本科生旅行团就利用暑期到各地进行了长时间大范围的参观考察。学校教学成绩斐然,教育部督学戴夏到学校视察后评价时任校长张清涟"学识优良、经验丰富","兢兢业业,锐意精进,处理校务,亦擘划有方"。[③] 抗战全面爆发前,学院学风纯正,教师兢兢业业,学生学习勤奋刻苦。学院把"教育英才,备物质建设之先锋;从事研究,求吾国学术之独立"作为自己的使命,采取了一系列旨在促进教学、活跃学术、引导学生努力学习的措施。为了"奖励学术研究及补助品学优良之学生完成学业起见",学院设立了奖学金,规定"凡学生在本学院肄业满一学期,各科成绩平均列入超等,体育、军事训练及品行

①邹放鸣.中国矿大九十年.第 19 页,中国矿业大学出版社,1999 年。
②邹放鸣.中国矿大九十年.第 32 页,中国矿业大学出版社,1999 年。
③河南私立焦作工学院视察报告.载《教育视察报告》,第 29—30 页,1934 年 4 月。

优良者,给予奖学金,每学期名额 6 名"。为了"鼓励在院正式学生研究工程学术,发表有条理之思想或有根据之调查",学院设立了"张仲鲁先生工程论文奖金"。[①]

中法大学良好的办学质量也是建立在较充裕的经费基础之上的。由于得到了法国 100 万元的庚款补助,经费比较充足。逐渐发展成为国内知名大学。仅以中法大学药学专修科为例,来说明其办学质量。中法大学药学专修科为了保证和不断提高教学质量,采取比较严格而周密的考试制度。考试分为期中考试、学期考试、毕业考试等。除期中考试外,学期考试和学年考试都采取口试和笔试相结合的形式进行。学校在学习期间实行淘汰制。在一、二年级较严,在三、四年级则较松。所以毕业生人数不多。每年毕业学生人数在 20 人左右,很少有超过 30 人以上的。[②]严格的教学管理使学校硕果累累,办学成绩有口皆碑。

第三节 教育经费与中国近代私立大学的命运

在近代中国,尽管影响私立大学发展的因素很多,但在各种因素中,教育经费起着决定作用。教育经费关乎私立大学的命运,决定着私立大学的生死存亡。中国近代很多私立大学由于经费短缺,或者被迫改为公立,或者消亡。

---

①《私立焦作工学院一览》,第 84—85 页,1936 年 5 月。
②北京理工大学校史丛书编写组.中法大学史料.第 42 页,北京理工大学出版社,1995 年。

一、一些私立大学由于经费短缺而被迫改为公立

在近代中国,很多私立大学因教育经费紧张而不得不改为公立,其中包括一些办学成绩突出的私立大学。如同济大学、厦门大学、复旦大学、南开大学等都由于经费短缺而相继被迫改为公立。

1917 年 3 月起,中德两国关系恶化,同济大学的命运令师生关注,3 月 4 日,上海报纸刊登关于政府准备接管同济大学的议论。当时同济大学正值发展较好的时期,经费尚能维持。大多数师生不同意被政府接管。针对这件事情,校董们纷纷发表看法并与有关方面进行交涉。以沈恩孚、李维格等为代表的华董认为,同济医工学堂"开创以来,卓著成效,校外附有病院,校内置有工厂,设备之精良,远非他校所能企及,业已造就医士技士甚众,以是各省闻风负笈者日多一日,嘉惠吾国学子实非浅鲜,应力予斡旋,保全此校"。[1] 校董袁希涛认为"上海学界对于同济及企望均甚厚,以德国科学之冠全球,我国对德问题,在教育学术上必须预留好感情"。[2] 在校董们的努力下,3 月 3 日"国务会议议定应为维持。如果邦交竟致中断,可由华校董设法接收。其每年所缺经费九万五千由财政部月拨四千,并咨商苏省,月拨四千,以资维持"。[3] 在同济校董们及广大师生的共同努力下,学校得以维持私立的现状。

在此后的头几年,同济大学经费基本能够维持学校正常运转。除学

---

①李维格致袁希涛的信(1917 年 2 月中旬),同济大学史第一卷.第 12 页,同济大学出版社,1987 年。

②袁希涛致沈恩孚的信(1917 年 2 月 20 日、21 日),同济大学史第一卷.第 12 页,同济大学出版社,1987 年。

③袁希涛致沈恩孚的信(1917 年 3 月 3 日),同济大学史第一卷.第 12 页,同济大学出版社,1987 年。

费等收入外,经北京政府国务会议决议,每月由国库拨给 11000 元,江苏省拨给 4000 元。学校经费收支基本上保持平衡。例如 1921 年度学校全年收入共 250300 余元,其中学费和宿费收入为 62500 余元,国库补助费为 187700 余元。全年经费支出为 249900 余元,其中教职工薪俸 175200 余元,办公费和杂费 74700 余元。收支相抵,节余 400 余元。[①]

随着列强侵略的加深,加上军阀连年混战,国民经济衰退,1924 年国库停止拨款。同济大学经费发生严重困难,连教职工薪俸都发不出来。同年 9 月,校董会决议,暂时实行"减成支付"。即按照职工薪金额分成 13 个等级处理,其中 30 元以下者照原薪不减;30 元者 9 成;50 元者 7 成;80 元至 90 元者 5 成;100 元以上至 150 元者 4 成;200 元以上者 3 成。实际上这是一种权宜之计,"俟后领到库拨经费当再补足"[②]。随后的 1925 年和 1926 年两年都有欠薪。到 1927 年 3 月,学校欠薪等债务总计达 14 万元,经济上已陷入极端困难的境地。3 月 23 日,校长阮尚介因压制学生运动,遭到学生的强烈反对,被迫辞职。随后,学校组成了由陈柱一任主席的临时校务维持会。当时校务维持会面临的最大困难是经费奇缺,陈柱一代表同济与商科、暨南、政治等校共同组成四校维持委员会联席会,并与其他学校代表一起,与南京政府军政机关交涉,要求拨发教育经费,均没有结果。无奈,陈柱一与学生会代表商议后,决定每位同学增缴学费 50 元。少数人如期缴款,多数人难以办到。学生日常开支无法维持,陈柱一被迫于 5 月 7 日辞职。

5 月 16 日,全体华籍教职员会议,推举夏元瑮任校务维持会主席。他上任后,虽想方设法,但仍面临"无米之炊"的困难局面。5 月 27 日全

①翁智远.同济大学史第一卷.第 19 页,同济大学出版社,1987 年。
②同济大学档案 520－35－981。

体德籍教职员写信给校董会称:"5 月 6 日曾上书中央及江苏省政府,至今未见答复,教员等有兴趣之工作,不得不一旦抛之,轻帆归去以寻求。"①6 月 1 日,校维持会主席夏元瑮与陆振邦、薛祉镐等 6 名华籍教职员代表写信向校董会汇报:"校内必须之教育用品已无款购办,而校役工食以及薪炭茶水等之开支亦难应付","商店索收账款","欠薪少则三四月,多至五六月","请校董会迅予筹借巨款接济以救眉急,而资维持"。②

6 月 5 日召开校董会议,商讨如何扭转困难局面。根据这次讨论,校董会于 6 月 20 日向国民政府和中央教育行政委员会呈文,陈述学校欠发教职员薪金及维持费借款等共 26 万余元,而学校产业除德人捐赠之机器、仪器约值 30 万元,按照合同尚需保留外,其余资产共值 60 万元以上。根据这种情况,校董会提出两个处理意见,请政府确定:"(一)在校董会甚愿将保管之学校全部产业早日移交与政府委派负责之新校长。应请派定来校接收,并恳于接收时,须将上开债务一律清偿,俾校董会得以卸责。(二)如至暑假结束时,尚未有新校长前来正式接收。则校董会为债务所逼迫,惟有自行处分(理)校产,变价抵偿,以释重负。"③

在国民党中央政治会议上海分会委派下,由维持委员许陈琦、孟心如行使接管职权。他们从 1927 年 6 月 30 日接收同济大学印信和卷宗册开始,花了十多天时间,完成了接收任务,并开始筹备秋季开学事宜。

至此,私立同济大学改为公立。

当时堪称一流大学的厦门大学,长期以来主要由陈嘉庚提供教育经费,正当厦门大学蒸蒸日上的时候,陈嘉庚在新加坡经营的实业却江河日

---

①同济大学档案 520 - 35 - 981。
②同济大学档案 520 - 35 - 981。
③同济大学档案 520 - 35 - 981。

下,使得厦门大学的经费日趋紧张。最终迫使厦门大学改为公立。

从 1926 年起,陈嘉庚所经营的企业不但没有丝毫盈利,而且逐年亏损。筹集厦大的经费开始发生困难,各项开支不得不加以削减,拟在全国各省会捐建图书馆之事也只好作罢。陈嘉庚认为这是他"一生最抱歉、最失意之事件"。由于价格下跌,公司拥有的橡胶园、工厂及地皮等损失 105 万元;由于领导抵制日货活动,胶品制造厂遭歹徒焚烧损失 50 余万元;银行利息支出 130 万元;厦大、集美两校经费支付 220 万元;加上个别厂店的亏损及其他费用,总消耗 595 万元。陈嘉庚不得不卖掉一万英亩的橡胶园计 400 万元来抵额。公司的实有资产从 1200 万元降为 600 万元,三年间减少一半。[①] 1929 年,在资本主义经济危机和日本帝国主义倾销的双重袭击下,橡胶价格暴跌,陈嘉庚企业亏损百余万元,营业一蹶不振。维持厦门大学的经费更加困难了。

为了解燃眉之急,厦大校长林文庆向国民政府财政部提出申请,并发动厦门各社团联合呼吁,以陈嘉庚倾资办学,对国家"有破天荒之贡献"为由,要求对陈嘉庚公司的制品进入中国免征进口税。但该申请未被获准。而陈嘉庚也来信表明自己的态度说:"种种免税事,弟早明白。盖政府虽要优待我亦当有方,决不能出于世界未有之奇例。若国当局者率然许我,无论其关口肯行与否,他日亦必致有援例而取消。如此则不成其为财长矣。又如弟假做财长,无论如何亦不能许请求也。"[②]他从国家、民族的利益出发,坚决不作非分请求。营业及校费所需资金,他继续向银行告借,勉为其难地又维持了一年多。至 1931 年夏,所有借款陆续到期,陈嘉庚无力偿还。

---

①厦门大学校史编委会.厦门大学校史第一卷.第 113 页,厦门大学出版社,1990 年。
②陈嘉庚 1930 年 5 月 6 日致叶渊函。原稿藏于厦门大学档案馆。

连年亏损加上银行债务,1934 年 3 月陈嘉庚公司倒闭,难以再给学校提供经费。为了学校的发展前途,无奈,1936 年 5 月,陈嘉庚写信给国民政府教育部长和福建省政府主席,要求将厦门大学改为国立。6 月,教育部长王世杰复信,说由于经费紧张,中央和福建省政府都不愿接管厦大。[1] "西安事变"后政府转变了态度,1937 年 5 月,厦门大学校长林文庆同教育部长谈话后,致电陈嘉庚:"教部即拟国立,……若私立,停止补助,今后由兄筹费。"陈嘉庚复电同意改国立。1937 年 7 月,厦门大学正式改为国立大学。[2] 教育部明知厦门大学经费非常困难,却说学校如果不改为国立就停止补助,这显然是想让学校改为国立并向学校施加压力。

事后,陈嘉庚回忆厦门大学改为国立的缘由说:

自有限公司收盘后,余即函请厦大校长林文庆来洋募捐,数月后结果,新加坡募国币十万元,马来西亚十五万元,然催收经年,马来西亚仅十余万元,余作罢论,其实收国币二十余万元。而厦大经费已缩至每月二万元,集美六千元,除国府补助及其他收入,逐月尚不敷二万元。集通债款又须陆续清还,幸亏余红利(前生胶厂租人订抽红利)上半年颇好,故聊可支持得过。民二十五年买树胶园四百英亩,成本十六万余元,拟做厦大基金,每月入息约二千元,该款系向李光前、陈六使各捐五万元,陈延谦一万元,李俊承五千元,不敷由余凑足之。民二十六年春,余念厦集二校虽可维持现状,然无进展希望,而诸项添置亦付阙如,未免误及青年。

若政府肯接收厦大,余得专力维持集美,岂不两俱有益,此

---

①厦门大学校史编委会.厦门大学校史第一卷.第 151—152 页,厦门大学出版社,1990 年。
②厦门大学校史编委会.厦门大学校史第一卷.第 153、155 页,厦门大学出版社,1990 年。

乃出于万不得已之下策,乃修书闽省主席及南京教育部长,告以自愿无条件将厦门大学改为国立。过后未有消息,适孔祥熙院长将往欧洲贺英皇加冕,轮泊新加坡,余下船送行,彼对余云厦大事,行政院已通过。再后接教育部长来函,并委派萨本栋君为校长,订暑假时接收,余即函知林校长预备交卸,交卸后而七七战事已发生矣。

厦大自民十年开办,迄余公司收盘,适十二年足,及至交卸共十六年有余,余支出款项适与当时认捐四百万元数目相符,其凑巧如是。每念竭力兴学,期尽国民天职,不图经济竭蹶,为善不终,贻累政府,抱歉无似。回忆古语云善始者不必善终,亦聊以自解耳。①

可见,陈嘉庚是在经费极其紧张的情况下,被迫将厦门大学改为公立的。

同样,复旦大学也是在经费竭蹶的情况下改为公立的。复旦大学一向提倡"学术独立,思想自由",早在1935年的一二·九运动后,蒋介石统治集团就认为,全国大专院校学生最多的地区是南京、北平、上海。北平(离首都)太远,不足以影响大局。南京是国府所在地,不容易发动。于是免不了是上海首当其冲。而在上海,复旦的学潮影响最大,问题在复旦大学。要解决复旦问题,必须逼迫校长李登辉就范。1936年夏,国民党政府派前复旦教授、立法院副院长兼国民党中央执行委员会秘书长叶楚伧到上海解决复旦问题。国民党政府对李登辉的态度是:要么辞职,要么投降。李登辉有着威武不屈的坚强性格,宁愿离开复旦,也不向国民党投降。

---

①陈嘉庚.南侨回忆录.第18—19页,新加坡南洋印刷社,1946年。

1937 年抗战全面爆发,给国民政府控制复旦提供了机会,8 月日军猛攻上海。不久,教育部指示复旦大学撤往内地。复旦请求政府资助迁移开办费和迁入内地后维持学校正常运转的补助费,但遭到拒绝。复旦只好自己设法迁到庐山,然后又到重庆。长途迁移需要大量资金,政府不但不给予补助,反而将原来给复旦大学的补助减少了 30%,而学生十之八九无力交费,而且还要学校给予补助,复旦资金逐渐枯竭。由于政府不肯提供有效的帮助,学校被逼入"舍公立别无出路"的境地,只好将学校交给政府。1942 年,复旦大学正式改为国立。

南开大学也是在经费紧张的情况下,被迫改为公立的。抗日战争期间,南开大学作为西南联合大学的一部分,经费由政府拨发,学校勉强能够维持。抗日战争胜利后,复员北归成了西南联合大学迫切而又现实的问题。8 月 23 日,西南联大常委会通过设置三大学联合迁校委员会,筹划迁校事宜。迁校首先要解决经费问题。西南联大复校经费,最初政府允给 30 亿元。1946 年 4 月 2 日教育部长朱家骅召集三校商谈经费分配办法,当时有北大傅斯年等四人、清华沈履等五人、南开何廉一人出席会议。席间对于经费分配问题曾有争论,结果南开得 8 亿元、北大得 10 亿元、清华得 12 亿元。[①] 不久,北大、清华各领复员费 4 亿元。4 月 5 日伉乃如急电黄钰生火速去渝,就南开复员经费问题与教育部商谈,但无结果。

8 亿元的复校经费,对南开大学来说远远不够。当时的国统区,恶性通货膨胀不断发展。当时"物价上涨不已,办事倍感困难,八亿专款月余又贬值一半,全用修房恐不够,理工设备能置齐桌椅已是难题,其他更说

---

① 伉乃如致黄钰生等 19 人函,1946 年 4 月 4 日,南开大学档案馆藏。

不上矣"。① 抗战刚胜利，人们都盼望中央政府的人来到天津，局势会有好转。谁料来到天津办接收工作的竟然是"五子登科"（抢夺金子、房子、票子、车子、女子）的大员。"想中央，盼中央，中央来了更遭殃"。中央政府面对通货膨胀，束手无策。校长张伯苓只好向蒋介石直接"求援"。

早在 1941 年 12 月 8 日日本袭击美国太平洋的海军基地珍珠港时，张伯苓就已经预见到战争的后果，他认为"太平洋战争爆发，暴日徒自速其灭亡，我与同盟国之最后胜利为期当不在远"。因此，张伯苓把南开大学复校问题提上议事日程。1942 年春节前，校长张伯苓拜见蒋介石，提出战后恢复原校，当时蒋表示同意："有中国即有南开，复校时南开与国立大学同等对待。"②

1945 年 8 月，南开大学校长张伯苓再致函蒋介石，提出请政府资助重建校舍，一向以"出尔反尔"著称的蒋介石改变了原来的承诺，要求南开改为国立，并以拒绝资助相要挟，这是趁人之危。对此，张伯苓 1945 年 9 月呈文表示"愿以人民社团立场，继续努力，以贯彻为国服务之初衷"③。并大大降低了请求资助的数额，将前拟经费修改为"复校第一年所需之经常费，准照北大、清华两校比例，由政府全数补助。嗣后逐年递减十分之一，至第十一年，即全由本校自行筹措"。但明确表示学校仍旧"居于私立地位"，可蒋介石坚持要南开改为国立，张伯苓考虑到抗日战争刚刚结束，国家和人民都很困难，难以筹集资金，只好勉强同意。但张伯苓提出以 10 年为期，10 年后学校恢复私立。④ 1946 年 4 月 3 日，蒋介

---

①孟广喆致黄钰生函，1946 年 6 月 18 日，南开大学档案馆藏。

②1942 年 2 月 17 日张伯苓报告："南大复兴筹备会首次会"，南开大学档案馆藏。

③私立南开大学校长张作苓呈蒋主席签呈（1945 年 8 月）. 载南开大学校史编写组. 南开大学史. 第 325 页，南开大学出版社，1989 年。

④张伯苓为复校费用呈文蒋介石，优乃如致昆明南开同人函. 载《南开大学校史资料选》，第 93、94、97 页，南开大学出版社，1989 年。

石亲自批准教育部及吴鼎昌文官长所拟南开大学改归国立的"签呈"。[1]
9日,教育部宣布南开大学改为国立。

二、一些私立大学由于经费短缺而被并入他校或被迫取消

私立大学由于经费短缺而被并入他校的情况时有发生。解放前夕的私立民国大学,经费极其紧张,濒临倒闭的边缘。1949年8月,学校所在地宁乡解放后,民国大学由汪士楷等组成的校务委员会维持。9月,租长沙圣经学院为校址,学校遂由宁乡迁往长沙,于10月招生开课,但因经费困难,学生又无力交费,学校无法维持,只好呈请湖南省临时政府转呈中原临时人民政府,准许学校归并湖南大学办理。1949年12月11日,中原临时人民政府正式同意私立民国大学归并湖南大学办理。

此外,私立大学由于经费短缺而被迫取消的也屡见不鲜。一个不容否认的事实是,在近代始终存在着一些办学不佳的私立大学,这些私立大学办学失败的一个重要因素是不注重教学质量,教学管理混乱,社会声誉不佳。这些私立大学中绝大多数靠学费维持学校的生存和发展,最终倒闭或被政府取缔。为了收取较多的学费,降低要求、放宽录取标准以扩大招生规模是这些私立大学采取的主要方法。大夏大学校长欧元怀回忆当时上海私立大学的情况时指出:"私立大学招生录取标准较低,往往降格以求,收容考国立大学落第的学生。"[2]欧元怀的回忆真实地反映了当时

---

①优乃如致黄钰生等19人函,1946年4月4日,南开大学档案馆藏。
②欧元怀. 大夏大学校史纪要. 载《上海文史资料选辑》第59辑,第149页,上海人民出版社,1988年。

私立大学招生情况。根据《第一次中国教育年鉴》的有关统计,1931 年国立省立大学中,中学同等学力占新生总数的 8.1%,而私立大学(包括教会大学)中,中学同等学力占新生总数的 13%。① 录取学生中同等学力比例较高从一个侧面说明其生源质量较差。再则,由于私立大学学费较高,学生当中相当一部分是富人家的子弟,给教学管理带来了很大困难,学校迎合一部分学生的心理,管理松懈。其中郑毓秀所办的法政学院,褚辅成、沈钧儒合办的法学院,何世桢、何世枚所办的持志学院,这几所大学只要交清学费,并不认真要求学生上课,混过四年,不愁文凭不到手,上海给这些大学的雅号曰"野鸡大学"。② 以持志学院为例,这是上海大学的学务长何世桢因不满于校内共产党的活动而于 1924 年另立的一所新校,1932 年后,学校的招生数量不断增加,教学质量低下,教学管理混乱,鉴于上述情况,1934 年南京国民政府发布训令,要求学校加以改进,但未见成效,1939 年,南京国民政府终于撤销了学校的立案,勒令学校停办。③

这些私立大学的共同特点是由于教学质量低下导致教育经费紧张甚至枯竭,最终消亡。

这些私立大学教学质量低下、教学管理混乱的背后有以下几方面原因。

第一,办学者动机不纯。近代中国可以说是多灾多难,国弱民穷。"教育救国"始终是私立大学的主流办学宗旨,如前面所述,许多私立大学的办学者和校长无私奉献、艰苦创业的精神,极大地推动了私立大学的发展,为私立大学赢得了荣誉。然而,还有许多私立大学的办学者动机不纯,有的以办学沽名钓誉,想借此宣传自己以捞取一点社会资本;有的想

①第一次中国教育年鉴　丁编　教育统计. 第 59 页,台北宗青图书公司,1991 年。
②金雄白.记者生涯五十年(下). 第 42—44 页,台北跃升文化事业有限公司,1988 年。
③忻福良,赵安东.上海高等学校沿革. 第 182—184 页,同济大学出版社,1992 年。

借办私立大学之机敛财。种种不纯的办学动机,使办学者们不顾学校的教学质量,教学管理混乱,最终使学校倒闭。

第二,政府把关不严。在对私立大学的管理上,政府虽然制定了一系列法律法规,但存在着有法不依、执法不严的问题。例如,在私立大学立案问题上,根据《私立学校规程》,私立大学能否立案,除了学费这项收入之外,还要看学校是否拥有使学校正常运转的经常费等,如果严格按照《私立学校规程》规定的条件立案,很多私立大学都不能立案,然而这些学校之所以能够立案是因为它们能"八仙过海,各显神通":有的聘请政界、商界、社会知名人士等名人做校董,"关键"的时候请他们出面通融;有的弄虚作假,将银行的一笔虚账转到学校名下以蒙混过关;等等。以广州法政学院为例,这所学院的前身是广州法政专门学校,创办于1913年,建校初期,聘请北洋政府司法总长梁启超为董事长,因而得到教育部的批准立案,1914年,政府想改变滥设法政专门学校的局面,取缔了一些法政专门学校,但由于广州法政专门学校的董事长是梁启超,故学校没被取缔。1929年,南京国民政府教育部以文法人才过剩、学校办学质量不高为由令该校停办,但经学校派人斡旋,学校反而升格为独立法科学院,改名为广州法学院。几年以后,教育部又令广州法学院补办立案手续,此时的教育部长为王世杰,学校董事会又找了一个与王世杰关系密切的人出面活动,结果,教育部便又批准学校立案。

政府的有法不依、执法不严导致了一些质量低劣的私立大学一哄而起。以私立大学相对集中的上海为例,解放前夕,上海法政学院、新中国法商学院、新中国学院、诚明文学院、上海法学院、民智新闻专科学校、光夏商业专科学校等都是办学质量低劣的学校。这些学校设备简陋、办学条件差,例如,建于 1928 年的诚明文学院直至解放前夕只有四五间教室。[1] 同样建于 1928 年的民智新闻专科学校至解放前夕只有一间教室。[2] 从师资力量来看,上述学校的教师几乎全部为兼职,其中新中国学院、光夏商业专科学校没有一位专任教师。从经费来源看,这些学校几乎全靠滥收学生、尽量多收学费来维持运转。上海商业专科学校直至解放初期,"恶习"不改,1951 年学校取消日班后,竟然将 600 元租来的校舍再以 1000 元转租给别人用来白天办公,学校晚上上课,以此赚取利息。[3]

第三,屡闹学潮严重影响了学校正常的教学秩序和教学管理。虽然学校不能"两耳不闻窗外事,一心只读圣贤书",但关心政治的方式和程度应该适当。学校毕竟是学习的场所,需要有一个相对安定的环境,如果一味闹学潮就会影响教学质量。在这一方面,中国公学的教训是深刻的。中国公学这所拥有反帝爱国传统的学校是由留日学生创办起来的,学校应该具有很好的发展前景,但外界政治因素干扰了学校的正常教学秩序,给教学管理带来了困难。当时公学的学生很多都是革命党人,他们以学校为掩护,经常进行革命活动。据胡适回忆:

> 中国公学是革命运动机关。我那时只有十几岁,初进去时,只见许多没有辫子的中年少年,后来才知道大多数都是革命党人,有许多人用的都是假姓名。如熊克武先生,不但和我同学,还和我同住过,我只知道他姓卢,大家都叫他"老卢",竟不知他姓熊。同学之中死于革命的,我所能记忆的有廖德璠,死于端

---

①华东学习委员会办公室编.华东高等教育情况汇编·华东高等历史情况(内部刊物).第 318 页,上海:1954 年。

②忻福良,赵安东.上海高等学校沿革.第 239—240 页,同济大学出版社,1992 年。

③华东学习委员会办公室编.华东高等教育情况汇编·华东高等历史情况(内部刊物).第 337 页,上海:1954 年。

方之手；饶可权死于辛亥三月广州之役，为黄花岗七十二人之一。熊克武但懋辛皆参与广州之役。教员之中，宋跃如先生为孙中山先生最早同志之一；马君武、沈翔云、于右任、彭施涤诸先生皆是老革命党。中国公学的寄宿舍常常是革命党的旅馆，章炳麟先生出狱后即住在这里，戴天仇先生也曾住过，陈其美先生也时时往来这里。有时候，忽然班上少了一两个同学，后来才知道是干革命或暗杀去了。如任鸿隽忽然往日本学工业化学去了，后来才知道他去学制造炸弹去了；如但懋辛也忽然不见了，后来才知道他同汪精卫黄复生到北京谋刺摄政王去了。所以当时的中国公学的确是一个革命大机关。①

这一背景使中国公学素有闹学潮的传统，成为一所以闹学潮而闻名的学校。早在学校成立初期，学生就因校方以校董事会为管理体制的制度取代学生为管理主体的制度，而发起了一场为期一年的学潮。② 严重影响了学校的正常教学秩序。

中国公学由于屡闹学潮，其教学管理及教学质量受到很大影响。如1916年教育部视察中国公学的报告说："专门部经济本科，授公司条例，……学生人数一百三十人，出席六十七人，缺席六十三人。专门部法本甲级及专门部商科合班，授海商法，……二班人数二百七十六人，出席者一百四十人，缺席一百三十六人。"③

中国公学校长除了胡适是一位纯粹的学者以外，其他历任校长几乎都有政党的背景，从而不免将政治因素带进了学校。屡闹学潮严重干扰

①学府纪闻：私立中国公学.第8—9页,台北南京出版有限公司,1982年。
②忻福良,赵安东.上海高等学校沿革.第106页,同济大学出版社,1992年。
③教育部视察中国公学大学部报告.载潘懋元,刘海峰.中国近代教育史资料汇编·高等教育.第425页,上海教育出版社,1993年。

了学校正常的教学秩序,据时人记载,在胡适接任校长之前,学校"四周皆村落田园……我参观学校后,深感失望,耳目所接,嚣杂零乱,尤其是学生漫无纪律"。① 1930 年春,马君武继任校长不久,学潮再起,导致马君武于1931 年 1 月辞职,另易校长。九·一八事变后,学校又生风潮,由校务维持委员会维持学校。后风潮迭起,无法维持,于 8 月 10 日停办,其后虽一度复校,也已接近尾声了。因此,自 1930 年以后,中国公学一直处在动荡不定和惨痛的局面之中。②

　　屡闹学潮、教学秩序混乱使中国公学彻底失去了社会和政府的信任,从 20 年代起的大部分年份,学费成了中国公学经费的唯一来源。1936年终于停办。可以断定,中国公学的停办与频繁迭起的学潮有直接关系,这所曾经辉煌一时的私立大学,悲剧性的结局值得我们深思。

---

①杨亮功.吴淞江上——我在中国公学一段办学的经历.载《学府纪闻:私立中国公学》.第 128页,台北南京出版有限公司,1982 年。
②杨亮功.胡适先生与中国公学.载《学府纪闻:私立中国公学》.第 139 页,台北南京出版有限公司,1982 年。

主要参考文献

[1]教育杂志[J](1909—1948).商务印书馆.

[2]中华教育界[J](1912—1950).中华书局.

[3]教育部总务厅文书科.中华民国第四次教育统计图表(1915.8—1916.7)[M].出版地、出版者不详.

[4]贾士毅.民国财政史[M](上下册).商务印书馆,1917年.

[5]新教育共进社等.新教育[J](1919—1925).

[6]教育部总务厅文书科.教育部文牍汇编[M].出版者不详,1921年.

[7]中华教育改进社.中国教育统计概览[M].商务印书馆,1923年.

[8]舒新城.民国十四年中国教育指南[M].商务印书馆,1926年.

[9]舒新城.近代中国教育史料[M].中华书局,1928年.

[10]中华民国大学院.全国教育会议报告[C].上海商务印书馆,1928年.

[11]教育部高等教育司.全国高等教育统计[M].1928.8—1931.7(出版者及时间不详).

[12]庄俞,贺圣鼐.最近三十五年之中国教育[M].商务印书馆,1931年.

[13]贾士毅.民国续财政史[M](1—7册).商务印书馆,1932—1934年.

[14]中华民国教育部.中国教育年鉴[M].1934年.

[15]教育部.十九年度全国教育统计简编[M].出版者不详,1934年.

[16]教育编译馆.教育参考资料选缉[M]第一集——第七集.出版者不详,1934年、1935年.

[17]私立焦作工学院一览[M].出版地、出版者不详,1934年、1936年.

[18]丁致聘.中国近七十年来教育记事[M].国立编译馆,1935年.

[19]三十年前的复旦[M].1935年.

[20]教育部.二十一年度全国高等教育统计[M].商务印书馆,1935年.

[21]民国财政部.财政年鉴[M](上下册).商务印书馆,1935年.

[22]邰爽秋等.教育经费问题[M](教育参考资料选辑单行本).教育编译馆,1935年.

[23]舒新城.近代中国教育史稿选存[M].中华书局,1936年.

[24]教育部统计室.二十三年度全国高等教育统计[M].商务印书馆,1936年.

[25]吴树滋.教育法令大全[M].世界书局,1937年.

[26]中国教育研究社.现行教育行政法令规章大全[M].上海新陆书局,1937年.

[27]商务印书馆编译所.中华民国教育新法令[M].商务印书馆,1937年.

[28]教育部.教育部令汇编:中华民国元年份[M].教育部总务厅文书科印,1937年.

[29]教育部参事室.教育法令汇编[M](民国22年3月).教育部秘书处公报室印,
    1937年.

[30]教育部高等教育司.高等教育法令汇编[M].出版地、出版者不详,1938年.

[31]潭宪澄.地方财政[M].商务印书馆,1939年.

[32]教育部统计室.中华民国二十九年度第二学期全国教育统计[M].出版者不详,
    1942年.

[33]第二次教育部教育年鉴编撰委员会.中国教育年鉴[M].上海商务印书馆,1948
    年.

[34]大同大学校史[M].上海教育科学研究院藏,1951年.

[35]朱寿朋.光绪朝东华录[M].中华书局,1958年.

[36][日]多贺秋五郎.近代中国教育史资料[M](民国上中下).台北文海出版社,
    1976年.

[37]王增炳,余纲.陈嘉庚兴学记[M].福建教育出版社,1981年.

[38][美]阿瑟·恩·杨格.一九二七至一九三七年中国财政经济情况[M].中国社
    会科学出版社,1981年.

[39]学府纪闻:私立大夏大学[M].台北南京出版有限公司,1982年.

[40]学府纪闻:私立中国公学[M].台北南京出版有限公司,1982年.

[41]陈景磐.中国近代教育史.[M]人民教育出版社,1983年.

[42]陈学恂.中国近代教育文选[M].人民教育出版社,1983年.

[43]熊明安.中国高等教育史[M].重庆出版社,1983年.

[44]中国人民政治协商会议广东省广州市委员会文史资料研究委员会.广州近百年教育史料[M].广东人民出版社,1983年.

[45]朱有瓛.中国近代学制史料第一辑[M](上册).华东师范大学出版社,1983年.

[46]孙华旭.辽宁高等学校沿革[M].辽宁人民出版社,1984年.

[47]全国政协文史资料研究委员会.陈嘉庚[M].文史资料出版社,1984年.

[48]复旦大学校史编写组.复旦大学志第一卷(1905—1949)[M].复旦大学出版社,1985年.

[49]杨荫溥.民国财政史[M].中国财政经济出版社,1985年.

[50]贾士毅.民国初年的几任财政总长[M].传记文学出版社,1985年.

[51]朱斯煌.民国经济史[M].文海出版社,1985年.

[52]南开大学校长办公室.张伯苓纪念文集[M].南开大学出版社,1986年.

[53]朱有瓛.中国近代学制史料第一辑[M](下册).华东师范大学出版社,1986年.

[54]朱有瓛.中国近代学制史料第二辑[M](上册).华东师范大学出版社,1987年.

[55]高等财经院校试用教材编写组.中国财政史[M].中国财政经济出版社,1987年.

[56]毛礼锐,沈灌群.中国教育通史[M](四、五卷).山东教育出版社,1988年.

[57]厦门大学校史编委会.厦大校史资料第二辑(1937—1949)[M].厦门大学出版社,1988年.

[58]南开大学校史编写组.南开大学校史[M].南开大学出版社,1989年.

[59]王文俊等.南开大学校史资料选(一九一九—一九四九)[M].南开大学出版社,1989年.

[60]王增炳,骆怀东.教育事业家陈嘉庚[M].教育科学出版社,1989年.

[61]学府纪闻:私立海南大学[M].台北"中央研究院"近代史所,1990年.

[62]吴家莹.中华民国教育政策发展史(1905—1940)[M].五南图书出版公司,1990年.

[63]熊明安.中华民国教育史[M].重庆出版社,1990年.

［64］宋恩荣,章咸.中华民国教育法规选编［M］.江苏教育出版社,1990 年.

［65］陈能治.战前十年中国的大学教育（1927—1937）［M］.台北商务印书馆,1990
年.

［66］中国第二历史档案馆.中华民国史档案资料汇编　第三辑　教育（一）［M］.江
苏古籍出版社,1991 年.

［67］魏贻通.民办高等教育研究［M］.厦门大学出版社,1991 年.

［68］喻本伐,熊贤君.中国教育发展史［M］.华中师范大学出版社,1991 年.

［69］陈振江.简明中国近代史［M］.天津人民出版社,1991 年辑.

［70］中国第二历史档案馆.中华民国史档案资料汇编　第三辑　财政（一）［M］.江
苏古籍出版社,1991 年.

［71］忻福良,赵安东.上海高等学校沿革［M］.同济大学出版社,1992 年.

［72］吴惠龄.北京高等教育史料［M］.北京师范大学出版社,1992 年.

［73］黄逸平.近代中国经济变迁［M］.上海人民出版社,1992 年.

［74］王秋来等.中华大学［M］.华中师范大学出版社,1993 年.

［75］曲士培.中国大学教育发展史［M］.山西教育出版社,1993 年.

［76］潘懋元,刘海峰.中国近代教育史资料汇编·高等教育［M］.上海教育出版社,
1993 年.

［77］［美］费正清.剑桥中华民国史（上下卷）［M］.中国社会科学出版社,1993 年.

［78］中国第二历史档案馆.中华民国史档案资料汇编。第五辑　第一编　教育（一）
［M］.江苏古籍出版社,1994 年.

［79］张志义.私立、民办学校的理论与实践［M］.中国工人出版社,1994 年.

［80］郑登云.中国高等教育史（上）［M］.华东师范大学出版社,1994 年.

［81］申晓云.动荡转型中的民国教育［M］.河南人民出版社,1994 年.

［82］田正平.中国教育思想通史（第六卷）［M］.湖南教育出版社,1994 年.

［83］王炳照等.中国教育思想通史（第七卷）［M］.湖南教育出版社,1994 年.

［84］王炳照等.简明中国教育史［M］.北京师范大学出版社,1994 年.

[85]梁吉生.张伯苓教育思想研究[M].辽宁教育出版社,1994年.

[86]周川,黄旭.百年之功——中国近代大学校长的教育家精神[M].福建教育出版社,1994年.

[87]大夏大学建校七十周年纪念[M].华东师范大学出版社,1994年.

[88]中国第二历史档案馆.中华民国史档案资料汇编　第五辑　第一编　教育[M].江苏古籍出版社,1994年.

[89]中国第二历史档案馆.中华民国史档案资料汇编　第五辑　第一编　财政经济(一)[M].江苏古籍出版社,1994年.

[90]梁吉生.张伯苓与南开大学[M].山西教育出版社,1995年.

[91]光华大学校友会.光华的足迹——光华大学建校七十周年纪念集[M].华东师范大学出版社,1995年.

[92]北京理工大学校史丛书编写组.中法大学史料[M].北京理工大学出版社,1995年.

[93]靳希斌.从滞后到超前——20世纪人力资本学说·教育经济学[M].山东教育出版社,1995年.

[94]王善迈.教育投入与产出研究[M].河北教育出版社,1996年.

[95]苌景州.教育投资经济分析[M].中国人民大学出版社,1996年.

[96]孙培青.中国教育管理史[M].人民教育出版社,1996年.

[97]何国华.民国时期的教育[M].广东人民出版社,1996年.

[98]朱国仁.西学东渐与中国高等教育近代化[M].厦门大学出版社,1996年.

[99]财政部财政科学研究所,中国第二历史档案馆.国民政府财政金融税收档案史料[M].中国财政经济出版社,1997年.

[100]李华兴.民国教育史[M].上海教育出版社,1997年.

[101]吴霓,胡艳.中国古代私学与近代私立学校研究[M].山东教育出版社,1997年.

[102]涂又光.中国高等教育史论[M].湖北教育出版社,1997年.

[103]杜成宪等.中国教育史学九十年[M].华东师范大学出版社,1998 年.

[104]费正清.剑桥中华民国史(1912—1949)[M].中国社会科学出版社,1998 年.

[105]章开沅.社会转型与教会大学[M].湖北教育出版社,1998 年.

[106]北京大学等.国立西南联合大学史料(1—6)[M].云南教育出版社,1998 年.

[107]陈晏清.当代中国社会转型论[M].山西教育出版社,1998 年.

[108]俞启定.中国教育简史[M].中央广播电视大学出版社,1999 年.

[109]霍益萍.近代中国的高等教育[M].华东师范大学出版社,1999 年.

[110]邹放鸣.中国矿大九十年[M].中国矿业大学出版社,1999 年.

[111]吴忠魁.私立学校比较研究——与国家关系角度的分析[M].北京师范大学出版社,1999 年.

[112]华银投资工作室.思想者的产业——张伯苓与南开新私学传统[M].海南出版社,1999 年.

[113]金以林.近代中国大学研究[M].中央文献出版社,2000 年.

[114]宋荐戈.中华近世通鉴·教育专卷[M].中国广播电视出版社,2000 年.

[115]于述胜.中国教育制度通史(第七卷)[M].山东教育出版社,2000 年.

[116]董孟怀等.百年教育回眸[M].中国经济出版社,2000 年.

[117]刘世军.近代中国政治文明转型研究[M].复旦大学出版社,2000 年.

[118]刘莉莉.中国民办高等教育发展的现状与展望[D].华中科技大学高教所博士生毕业论文,2000 年.

[119]秦国柱.私立大学之梦[M].鹭江出版社,2000 年.

[120]刘兆伟等.东北高等教育史[M].辽宁大学出版社,2000 年.

[121]全国人大教科文卫委员会教育室·香港大学中国教育研究中心.民办教育研究与立法探索[M].广东高等教育出版社,2001 年.

[122]张惠芬,金忠明.中国教育简史[M].华东师范大学出版社,2001 年.

[123]陈桂生.中国民办教育问题[M].教育科学出版社,2001 年.

[124]别必亮.承传与创新——近代华侨教育研究[M].河北教育出版社,2001 年.

[125]阎广芬.经商与办学——近代商人教育活动研究[M].河北教育出版社,2001年.

[126]商丽浩.政府与社会——近代公共教育经费配置研究[M].河北教育出版社,2001年.

[127]王炳照.中国私学·私立学校·民办教育研究[M].山东教育出版社,2002年.

[128]张耀荣等.广东高等教育发展史[M].广东高等教育出版社,2002年.

[129][加]许美德.中国大学(1895—1995)[M].教育科学出版社,2002年.

[130]潘懋元等.中国高等教育百年[M].广东高等教育出版社,2003年.

[131]张博树,王桂兰.重建中国私立大学:理念、现实与前景[M].教育科学出版社,2003年.

[132]金忠明等.中国民办教育史[M].中国社会科学出版社,2003年.

[133]宋秋蓉.近代中国私立大学研究[M].天津人民出版社,2003年.

[134]陈科美.上海近代教育史(1843—1949)[M].上海教育出版社,2003年.

[135]谢安邦,曲艺.外国私立教育[M].中国社会科学出版社,2003年.

[136]袁振国,周彬.中国民办教育政策分析[M].中国社会科学出版社,2003年.

[137]私立武昌中华大学校史组.中华大学[M].华中师范大学出版社,2003年.

[138]李冬君.中国私学百年祭[M].南开大学出版社,2004年.

[139]杨昂的博士论文.学风、世风与民国法学:朝阳大学研究(1912—1946)[D].2005年.

附　录

附表 1　　1931 年私立大学概况 ①

学校名称	经费收入（元）	教职工数（人）	在校生（人）	设备价值（元）	图书数（册）
中法大学	844626	104	202	88052	65263
武昌中华大学	426276	88	458	64700	31052
南开大学	355366	73	455	115520	2245
光华大学	278446	81	654	32445	19000
广东国民大学	241639	119	739	53424	19302
广州大学	258004	75	458	32291	17419
厦门大学	252520	104	435	12550	65337
复旦大学	196476	126	1215	46388	32923
大夏大学	176051	151	1160	73871	26264
大同大学	155940	52	227	27244	19677
中国学院	175742	189	1725	12164	43079
焦作工学院	159514	45	65	69618	9048
朝阳学院	143924	113	1709	12091	35448
中国公学	116250	89	1037	11426	21224
福建学院	95352	36	137	3000	65850
南通学院	107788	69	336	15245	6873
民国学院	103568	151	1490	5139	24721
上海法学院	102290	156	819	24658	13270
持志学院	78901	78	690	7550	33510
华北学院	72159	84	530	8863	14106
上海法政学院	54534	60	561	8442	13601
正风文学院	51696	32	79	2200	13365
武昌艺术专科学校	235640	65	112	10560	10000
东亚体育专科学校	85719	71	522	31389	11320

①第一次中国教育年鉴　丁编　教育统计　第一章　学校教育统计.第34—39页,台北宗青图书公司,1991 年。

续表

学校名称	经费收入 （元）	教职工数 （人）	在校生 （人）	设备价值 （元）	图书数 （册）
上海美术专科学校	70865	103	769	4618	22776
广州法政专门学校	86255	26	458	16819	25281
新华艺术专科学校	47368	48	267	5795	3791
福建法政专门学校	36874	30	262	1200	45543
中山体育专科学校	27720	30	139	1000	3132
苏州美术专科学校	28147	58	64	2588	15034
无锡国学专修学校	17488	18	150	2093	24469

附表2　1947年私立大学概况①

学校名称	教职员数（人）	在校生数（人）	图书数（册）	校址
武昌中华大学	106	1165	15000	武昌
民国大学	62	629	26300	湖南
大同大学	143	2254	21604	上海
大夏大学	189	2520	51400	上海
光华大学	155	1457	不详	上海
中法大学	132	495	156828	北平
广州大学	230	2892	94635	广州
中国学院	192	3141	50000	北平
朝阳学院	87	1236	34952	北平
华北文法学院	133	1075	28000	北平
广东光华医学院	29	221	不详	广州
上海法政学院	74	528	22703	上海
上海法学院	162	1103	14131	上海
东北中正大学	183	1409	42501	沈阳
江南大学	77	242	8800	无锡
珠海大学	61	565	4276	广州
广东国民大学	不详	不详	不详	广州

---

①第二次中国教育年鉴　第五编　高等教育.第166—304页,台北宗青图书公司,1991年。

续表

学校名称	教职员数（人）	在校生数（人）	图书数（册）	校址
建国法商学院	48	493	20000	南京
诚明文学院	48	219	9000	上海
同德医学院	63	491	不详	上海
东南医学院	57	416	2000	上海
新中国法商学院	不详	700	5568	上海
南通学院	202	878	20000	南通
福建学院	74	948	102000	福州
乡村建设学院	69	264	29242	四川
达仁商学院	30	199	2500	天津
焦作工学院	27	174	不详	焦作
南华学院	50	520	6185	汕头
相辉文法学院	87	1092	3345	重庆
中国纺织工学院	44	714	5000	上海
辅成法学院	48	801	11386	四川万县
川北农学院	58	462	15000	四川三台
正阳法学院	77	783	15230	重庆
重辉商业专科学校	35	296	30000	南京
上海美术专科学校	43	225	11890	上海
立信会计专科学校	78	700	15180	上海
中国新闻专科学校	55	792	23000	上海
上海牙医专科学校	38	68	不详	上海
中华工商专科学校	62	643	1587	上海
诚孚纺织专科学校	22	66	300	上海
南方商业专科学校	71	687	11188	广州
无锡国学专修学校	48	403	91000	无锡
苏州美术专科学校	40	194	16000	苏州
武昌艺术专科学校	73	261	15096	汉口
知行农业专科学校	26	162	2700	陕西户县
信江农业专科学校	21	154	3514	江西铅山
汉华农业专科学校	27	66	3500	重庆
西南美术专科学校	34	92	不详	重庆

续表

学校名称	教职员数(人)	在校生数(人)	图书数(册)	校址
西南商业专科学校	41	188	20000	桂林
西北药学专科学校	40	78	不详	西安
东亚体育专科学校	31	133	不详	上海
上海纺织工业专科学校	70	346	2909	上海
光夏商业专科学校	24	128	7000	上海
海南农业专科学校	26	106	7314	海口

附表 3　1932 年各公、私立大学教职员月薪最高额、最低额对照表(单位:元)①

公立大学	最高月薪	最低月薪	私立大学	最高月薪	最低月薪
中山大学	1875	20	广州大学	600	32
同济大学	975	40	厦门大学	500	20
中央大学	675	20	广东国民大学	400	20
北平大学	600	14	南开大学	360	20
北京大学	600	10	光华大学	340	20
北平师范大学	600	12	大同大学	300	30
清华大学	600	20	大夏大学	290	24
浙江大学	600	18	武昌中华大学	240	16
武汉大学	600	35	复旦大学	220	10
暨南大学	600	16	上海法政学院	264	30
山东大学	520	30	南通学院	300	12
四川大学	500	10	中国学院	300	16
广西大学	1300	30	朝阳学院	200	20
山西大学	825	20	焦作工学院	380	20
东北大学	600	20	正风文学院	320	20
安徽大学	500	25	民国学院	300	24
河南大学	450	28	福建学院	300	40
湖南大学	300	30	持志学院	200	24
东陆大学	1000	96	中国公学	150	24

---

①教育部.二十一年度全国高等教育统计.第 65、139 页,商务印书馆,1935 年。

附表 4　1934 年各公、私立大学教员月薪对照表 (单位 : 元) ①

公立大学	教授	副教授	讲师	助教	其他	总计
北平大学	240～460	150～240	138～280	40～160	30～180	30～460
中央大学	200～360	—	180～280	60～160	40～170	40～360
清华大学	300～500	160～280	240～280	80～140	120～220	80～500
北京大学	360～500	280～320	180～220	40～110	30～130	30～500
北平师范大学	280～500	—	100～280	80～100	24～150	24～500
河南大学	200～300	—	100～150	40～100	30～130	30～300
东北大学	220～240	160	兼任	40～80	30～120	30～240
广西大学	300～500	—	200～260	100～180	143	100～500
江苏教育学院	320	200～300	120～160	—	28～160	28～320
河北法商学院	140～280	—	32～220	—	150	32～280
私立大学	教授	副教授	讲师	助教	其他	总计
中法大学	200～300	—	65～150	50～130	20～100	20～300
复旦大学	200～260	—	91～140	50～80	45～110	45～260
大夏大学	80～300	—	—	60～90	—	60～300
南开大学	240～360	—	180～220	80～95	80～160	80～360
广东国民大学	100～400	—	兼任	80	—	80～400
厦门大学	200～330	160～280	60～150	60～100	75～140	60～330
光华大学	112～340	—	100～140	40～90	70～200	40～340
广州大学	200～300	—	—	—	—	200～300
武昌中华大学	200～240	125～180	100～160	60	—	60～240
大同大学	90～360	—	60～120	90	80	60～360
中国学院	120～320	—	兼任	40～100	160	40～320
朝阳学院	150～200	—	90～170	—	100	90～200
民国学院	160	48～103	兼任	30	50～100	30～160
南通学院	60～310	—	80～180	50～82	兼任	50～310

①教育部统计室.二十三年度全国高等教育统计.第 62—63、140—141 页,商务印书馆,1936 年。

私立大学	教授	副教授	讲师	助教	其他	总计
中国公学	80～150	—	—	—	80	80～150
上海法政学院	158～264	—	32～117	—	80	32～264
焦作工学院	240～300	—	140	50～90	92～110	50～300
福建学院	140～240	—	兼任	—	—	140～240

附表 5　1929、1930 年部分公、私立大学的设备价值情况表（单位：元）①

公立大学	1929 年	1930 年	私立大学	1929 年	1930 年
中央大学	489950	489950	厦门大学	198700	199700
北平大学	176150	187850	大同大学	74841	77343
北京大学	362842	362842	复旦大学	48360	55560
北平师范大学	35000	50000	光华大学	59570	65785
清华大学	275382	335415	大夏大学	20415	27608
中山大学	139032	161841	南开大学	12580	15533
河北大学	18488	18488	武昌中华大学	7754	8984
河南大学	224100	247900	南通学院	81457	84732
河北工业学院	47154	53460	中国学院	6020	12520

附表 6　20 年代末 30 年代初部分私立大学附设机关费用情况（单位：元）②

学　校	1928 年（%）	1929 年（%）	1932 年（%）	1934 年（%）
大夏大学	—	2411（0.5）	900（0.3）	—
光华大学	—	60643（19.7）	65464（20.7）	78728（31.7）
武昌中华大学	64966（34）	106330（32.2）	145460（38.2）	81506（30.2）
南开大学	—	—	—	70000（12.6）

---

①教育部高等教育司．全国高等教育统计．表 8，中华民国十七年八月至二十年七月（出版者及出版年不详）。

②资料来源：（1）教育部高等教育司．全国高等教育统计．表 69、72、98，中华民国十七年八月至二十年七月（无出版者及页码）；（2）教育部．二十一年度全国高等教育统计．第 59、60、133、134 页，商务印书馆，1935 年；（3）教育部统计室．二十三年度全国高等教育统计．第 56、57、134、135、202、203 页，商务印书馆，1936 年。

续表

学　校	1928 年(％)	1929 年(％)	1932 年(％)	1934 年(％)
厦门大学	—	5108(2)	20195(7.2)	35151(11.2)
复旦大学	—	—	5853(2.8)	—
南通学院	23235(22.1)	20704(18.9)	20704(18.9)	2800(1.2)
中国学院	—	—	—	4800(1.7)
上海法学院	—	9428(9.3)	3822(3.2)	—

说明:"—"代表附设机关费为零。

附表 7　1931 年公、私立高等学校设备图书比较表(单位:设备价值:元,图书数:册)①

公立大学	设备价值	图书数	私立大学	设备价值	图书数
中央大学	436342	104460	中法大学	88052	65263
北平大学	105350	92278	武昌中华大学	64700	31052
中山大学	186084	243800	南开大学	115520	2245
武汉大学	910071	94046	光华大学	32445	19000
清华大学	511096	29200	广东国民大学	53424	19302
北平师范大学	48140	76728	广州大学	32291	17419
浙江大学	不详	44122	厦门大学	12550	65337
北京大学	30917	227879	复旦大学	46388	32923
暨南大学	102463	41162	大夏大学	73871	26264
同济大学	110460	4476	大同大学	27244	19677
交通大学	46439	48907	中国学院	12164	43079
四川大学	49150	47145	焦作工学院	69618	9048
山东大学	185884	47000	朝阳学院	12091	35448
东北大学	230500	141366	中国公学	11426	21224
河南大学	75717	50325	福建学院	3000	65850
湖南大学	13504	48897	南通学院	15245	6873

---

①第一次中国教育年鉴　丁编　教育统计.第34—39页,台北宗青图书公司,1991 年。

公立大学	设备价值	图书数	私立大学	设备价值	图书数
上海商学院	20562	8195	民国学院	5139	24721
江苏教育学院	13656	13608	上海法学院	24658	13270
河北工程学院	26316	11759	持志学院	7550	33510
河北女子师范学院	42816	4107	华北学院	8863	14106
河北法商学院	4785	1143	上海法政学院	8442	13601
河北医学院	—	17710	正风文学院	2200	13365
山西教育学院	2040	19063	武昌艺术专科学校	10560	10000
山西法学院	1602	17484	东亚体育专科学校	31389	11320
甘肃学院	8070	12810	上海美术专科学校	4618	22776
河北农学院	21033	15254	广州法政专门学校	16819	25281
湖北教育学院	2469	4413	新华艺术专科学校	5795	3791

附表 8　1928、1929 年度部分公、私立大学生均所占经费比较表(单位:元)①

公立大学	1928 年	1929 年	私立大学	1928 年	1929 年
中央大学	890.5	1155.3	大同大学	302.5	478.4
北平大学	309.4	591.8	复旦大学	137.7	161.5
北京大学	371.4	748.8	光华大学	660.6	519.2
北平师范大学	303.7	426	大夏大学	321.2	297.5
清华大学	1437	1472.6	南开大学	234	661.1
浙江大学	979	1864	武昌中华大学	603	757.3
武汉大学	1279.6	1080.6	中国公学	110.4	90.6
河北大学	907.2	796.3	上海法政学院	101.9	137.6
东北大学	1024.5	1033.8	南通学院	448.1	439.7
河南大学	431.9	430.1	中国学院	225.8	136.6
甘肃学院	322.3	687.7	朝阳学院	72.5	79
山西教育学院	476.2	467.8	上海法学院	159.2	118.4

①教育部高等教育司.全国高等教育统计.表18,中华民国十七年八月至二十年七月(出版者及页码不详)。

附表 9　1949 年华东地区公、私立大学师生比情况表（四舍五入取整数）①

公立大学	师生比	私立大学	师生比
浙江大学	1：4	大同大学	1：14
山东大学	1：4	大夏大学	1：11
安徽大学	1：5	光华大学	1：7
江苏医学院	1：4	南通学院	1：8
文化教育学院	1：8	上海法学院	1：6
上海医学院	1：3	上海商业专科学校	1：5
山东省立师范学院	1：1	光夏商业专科学校	1：4
浙江省立医学院	1：4	新中国法商学院	1：4
福建省立医学院	1：4	中国纺织工学院	1：4
国立海疆学校	1：7	立信会计专科学校	1：14
国立音乐专科学校	1：2	上海纺织专科学校	1：7
国立艺术专科学校	1：6	诚孚纺织专科学校	1：9

附表 10　1934 年部分公、私立大学生均所占经费比较表（单位：元）②

公立大学	岁生均经费	私立大学	岁生均经费
中央大学	1318	厦门大学	534.5
同济大学	1273	复旦大学	157.5
武汉大学	1174	大夏大学	150.6
交通大学	1020.1	大同大学	289.6
浙江大学	1017.1	武昌中华大学	229.7
山东大学	941.2	光华大学	243
北京大学	846.2	朝阳学院	85.8
清华大学	844.2	南通学院	324.7

---

①华东军政委员会.华东高等教育概况（内部刊物）.第9—20页,1950年。
②教育部统计室.二十三年度全国高等教育统计.第58、59、204、205页,商务印书馆,1936年。

续表

公立大学	岁生均经费	私立大学	岁生均经费
北平大学	792.5	广东国民大学	242.1
河南大学	656.1	中国学院	262.2
广西大学	635.1	焦作工学院	544.1
湖南大学	581.5	民国学院	112.2

私立专科以上学校补助费分配办法大纲①

1934 年 5 月 18 日　教育部命令

一、教育部为奖助优良之私立专科以上学校发展起见,自民国二十三年度起,设置私立专科以上学校补助费额,其分配依本办法办理之。

二、补助费之给予,应以立案私立专科以上学校之办理成绩优良而经济困难,未得公私机关之充分补助者为限,同时注重理农工医之发展(每年至少应占全部补助费百分之七十),并酌量顾及地域之分配。

三、补助费总额定为全年七十二万元,约以百分之七十补助扩充设备,以百分之三十补助添设特种科目之教习。

四、补助费之给予,每次以一年为限,但中途经考核认为有违给予规定之条件时,得停止发给。

五、凡申请补助之私立专科以上学校,须具申请补助书,遵依教育部制定之项目详确填载,于每年四月底以前呈送教育部。民国二十三年度补助费之申请,至迟须于民国二十三年六月底以前将申请书送部。

六、补助费之给予,由教育部组织私立专科以上学校补助费审查委员会,审核决定。其组织及权限如下:

(1)组织

甲、设委员七人,内四人就部外专家中聘任。

乙、设秘书一人,指定委员一人兼任。

丙、凡在私立专科以上学校任有职务者不得充任委员。

---

① 《教育法令》教育部编,上海中华书局,1947 年 7 月第二版,第 190—191 页。

丁、委员无给职,但开会或受本会委托执行视察或其他工作时,应给旅费。

戊、委员任期两年,得连任。

己、委员开会时之主席,由部就委员中每半年指定一次。

(2)权限

甲、委员会审查各学校关于补助费申请,决定补助费之给予。前项决定教育部认为有修正必要时,得以书面提示理由移送委员会复议。

乙、关于本项补助之各种详细规章,得由委员会拟定送部决定施行。

丙、委员会执行职务时,除查询事件外,不直接对外收发公文。

七、补助费之分配,每年由教育部专案呈由行政院转报国民政府备案,并登公报。

八、本办法大纲自呈准公布之日施行。

申请补助书应叙明之事项:

一、申请之详细理由。

二、申请机关经费收支概况——应附送本年度详细预算,并摘记下列事项:

(1)学校收入

①学费;②资产及资金;③各项捐款;④补助费(各项补助费应详细说明来源,如中央或地方政府机关庚款机关其他公共团体之类)。

(2)学校支出

①俸给费;②办公费;③设备费;④特别费等。

三、请求补助院(或科)系之教学与设备概况。

(1)本学年教员人数及其主要教授姓名资历待遇。

(2)本学年各年级学生人数。

(3)本学年课程。

（4）图书价值。

（5）仪器机器价值及其主要仪器机器目录。

（6）房屋及其他设备。

四、申请补助教习时，应申叙教习设置之计划，并拟请补助之费额。

五、申请补助充实设备时，应申叙下列事项：

（1）申请补助图书费时，应记载拟请补助之费额。

（2）申请补助仪器、机器、扩充费时，应记载拟请补助之费额，并酌附拟购之机器仪器要目。

（3）拟添置其他设备时，应记载拟请补助之费额与其他必要之说明。

私立专科以上学校补助费支给办法[①]

1934 年 10 月 27 日　　教育部公布

一、申请补助之私立专科以上各校未将本年度全部概算呈送者,应在受补助前先期将该项概算迅即补呈候核。

二、凡经核定拟给补助费之私立专科以上各校,经本部通知补助项目后,应将所受补助之各项用费造具详确预算书呈部核定。凡补助设备费者并应将其物品详细名称、用途、件数、价目及承购地点等项造具详细表册呈部核定。受补助之各学院或科,其原有预算不得减少。

三、凡补助教习费者,须由受补助之学校于受补助前,将其聘定之特种教习教员之姓名、学历、薪额及所担任课目等项呈部核定。

四、凡担任特种教习之教员,不得兼任校外教课或职务。

五、凡补助之特种教习费,本年度定为每席四千元,其每月薪额最低不得少于二百八十元。前项教习费有节余时,悉数扩充该项课目设备费。

六、设备费以购置专门性质之仪器机器标本模型、器械及图书为限。

七、补助费由教育部分月发给。

八、各校领到补助费后,应即填具印收呈送教育部。该项印收由校长及受补助之学院或科负责人同时签名盖章。设备费须缴合法单据,教习费须缴薪金收据。前项单据及收据至少每三个月须呈报一次。

九、凡未遵照本办法造具预算或报销或未呈报应行具报各事项者,其补助费得不予发给或中途停止发给。

十、本办法自教育部公布之日施行。

---

① 摘自:蔡鸿源主编:《民国法规集成》第 59 册,第 239 页,黄山书社,1999 年。

　　人生的重要经历——攻读博士学位即将结束、毕业论文即将定稿之际，回首在北京师范大学学习、生活的日日夜夜，不禁感慨万千。感慨光阴荏苒，感慨论文写作的艰辛……

　　选择"中国近代私立大学教育经费问题研究"作为博士论文的题目，对我来说是个很大的挑战，有关中国近代私立大学教育经费问题的史料比较分散，查找起来较困难；且这方面的成果不多，加上自己才疏学浅，要想高质量地完成论文必须付出很大的努力。在论文写作过程中，多少次感到"山重水复疑无路"，冥思苦想之后，又多少次感到"柳暗花明又一村"。幸运的是，在导师俞启定教授、王炳照先生等教育史专家的指导下，论文总算完成，可以说，这篇论文是我和导师及我的家人的共同成果。

　　首先我要感谢恩师俞启定教授，俞老师渊博的学识、高尚的人格践行着"学为人师，行为世范"的校训。论文从开题、写作到定稿都得到了俞老师悉心指导。俞老师几年中对我的教诲和帮助让我铭记在心，终生难忘！

　　我还非常感谢王炳照先生，王先生博古通今，学贯中西，品德高尚，平易近人。每每向王先生请教，他都不厌其烦，谆谆教导。

　　于述胜教授、徐勇教授、孙邦华等老师也对我的论文提出了许多宝贵意见。他们广博的学识，高尚的师德，给我留下了深刻印象。

　　感谢南开大学高教所宋秋蓉博士在查阅资料方面给予的帮助。

　　我的妻子白素红在我求学期间，悉心照顾女儿，不辞辛劳操持家务，才能使我安心学习。没有她的支持，我是无法顺利完成学业的。

　　博士学习期间与很多同窗好友结下了深厚的友谊,肖学平、洪明、张俊友、许立新、石邦宏、王增科、秦玉清、赵凤中、容中逵、郭三娟、杨玉春、李娟、周慧梅、刘立德、张蕊、王颖、张宜红、余清臣、夏仕武、刘继青、田宝军、周廷勇等等,感谢他们对我的关心和帮助。

　　尽管付出了很大努力,我的论文离老师们的要求和自己的期望还有距离,我将继续努力!

王彦才

2006 年 10 月 15 日

于北京师范大学 G 座 712 室